Psychotherapie und religiöse Erfahrung
herausgegeben von Edith Zundel und Pieter Loomans

Psychotherapie und religiöse Erfahrung

Konzepte und Methoden transpersonaler Psychotherapie

herausgegeben von
Edith Zundel und Pieter Loomans

Herder
Freiburg · Basel · Wien

Alle Rechte vorbehalten – Printed in Germany
© Verlag Herder Freiburg im Breisgau 1994
Satz: Barbara Herrmann, Freiburg
Belichtung: Johannes Schimann, Ingolstadt
Druck und Bindung: Freiburger Graphische Betriebe, Freiburg 1994
Gedruckt auf umweltfreundlichem, chlorfrei gebleichtem Papier
ISBN 3-451-23135-2

Inhalt

5

Vorwort

Dieses Buch ist das erste einer Reihe von Sammelbänden, die sich mit Themen der Transpersonalen Psychologie und -therapie befassen werden. Als ‚transpersonal' verstehen wir alle Psychologieformen, die die religiöse Dimension der Seele einbeziehen, ohne sich auf eine bestimmte Religionsform festzulegen. Wir möchten mit dieser Reihe ein Forum schaffen, auf dem diese Art, Psychologie zu betreiben in ihren Möglichkeiten und Grenzen dargestellt und diskutiert werden kann. Der vorliegende erste Band stellt einige der wichtigsten Transpersonalen Therapiesysteme vor. Um die Darstellung möglichst anschaulich und praxisnah zu gestalten, wurden alle Autoren gebeten, ihre Arbeit an konkreten Fällen zu beschreiben.

Dem Buch ging im Juni 1993 in Todtmoos/Schwarzwald ein Kongreß voraus, auf dem die Autoren ihre jeweilige Therapieform darstellten und mit großer Achtung und Interesse füreinander diskutierten. Besonders neu und spannend war dabei das Gespräch zwischen Verena Kast als Vertreterin der analytischen Psychologie C. G. Jungs und dem Mitbegründer der Transpersonalen Psychologie in den USA Stanislav Grof. Solche Kongresse sind auch im Vorfeld der nächsten Bände geplant. Im zweiten Kongreß und dem zweiten Band dieser Reihe wird es um Körperarbeit und Spiritualität gehen.

Wir danken allen, die zu diesem Buch beigetragen haben.

Edith Zundel und Pieter Loomans

Edith Zundel

Einleitung

Traditionen und Autoritäten, Normen und Institutionen haben in der Postmoderne viel von ihrer handlungsleitenden Kraft eingebüßt. Orientierung, Geborgenheit und Sinn suchen viele auf anderen Wegen, dem der Psychotherapie zum Beispiel oder dem einer neuen Religiosität, die sich nur noch wenig um kulturelle und institutionelle Schranken kümmert, dafür um so mehr um persönliches Erleben von Religion, um Spiritualität. Es gibt heute ein weites Feld für Religionsformen aus aller Welt, für echte und falsche Gurus, auch für rechte und schlechte Therapeuten. Das wirft einige Fragen auf: Was bedeutet es für einen westlichen Menschen, sich einer Religionsform aus einer anderen Kultur zu verschreiben? Kann man generell dogmatische und institutionelle Schranken überspringen und zu einer institutionsfreien subjektiven Religiosität oder Spiritualität kommen? Wird Religion damit nicht beliebig und völlig unverbindlich? Und welche Rolle spielt die Psychotherapie dabei?

Psychotherapie und religiöse Erfahrung sind zwei Bereiche die man nicht ohne weiteres zusammendenkt. Von der Psychotherapie erwartet man die Heilung seelischer Störungen, und daran fehlt es in unserer modernen westlichen Gesellschaft nicht. Religiöse Erfahrung als Gotteserfahrung oder, etwas allgemeiner, Erfahrung von Numinosem bringt man vielleicht mit mittelalterlichen Heiligen oder tibetischen Lamas

9

in Verbindung, kaum aber mit modernen Mitteleuropäern. Werfen wir einen Blick auf die Geschichte und die geistigen Hintergründe beider Bereiche.

Als Sigmund Freud Anfang unseres Jahrhunderts die Psychoanalyse, den Anfang aller Psychotherapie, entwickelte, geschah das in erklärtem Gegensatz zur kirchlichen Seelsorge. Er begann damit, ausführlich auf die Lern- und Leidensgeschichten jedes einzelnen Patienten einzugehen und in einfühlendem Verstehen die Psychodynamik zu erfassen, die zur Störung führte, um von hier aus Wege zur Heilung zu suchen. Ein medizinisches Modell, für Schuld und Sünde ist darin kein Platz.

In den Augen der Kirche zerstörte Freud damit Moral und Glauben. Seine Fixierung auf die Triebe, speziell auf die Sexualität, als Grundausstattung des Menschen paßte ihr so wenig ins Konzept wie die Tatsache, daß aus Schuld nun Schuldgefühle wurde und dieses auch noch therapiert werden konnte; daß es eine transzendente Instanz, auf die sich Schuld beziehen konnte, eigentlich nicht mehr gab: Gott war totgesagt.

Freud mochte Religiöses „in keiner Form und Verdünnung". Das kirchliche Dogma mit seinen Riten nannte er eine „universelle Zwangsneurose". Auch Religiöses in weiterem Sinne war ihm suspekt: Gefühle von Ewigkeit, von Unbegrenztem und Schrankenlosem oder gar das Bewußtsein „aus dieser Welt können wir nicht fallen" interpretierte er als Reste eines Gefühls aus der frühesten Kindheit, wo das kleine Wesen noch nicht zwischen sich und der Umwelt unterscheiden kann.

Freud wünscht sich den Menschen als eigenständiges Individuum, für das persönliches Glück und „wohlverstandenes Selbstinteresse" höchste Werte sind, das sich aber auch die Naturseite seines Wesens, seine Triebe und Verdrängungen, bewußt und damit beherrschbar macht: „Wo Es war, soll Ich werden". Ein gesunder Mensch kann „lieben und arbeiten" und sich der Realität dieser Welt stellen, ohne in Träume von einem Jenseits ausweichen zu müssen. Die Frage nach dem Sinn stellt Freud nicht: „Es gab nie eine befriedigende Antwort".

Das entspricht dem Welt- und Menschenbild der Aufklärung mit ihrem Glauben an Vernunft, Wissenschaft, Fortschritt und persönliche Autonomie. Diese Welt ist von berechenbaren Gesetzmäßigkeiten geordnet und in Gang gehalten, die unabhängig von Metaphysischem formuliert werden können. Auch Mensch und Gesellschaft werden zu „Systemen", die solchen rationalen Gesetzmäßigkeiten folgen. Kennt man diese Gesetze und die Wege, sie zu beeinflussen, wird sehr vieles „machbar". Auf der Basis der Vernunft werden dann auch Tradition und Religion hinterfragt, werden Institutionen und Autoritätspersonen kritisiert. Vernunft ermöglicht Reformen im Diesseits, man braucht nicht auf ein Jenseits zu hoffen.

Seit Freuds Zeiten zu Anfang unseres Jahrhunderts hat sich vieles geändert, auch die Psychoanalyse. Und daneben haben sich fast unüberschaubar viele neue Therapieformen etabliert:
Die Behaviouristen und in ihrem Gefolge die Verhaltenstherapie. Die wissenschaftliche Genauigkeit und Überprüfbarkeit hat dieser Richtung die Universitäten vor allem in Amerika erobert. Ihr Credo: Die menschliche Psyche kann nicht direkt, sondern nur über Verhalten beobachtet werden. Menschliches Verhalten aber ist nach klar definierbaren Gesetzen erlernt. Wir sind sozial determiniert, Produkte unserer Umgebung,

und dies weit mehr als uns bewußt ist. Skinners Klassiker des Behaviourismus heißt: „Jenseits von Freiheit und Würde".

Freiheit, Würde und die Entfaltung menschlicher Möglichkeiten stehen im Zentrum der humanistischen Psychologie, die sich um die Mitte unseres Jahrhunderts entwickelte. Für Rogers, Perls, Maslow und andere stehen nicht Symptome im Zentrum der Aufmerksamkeit; sie verlieren sich quasi von selbst, wenn das Individuum angemessene Wachstumsbedingungen erhält. Die Humanisten entdeckten auch den Körper wieder und die Kunst, zwei neue Felder mit vielfältigen psychotherapeutischen Möglichkeiten.

Und schließlich gibt es die Systemiker, die meisten von ihnen aus dem Braintrust um Gregory Bateson. Ähnlich wie die Behaviouristen sehen sie die Seele als „black box", deren Inhalt schwer zu erfassen ist. Dort konzentrierte man sich auf das Verhalten, hier auf die Kommunikation, den „input" und „output". Die Kommunikationsform in einem System, speziell der Familie, beeinflußt die physische und psychische Gesundheit der Familienmitglieder entscheidend. Für die Systemiker gibt es infolgedessen nicht einen einzelnen Patienten, sondern eine Magersuchts- oder eine Schizophreniefamilie. Und das hat zur Folge, daß nicht einzelne, sondern Familien therapiert werden.

Die Feindseligkeiten zwischen Psychotherapeuten und kirchlichen Seelsorgern sind inzwischen abgeklungen. Aber bei aller Verschiedenheit untereinander halten sich auch die neuen Therapiesysteme an ein diesseitiges Welt- und Menschenbild, streben nach diesseitiger Wissenschaftlichkeit und therapieren mit dem Ziel, Menschen für diese Welt tüchtiger und erlebnisfähiger zu machen.

12

Seit Anfang des Jahrhunderts haben sich auch die Störungen geändert, die uns zu schaffen machen. Bei Freud waren es vor allem Neurosen: Hysterie und Zwanghaftigkeit. Sie haben mit Zwängen und Kontrollen zu tun, die zu Verdrängung und Schuldgefühlen führen und spiegeln eine hierarchisch gegliederte Gesellschaft mit verhältnismäßig rigiden Normen.

Heute geht es mehr um Entfremdung und Isolierung, um Partnerschafts- und Beziehungsschwierigkeiten, um Abhängigkeit und Sucht, um Gefühle der Leere und Sinnlosigkeit. Die Neofreudianer nennen das Ichentwicklungsstörungen oder Strukturpathologien. Wer sein Ich nicht richtig entwickeln konnte, keine rechte Struktur hat, kann weder zu sich selbst noch zu anderen stabile Beziehungen entwickeln. Oft füllt er dann die innere Leere mit Alkohol und Drogen, mit der Gier nach Geltung, Besitz und Macht.

Auch diese Störungen spiegeln eine gesellschaftliche Situation, eine bei aller Informationsüberflutung wenig durchschaubare, vom einzelnen wenig beeinflußbare sehr komplexe Welt, der gegenüber es nicht leicht ist, Verantwortung zu übernehmen und Entscheidungen zu treffen, die früher selbstverständliche Traditionen vorgaben – Heiraten, Kinderkriegen, Beruf finden. Auch der naive Fortschrittsglaube ist uns angesichts der Gefahren, die unsere „Fortschritte" für uns und unsere Erde mit sich bringen, ziemlich abhanden gekommen.

Institutionsmüdigkeit und Vertrauensschwund machen auch vor der Kirche nicht halt. Der sonntägliche Kirchgang, die Kirchenzugehörigkeit überhaupt, ist nicht mehr selbstverständlich. Immer mehr Menschen können sich mit „antiquierten" Normen nicht mehr identifizieren, verweigern die Entscheidung für einen

Glauben, der sie überfordert. Das Dogma von Gott als dem ganz anderen (Barth) rückt diesen Gott weit weg, die Entmythologisierung der Bibel (Bultmann) beraubt diese wesentlicher Gefühlsqualitäten. Das Bemühen um eine Reintegration von Christentum und moderner Kultur (Rahner, Tillich) hat nur mäßigen Erfolg. Die religiösen Probleme des modernen Menschen sind andere als früher: „Er leidet nicht unter der Sünde, sondern unter der Sinnlosigkeit des Daseins; ihn schreckt nicht der Zorn, sondern die Abwesenheit Gottes; er fragt darum nicht nach dem gnädigen, sondern nach dem wirklichen Gott. Der Mensch weiß nicht mehr, daß und wie er in der Hand Gottes ist." Er sucht „nach einer Wirklichkeit, in der die Selbstentfremdung überwunden wird, nach einer Wirklichkeit der Versöhnung und Wiedervereinigung, nach schöpferischer Kraft, Sinnhaftigkeit, Hoffnung" (Tillich). Aber diesen Sinn, diese Hoffnung zu übermitteln, gelingt der Kirche immer weniger. Mittlerweile befürchten einige Pastoren, die Sonntag für Sonntag vor immer leerer werdenden Kirchenbänken predigen müssen, das baldige Ende des Christentums.

Auch der Kirche sind neue Verwandte nicht erspart geblieben. Es ist viel Verwirrendes und Oberflächliches dabei, aber dem neuen Denken und Suchen werden auch alte Weisheitslehren wieder lebendig, Taoismus, Buddhismus, Sufismus und über sie auch die christliche Mystik. Und es taucht das Bedürfnis nach ganz persönlichem religiösen Erleben auf, nach lebendiger Religion.

Sehen wir uns einmal die Welt religiöser Erfahrung an.

„Wir wissen nichts von diesem Hingehn, das
nicht mit uns teilt. Wir haben keinen Grund,
Bewunderung und Liebe oder Haß
dem Tod zu zeigen, den ein Maskenmund

tragischer Klage wunderlich entstellt.
Noch ist die Welt voll Rollen, die wir spielen.
Solang wir sorgen, ob wir auch gefielen,
spielt auch der Tod, obwohl er nicht gefällt.

Doch als Du gingst, da brach in diese Bühne
ein Streifen Wirklichkeit durch jenen Spalt,
durch den Du hingingst: Grün wirklicher Grüne,
wirklicher Sonnenschein, wirklicher Wald?

Wir spielen weiter, bang und schwer Erlerntes
hersagend und Gebärden dann und wann
aufhebend aber dein von uns entferntes,
aus unserm Stück entrücktes Dasein kann

uns manchmal überkommen, wie ein Wissen,
aus jener Wirklichkeit sich niedersenkend,
sodaß wir eine Weile hingerissen
das Dasein spielen, nicht an Beifall denkend.“

So beschreibt Rilke eine religiöse, oder allgemeiner,
eine numinose Erfahrung: eine eigentlichere Wirklichkeit als die unseres Alltags, eine, die bewirkt, „daß wir
eine Weile hingerissen, das Dasein spielen, nicht an
Beifall denkend“. Hindus nennen diese Wirklichkeit
Brahman, Taoisten *Tao*, Christen *Gott*.

Die Frage, wie man diesem Numinosen nahe-
kommt, beschäftigt die Menschheit seit Jahrtausen-
den. Sie hat bei der Suche nach einer Antwort mehr

spirituelle Erkenntniswege entwickelt als es moderne Psychotherapiesysteme gibt: Wege der Stille und der Ekstase; Methoden, die mit der Wahrnehmung des Körpers, der Emotionen und der Gedanken arbeiten; Wege, die weit weg oder auch zurück in den Alltag führen können. Zu den bekanntesten im Westen gehört das Tai Chi Chuan des Taoismus, die buddhistische Zenmeditation, die viele für den direktesten, aber auch steilsten Weg zur Erleuchtung halten, daneben die Einsichtsmeditation der Theravadabuddhisten und tibetische Praktiken. Besonders vielgestaltig sind die Formen des hinduistischen Yoga; da gibt es Wege über die Atemkontrolle und über die Arbeit mit feinstofflicher Energie (Kundalini), Wege des Wissens und des praktischen Handelns und vor allem auch den Weg über die liebende Hingabe. Sufis kennen Derwischtänze, Schamanen Wege über Schmerz und Todesnähe. Und nicht zuletzt – fast ein wenig in Vergessenheit geraten angesichts des oft spektakulären Neuen – gibt es den Weg über christliche Kontemplation und Gebet.

So verschieden die Wege, so überraschend einheitlich ist das höchste Ziel: „unio mystica", Vereinigung mit Gott in der jüdisch-christlichen und der islamischen Tradition oder im Einswerden mit dem Urgrund des Seins, mit der Leere, der alle Form entspringt, dem nicht mehr Benennbaren in den nontheistischen Glaubenssystemen. Man kann auch umgekehrt entdecken, daß das eigene innerste Wesen numinos ist – Meister Eckarts „Funken Gottes", der Atman der Hindus, der wesensgleich ist mit Brahman, dem absoluten, unsterblichen Bewußtsein.

Diese Erfahrung ist überwältigend, eine Erfahrung jenseits dessen, was Worte ausdrücken können. Sie hebt die Isolierung und Entfremdung der menschlichen Existenz auf. Mystiker reden in Metaphern davon – „als ob man plötzlich aus einem dumpfen, schweren Traum aufwacht", „als ob ein dunkler Raum hell erleuchtet würde" – oder in Verneinungen – das Numinose ist nicht im Raum und nicht in der Zeit, es ist nicht eines und nicht vieles, man kann es nicht definieren – oder in Paradoxa wie diesem von Sri Ramana Maharshi, einem der bedeutendsten Hindus unseres Jahrhunderts: „Die Welt ist eine Illusion, Brahman allein ist wirklich. Brahman ist die Welt."

Auch die Grundbedingung für dieses Erleben ist in allen Traditionen ähnlich: Numinoses kann nur erfahren, wer offen ist dafür und leer von persönlichen Wünschen, Ängsten und dem Gefühl der eigenen Wichtigkeit, wer sein „Ego loslassen" kann. „Bevor ein Mensch Gott finden kann, müssen sich all seine Verlangen ändern. Alle Dinge müssen so bitter scheinen wie die Freude an ihnen einst süß erschien", sagt der Christ Johannes Tauler und der Tibeter Chogyam Trungpa: „Das Erlangen der Erleuchtung ist, vom Blickwinkel des Ego aus gesehen, der absolute Tod, der Tod des Selbstes, der Tod von ‚Ich' und ‚Mein', der Tod des Beobachters. Es ist die äußerste und endgültigste Form der Enttäuschung."

Ent-Täuschung – das heißt auch, die Welt so zu sehen, wie sie ist: Ein ewiger Fluß des Werdens und Vergehens, ein ständiger Wandel von Erscheinungen, von dem die eigene Person nicht ausgenommen ist. „Daß alles sich ändert, ist die Grundwahrheit jeder Existenz", sagt Shunryu Suzuki in seinem wunderschönen kleinen Buch „Zen Geist Anfänger Geist". Wichtig ist, mit diesem Fluß – Taoisten nennen ihn Tao – zu gehen, nicht „anzuhaften".

Wohin der Fluß fließt? – In fast allen Traditionen findet sich eine Entwicklungslinie, der Weg des Menschen „vom Tier zu den Göttern", die „Große Kette des Seins". Der persische Dichter und Mystiker Rumi beschreibt sie so: „Ursprünglich warst du Ton. Vom Mineral hast du dich zum Pflanzlichen hin entwickelt. Vom Pflanzlichen zum Tierischen, zum Menschen. Während dieser ganzen Entwicklung hat der Mensch nicht gewußt, wohin er ging. Aber er war auf diese Reise geschickt worden. Und wir werden noch durch hunderte unterschiedlicher Welten weitergehen müssen": Vielleicht, so wird dieser Evolutionsgedanke manchmal weitergeführt, hat diese Reise auch für das Universum Bedeutung, vielleicht wird es sich auf diesem Wege seiner selbst bewußt. –

Das Faszinierendste an diesen mystischen Erfahrungen ist, daß sie sich auf der ganzen Welt ähnlich sind, so unterschiedlich die äußeren Religionsformen im Hinduismus, Buddhismus, Islam oder Christentum auch sein mögen. Anscheinend schöpft die ganze Menschheit aus demselben Strom. Leibniz und nach ihm Huxley nannte das uralte Welt- und Menschenbild der Mystik „philosophia perennis", die ewige Philosophie; bei Schiller heißt es „die Religion hinter den Religionen".

Sie gilt als Quelle aller Religion. Sie wird aber auch – und manche Autoren bezeichnen nur dies als Mystik – als Überwindung der „unüberbrückbaren" Distanz zwischen Gott und Mensch begriffen, die sich in den Hochkulturen auftut, in einer Phase, in der „die Götter verstummten". Mystisches kann neue Impulse geben, wo die formende Kraft einer Religion müde wurde, zum Dogma erstarrte oder zum Herrschaftsinstrument degenerierte, vorausgesetzt, es wird nicht als Häresie verdammt. –

„Gott hat nicht hundertfünfzig Jahre nach Christi Geburt aufgehört zu publizieren" findet C. G. Jung. Auch heute schöpfen Menschen aus diesem Strom: Die Bibelauslegung des katholischen Theologen Drewermann, das Bemühen um den Dialog zwischen den Religionen des evangelischen Theologen von Brück, die „Aufklärung der Aufklärung" des Philosophen zur Lippe zeugen davon. Und von Einstein bis Heisenberg standen viele bekannte Physiker der ewigen Philosophie nahe.

Ganz leicht ist die Verbindung mystischen Erlebens mit dem Alltag allerdings nicht. Folgt man den zehn Ochsenbildern, mit denen im Zen gern der Weg zur Erleuchtung dargestellt wird, so nimmt der Vielerfahrene auf der letzten Stufe sein normales Leben wieder auf, ganz ohne den „ugly smell of holiness", dem „Gestank der Heiligkeit", aber anders als vordem:

„Mit bloßer Brust und barfuß kommt er zum Marktplatz.
Schmutzig und staubbedeckt grinst er übers ganze Gesicht!
Ohne verborgene Kräfte
bringt er verdorrte Bäume zum Blühen."

Aufklärung und philosophia perennis, Psychotherapie und spiritueller Erkenntnisweg – zwei sehr verschiedene Bezugssysteme, sehr verschiedene Welten. Natürlich betrachten sich ihre Vertreter gegenseitig nicht ohne Bedenken und Vorurteile. Die Psychotherapeuten befürchten, daß mit der Konzentration auf das Jenseitige der Realitätsbezug im Diesseits verlorengeht, daß „Lieben und Arbeiten", soziales und politisches Engagement nicht mehr möglich ist oder zumindest leidet. Das Ich loszulassen bedeutet für Psychotherapeuten die Aufgabe von Selbstverantwortlichkeit, Eigenständigkeit, vernunftgemäßem Handeln; es ist eine Aufgabe der Steuerungsfähigkeit, die Chaotischem und Psychotischem Tür und Tor öffnet. Es verführt auch dazu, irgendwelchen Gurus anzuhängen oder von Guru zu Guru zu wandern, um dort Strohfeuer der Begeisterung anzuzünden und weiterzuziehen, wenn sie abgebrannt sind.

Vertreter der philosophia perennis finden umgekehrt in der Psychotherapie das eigentlich Wesentliche nicht berücksichtigt: Das Streben nach Einswerden mit dem Numinosen, nach Religion. Bringen Klienten solches Bestreben und ihre Probleme damit in die Therapie, besteht die Gefahr, daß der Therapeut dies nicht erkennt und anerkennt, sondern es auf irgendein „nichts als" der persönlichen Psychodynamik reduziert. Das schneidet eine Entwicklung ab, oft mit fatalen Folgen.

Es gibt jedoch nicht nur Diskrepanzen sondern auch Annäherungen zwischen den beiden Welten. Am eindeutigsten übernimmt die Transpersonale Psychologie und Psychotherapie diese Brückenfunktion. Ihr Pionier und Klassiker ist C. G. Jung.

Schon als Kind hatte er Träume und Erlebnisse von numinoser Kraft, Erlebnisse eines Gottes in der Tiefe, die in krassem Gegensatz zu dem Mußchristentum des evangelischen Pfarrhauses standen, in dem er aufwuchs. Zunächst Freuds designierter Kronprinz, machte ihm dessen Reduktionismus bald zu schaffen. Er wollte nicht jedes Kunstwerk der „verdrängten Sexualität" verdächtigen und aus der Sexualtheorie schon gar nicht ein unerschütterliches Bollwerk gegen die „Schlammflut des Okkulten machen". Für Jung ist der Mensch Bürger zweier Welten, der biologisch-ani-

20

malischen, die er mit dem Tier gemeinsam hat, und der geistig-spirituellen, der Welt der Philosophie und Religion, die spezifisch menschlich ist.

Auf Jungs Trennung von Freud folgten schwere Jahre, Jahre der Träume und Visionen und des Bemühens, bewußt zu verstehen, was ihm in dieser Unterwelt widerfuhr. Kritiker haben diese „Jenseitsreise" Schizophrenie genannt, Jung selbst sagt: „Ich mußte mich tief bücken". Aber es war „die wichtigste Zeit meines Lebens", und „meine gesamte spätere Tätigkeit bestand darin, das auszuarbeiten, was in jenen Jahren aus dem Unbewußten aufgebrochen war und was mich zunächst überflutete".

Für Jung besteht die Psyche nun aus dem Bewußtsein, dessen Träger das Ich ist, aus dem persönlichen Unbewußten, dem Bereich der Schatten, des Verdrängten und Nichtgelebten und – hier geht er über Freud weit hinaus – aus dem überpersönlichen kollektiven Unbewußten, das der Psyche des einzelnen ebenso zugrunde liegt wie derjenigen von Gruppen und derjenigen der ganzen Menschheit. Es ist der Ort der Archetypen, Erlebnisdispositionen, die in Symbolen, Träumen, Mythen und Märchen erkennbar und wirksam werden. Früher nannte man sie Götter oder Dämonen. Der zentrale Archetyp ist das „Selbst". Dieses „Selbst" ist innerster Kern der Person und umfaßt zugleich den ganzen Kosmos; es ist Meister Eckarts Funken Gottes im Menschen. Der Weg ins Unbewußte ist damit nicht nur der Weg zur Selbsterkenntnis der Person, es ist der Weg, auf dem wir Menschen Gott erfahren können. Die Annahme eines kollektiven Unbewußten bietet auch eine Erklärung für die Existenz der philosophia perennis, der allen Menschen gemeinsamen Quelle der Spiritualität.

Diese Befunde waren sehr neu, und Jung setzte sich damit zwischen beide Stühle, dem der konventionellen Psychotherapie und dem der konventionellen Theologie. Er suchte Vergleichbares in „primitiven" Kulturen, in der christlichen Gnosis und Mystik, bei Schelling, in den Weisheitslehren des fernen Ostens. Die direkteste Parallele zu seiner inneren Suche nach dem „Selbst" fand er jedoch in der alchemistischen Suche nach Gold oder dem Stein der Weisen. Hier wie dort geht es um einen Verwandlungsprozeß, bei dem sehr schwierige Phasen bewältigt werden müssen. Die Suche aber, der Individuationsprozeß ist Lebensaufgabe.

Das heißt nicht, daß der Mensch nur in höheren Sphären schweben sollte, im Gegenteil. Jung legt Wert auf „Zentrierung" – das heißt in sich ruhen, immer wieder in die eigene Mitte kommen können – und „Erdung" – mit beiden Füßen auf dem Boden stehen. Der ideale Mensch ist für ihn kein fehlerloser Heiliger, bei dem man befürchten müßte, daß der unbewußte Schatten gegenteiliger Natur ist, sondern ein „vollständiger" Mensch, der seine Schatten angesehen, so weit wie möglich integriert und einen gewissen Zugang zum kollektiven Unbewußten gewonnen hat. Dann geschieht, was Jung so begreift: „Sobald ein Mensch ein ehrliches und vollständigeres, das Kollektivniveau überragendes Bewußtsein erreicht hat, ist er nicht mehr sich selber Ziel, sondern wird Gottes Instrument."

Jungs transpersonaler Ansatz blieb nicht der einzige in Europa. Neben ihm gab es noch einige Psychiater, die zunächst von Freuds Lehre angetan waren, sie auch propagierten, um sie dann, unzufrieden mit Freuds Reduktionismus, mit transpersonalen Elementen zu ergänzen.

Einer von ihnen war Assaglioli, fast ein Zeitgenosse von Jung. Er entwickelte in Italien die Psychosynthese und brachte sie auch nach Amerika. Ähnlich wie Jungs Analytische Psychologie hat sie sowohl einen persönlichen als auch einen transpersonalen Wachstumsprozeß zum Ziel. Sie strebt eine harmonische Integration aller Aspekte der Persönlichkeit um das Selbst, das Zentrum der Bewußtheit und des Willens an. Auf die Schulung des Willens legt Assaglioli besonderen Wert. Sie bedeutet ihm Schulung von Zielstrebigkeit, Entschlossenheit, Ausdauer, Klarsicht und Weisheit; alles Qualitäten, die dem modernen Menschen fehlen, die aber unabdingbar sind, wenn wir mit unseren wissenschaftlichen und technischen Möglichkeiten in angemessener Weise umgehen wollen.

Der Österreicher Viktor Frankl hatte sich schon als Kind mit der Frage herumgeschlagen, ob nicht die Vergänglichkeit des Lebens dessen Sinn zunichte mache. „Und die Antwort, zu der ich mich schließlich durchzuringen vermochte, war: In mancher Hinsicht macht der Tod das Leben überhaupt erst sinnvoll." Bei den Konzentrationslagern der Nazis frappierte ihn, welch fundamentalen Unterschied es macht, ob ein Mensch Zukunftsperspektiven hat, „ob jemand oder etwas auf ihn wartet". Wer in seinem Leben Sinn sah oder ihm Bedeutung geben konnte, entwickelte einen erstaunlichen Grad der Stärke und des Widerstandes. Es war ein wesentlicher Überlebensfaktor.

Aus dieser Erfahrung entwickelte Frankl die Logotherapie. Im Zentrum dieser Therapie steht die Suche nach Sinn zunächst als Suche nach einer Lebensaufgabe; und dann nach einem dahinter liegenden größeren Sinn, der unser aller Leben zugrundeliegt. Er ist mit den Mitteln der Naturwissenschaft nicht mehr zu erfassen, kommt aus einer anderen Dimension, die Frankl nicht irrational, sondern transrational nennt. Der Therapeut handelt dabei nicht wie ein Maler, der ein Bild von diesem Sinn vorgibt, eher handelt er wie ein Augenarzt, der den Blick frei macht für die Erkenntnis, daß der Mensch selbst verantwortlich ist für das, was er aus seinem Schicksal macht, daß auch äußerstes Leid eine Herausforderung sein kann, daran zu wachsen. Die gefundene Aufgabe, der gefundene Sinn wirkt dann auf die Psyche wie ein Magnet, der Eisenfeilspäne ausrichtet: Ordnend, harmonisierend, belebend.

In der Schweiz entwickelten in den vierziger und fünfziger Jahren Binswanger und Boss die Daseinsanalyse. Binswanger stammte aus einer alten Psychiaterdynastie. Er wuchs auf dem Gelände der väterlichen Klinik in Kreuzlingen in engem Kontakt mit Ärzten und den Patienten auf. Als er später Assistent bei dem Oberarzt am Burghölzli, C. G. Jung, war, nahm dieser ihn mit nach Wien zu seinem ersten Besuch bei Freud. Seitdem bemühte sich Binswanger darum, Psychoanalyse und Psychiatrie zusammenzubringen. Dabei fand er bei beiden die philosophische Fundierung unzureichend. Diese zu liefern wurde ihm und auch Boss zur Lebensaufgabe. Anders als Jung blieb Binswanger, obwohl in vielen Dingen anderer Meinung, zeitlebens in ehrerbietig freundschaftlichem Kontakt zu Freud. Auch Boss hat seine Lehranalyse bei Freud absolviert.

Boss und Binswanger orientierten sich an der Phänomenologie Husserls und Schelers sowie an der Ontologie Heideggers. Heidegger versteht menschliches Existieren von seinem Welt- und Seinsbezug her: Der Mensch ist darauf angelegt – und das unterscheidet ihn vom „weltarmen Tier" und vom „weltlosen

Stein" – das „Seiende" auf die „Welt" hin zu übersteigen, zu transzendieren. Diese „Welt" ist kein eigener Bereich, in dem man sich aufhalten und heimisch werden könnte, sondern das „Andere" zu allem Seienden, geheim, unsagbar, unheimlich.

Weil dies auch Angst macht, kehrt der Mensch sich immer wieder von dieser Welt ab und verfällt dem Seienden des Alltags und der allgemeinen Meinung. Es gilt aber, offen zu sein für das Geheimnis und die Angst auszuhalten. Sie kann dann in die Nähe von Heiterkeit und Gelassenheit kommen, und es kann ein „Lichtungsspielraum" entstehen, der das Verhältnis zu den konkreten Aufgaben des Alltags verwandelt: „Offenheit fürs Geheimnis ist Gelassenheit zu den Dingen", das heißt: Zulassen können, sich einlassen können, lassen können.

Das sind Fähigkeiten, die auch zentral für die Praxis der Daseinsanalyse sind. Wie bei den Freudianern, wird der Patient gebeten, sich seinen freien Einfällen zu überlassen, also Kontrollen loszulassen. Hier jedoch ist das Pendant dazu die Abstinenz des Analytikers: er verzichtet auf Zensur und Beurteilung und nimmt alles Gesagte „at face value", eben so, wie es gesagt wird. Diese phänomenologische Haltung erstreckt sich nicht nur auf persönliche Urteile und Interpretationen, sondern auch auf Theorien. Es gibt also keine Reduktion auf „nichts als" Libido oder Aggression, aber auch keine auf Spiritualität. Der Daseinsanalytiker ist weder Erleuchteter noch Meister; er hält durch seine „gleichschwebende Aufmerksamkeit" einen Spielraum offen, in dem Einfälle „zur Sprache kommen" können. Und Sprache hat für die Daseinsanalyse fundamentale Bedeutung.

Die einzigen in der Reihe der älteren transpersonaler Europäer, die nicht von Freud herkamen und auch keine Psychiater waren, sind der Psychologe und Philosoph Graf Dürckheim und die Psychologin Maria Hippius-Gräfin Dürckheim. Sie gründeten nach dem zweiten Weltkrieg in Todtmoos–Rütte die Initiatische Therapie. Für Maria Hippius waren es die Schwierigkeiten ihres Lebens, vor allem die Flucht am Kriegsende, allein mit vier kleinen Kindern aus Prag, in den Schwarzwald, die ihre Fähigkeit schulten, durchzuhalten, sich durchzusetzen und offen zu sein für Transpersonales. Graf Dürckheim hatte schon als Kind „Seinserfahrungen". Später beeindruckten ihn Laotse und Zen:

„Dreißig Speichen treffen die Nabe,
aber das Leere zwischen ihnen erwirkt das Wesen des Rades;
Aus Ton entstehen Töpfe,
aber das Leere in ihnen wirkt das Wesen des Topfes;
Mauern mit Fenstern und Türen bilden das Haus
aber das Leere in ihnen erwirkt das Wesen des Hauses.
Grundsätzlich:
Das Stoffliche birgt Nutzbarkeit;
das Unstoffliche wirkt Wesenheit".

Initiare heißt „das Tor zum Geheimen öffnen"; das Geheimnis ist in Rütte der Mensch in seinem tiefsten Kern, dem Wesen, von dem Laotse spricht. Dieses Wesen ist die Weise, indem überweltliches, geistliches Sein in jedem Menschen anwesend ist und sich zeigen möchte in der Art, wie jemand die Welt wahrnimmt, gestaltet, liebt. Es steht im Gegensatz zum Weltich mit seinem gegenständlich fixierenden Bewußtsein, seiner Orientierung an den Normen der Umgebung, seinem Streben nach Besitz, Geltung, Macht. Dieses Weltich soll durchlässig werden für das Wesen. Der Mensch soll Zeuge werden für die immanente „Transzendenz" in der Welt. Das ist kein endgültig und für immer zu erreichendes Ziel, sondern ein „Fortschreiten auf dem Weg, der kein Ankommen kennt".

Die Arbeitsformen beschreibt P. Loomans ausführlich in diesem Buch, besonders Graf Dürckheims personale Leibtherapie, bei der nicht der „Körper, den man hat", sondern der Leib, der man ist „liebevoll in die Hand genommen" wird. Dabei steht immer wieder das Erleben am Anfang, dem Erkennen folgen muß und diesem das Tun: Die tägliche Übung und das „Zeuge sein" im Alltag. Und immer wieder heißt es, daß „durchs Kreuz gehen" muß, wer reif werden will.

Die Welt europäischer transpersonaler Psychotherapie war geprägt von zwei Weltkriegen und ihren Folgen; die neue Therapieform wurde gestaltet von Fachleuten konventioneller Psychiatrie und Psychologie; östliche Religionssysssteme wurden mit großer Vorsicht und in „für Europäer geeigneter Form" adaptiert. Medard Boss beschrieb zum Beispiel ausführlich seine Indienreise, blieb aber in seiner Theorie ganz im Europäischen. Am mutigsten war man wohl in Rütte mit der Integration von Zen und Taoistischem und auch mit der Entwicklung neuer Arbeitsformen. Insgesamt war europäische transpersonale Psychotherapie jedoch lange mehr oder weniger nur als Geheimtyp bekannt, eine Welt für Suchende, Liebhaber und Kenner.

In diese Welt brach in den siebziger und achtziger Jahren die New Age Bewegung ein. Sie war in den USA gleichzeitig mit und in der Studentenbewegung Ende der sechziger Jahre entstanden. Die junge Generation, kritisch gegenüber den Werten und Normen des sozialen Systems, in das sie hineinwachsen sollte, suchte anderes Denken, anderes Erleben. Viele fanden es in den östlichen Religionssystemen, die Daisetz Suzuki, Shunryu Suzuki, Krishnamurti und andere in den USA bekannt gemacht hatten.

Die neue Bewegung brachte einen erstaunlichen Produktivitätsschub. Fergusons „Sanfte Verschwörung" entstand um diese Zeit, Capras „Tao der Physik", Sheldrakes „Schöpferisches Universum", auch die ersten Bücher von Grof, Wilber, Tart, Metzner, Walsh/Vaughan und viele andere mehr. Die Bewegung schrieb auch von Anfang an die allgemeine Bewußtseins- und Gesellschaftsveränderung auf ihre Fahnen. Ihre Workshop- und Kongreßkultur erwies sich als angemessenes Instrument für eine weltweite Verbreitung. Die Freiheit, sich eigene Wege zu suchen und auch solche zu verbreiten, war hier erheblich größer als bei den älteren europäischen Systemen; das erweiterte Möglichkeiten und Risiken, förderte auch fröhlichen Wildwuchs.

Die Konventionen des Alltagsbewußtseins zu transzendieren, andere, höhere Bewußtseinsformen zu erleben, oft mittels Drogen, faszinierte die jungen Amerikaner – und nicht nur sie. Die Er- und Verarbeitung dieser Erlebnisse kam dabei oft recht kurz – nicht immer zum Wohle der Betroffenen. Der Insider Grof sagt über das New Age: „Das ist ein dicker Sack voll unterschiedlicher Glaubensrichtungen und Methoden, einige vernünftig, einige verrückt." Und der Vordenker der Bewegung, Ken Wilber, warnt vor „transpersonaler Süchtigkeit".

In dieser Umgebung hoben die humanistischen Psychologen Sutich und Maslow zusammen mit dem Mediziner Grof Ende der sechziger Jahre die *transpersonale*

Psychologie aus der Taufe. Maslow hatte bei einer Untersuchung psychisch gesunder und besonders reifer Erwachsener entdeckt, daß viele von ihnen spontan Erlebnisse von Transzendenz hatten und definierte dies geradezu als Reifemerkmal. Der schwer körperbehinderte Sutich bewältigte sein Schicksal mit Hilfe dieser Transzendenz. Grof brachte seine Forschungsergebnisse ein. Inzwischen hat sich der Begriff als Sammelname für alle Psychologie- und Psychotherapieformen etabliert, die die religiöse Dimension der Psyche einbeziehen.

Das New Age ist inzwischen nicht mehr gar so neu. Manches davon ist zur Selbstverständlichkeit geworden, anderes in Vergessenheit geraten. Geblieben ist eine gewisse Offenheit für Transzendentes, und es gibt weiterhin sehr ernsthafte Bemühungen darum. Die Amerikaner erforschen differenziert veränderte Bewußtseinszustände, speziell auch in der Meditation und vergleichen sie mit hinduistischen, buddhistischen und anderen Erfahrungen. Auch die konventionelle Forschung hat entdeckt, daß unser normales Wachbewußtsein gar nicht so wach und sehr von Konventionen beeinflußt ist – *Consensus trance* nennt das Tart – und daß in der Folge menschliches Verhalten weitgehend automatisch abläuft. Um aus diesem „suboptimalen" Zustand herauszukommen, lautet die Devise: Aufmerksamkeitstraining, Meditation. In Europa gibt es neben den psychologischen und psychotherapeutischen verschiedene philosophische und theologische Ansätze, die philosophia perennis auf Universitätsniveau zu integrieren.

Nach wie vor hat der Mediziner Grof großen Einfluß. Religionslos in Prag aufgewachsen, lernte er während seines Studiums die Forschung mit dem neuentdeckten LSD kennen, die damals an europäischen Universitätsinstituten weit verbreitet war. Der erste Selbstversuch überzeugte ihn unmittelbar von der Überlegenheit dieser Methode über die seiner klassischen Freudianischen Lehranalyse, die offenbar in Prag besonders rigide war. Sorgfältig kontrollierte und begleitete LSD-Sitzungen wurden nun für ihn zu einem Forschungsinstrument, das ähnlich atemberaubende Möglichkeiten für Psychologen eröffnete wie die Entdeckung des Fernrohrs für die Astronomen. Auch für therapeutische Zwecke erwies sich dies Instrument als sinnvoll, besonders eindrucksvoll in der Arbeit mit unheilbar Krebskranken. Sie erlebten in diesen Sitzungen Numinoses von solcher Kraft, daß viele danach mit ruhiger Gelassenheit, fast heiter ihrem Tod entgegensehen konnten. Als sich herausstellte – damals lebte Grof schon in den USA –, welch fatale Folgen der unkontrollierte Umgang mit LSD haben kann, entwickelte er zusammen mit seiner Frau Christina eine neue Technik, die ähnlich intensiven Zugang zu Unbewußtem vermittelt: das *Holotrope Atmen*. Dabei werden Entspannung, tiefes und schnelles Atmen, Musik und Gruppeneffekte kombiniert und Körper und Körperenergie einbezogen.

Was man in diesen Sitzungen erleben kann und welche Wirkung dies hat, faßt Grof in seinem Artikel in diesem Buch zusammen. Die Falldarstellung zum Holotropen Atmen schrieb Ingo Jahrsetz. Er hat SEN (*S*piritual *E*mergence *N*etwork) in Deutschland gegründet und ist dessen erster Vorsitzender. SEN ist eine internationale Vereinigung, die Stanislav und Christina Grof ins Leben gerufen haben, um Menschen auf dem Weg ihrer spirituellen Entwicklung zu begleiten und ihnen in ihren Krisen zu helfen. Wie

Jung suchte auch Grof Vergleichsmöglichkeiten für seine Befunde. Er fand sie in den östlichen Weisheitslehren, denen er unbefangener gegenübersteht als die Europäer, in der modernen Quantenphysik und vor allem im holonomen Weltbild Bohms und Pribrams. All dies hat er in Theorie und Praxis weltweit verbreitet.

Wanderer zwischen zwei Kontinenten ist auch einer der interessantesten Vertreter der transpersonalen Psychotherapie: Arnold Mindell, Physiker, Kybernetiker, Barpianist, Jungianer mit besonderem Interesse für Alchemie, für Körperarbeit und Tao. Er hat seine *Prozeßorientierte Psychotherapie* in der Arbeit mit Schwerkranken entwickelt. In dem Bemühen, herauszufinden, „was der Körper selbst zu sagen hat", entdeckte er dessen Tendenz, Schmerz zu verstärken. Also benutzte er die Amplifikation von Körpersymptomen, um die Bedeutung einer Krankheit zu erfassen – mit Erfolg. Er fand weiter, daß sich Körpersymptome immer auch im Traum zeigen; daraus entstand sein Konzept einer Ganzheit, des „Traumkörpers". Dieser Traumkörper ist in engem Kontakt mit dem Unbewußten, auch dem kollektiven, mit dem Strom des Seins, mit Tao. Er „sendet" nicht nur auf den Kanälen Symptom oder Traum, sondern auch über sonstige Körperwahrnehmungen, über Töne, Gefühle und anderes mehr. Einziges Werkzeug des Therapeuten ist seine Fähigkeit, zu erfassen, was im anderen und bei ihm selbst vorgeht. Die Traumkörperprozesse „erzählen", was geschehen soll. „Die Körper und Seelen der Patienten wissen das besser als ich", findet Mindell, „wichtig ist, den Dingen ihren Lauf zu lassen". Und so arbeitet er mit dem Prozeß, ob dieser nun Leben oder Sterben bedeutet.

Theoretisch kommt ihm natürlich sein breites Wissensspektrum zugute. Als Jungianer unterscheidet er

31

primäre, bewußtseinsnahe Prozesse von sekundären unbewußten. In „Die Schatten der Stadt" denkt er auf überraschend originelle Weise im System. Und natürlich hat er sein Tao te king gelesen. Er arbeitet mit einzelnen, Gruppen, Großgruppen und Institutionen und hat Zentren für Prozeßorientierte Psychotherapie in Europa und Amerika gegründet.

Originär deutsch ist die Klinik Heiligenfeld. J. Galuska hat sie mit seinem Team in Bad Kissingen aufgebaut. Galuskas Interesse für Transpersonales begann, als er mit 14 Jahren nicht mehr Meßdiener sein wollte: Er suchte Lebenssinn in einer persönlicheren, innerlicheren Form als ihm die Kirche bot. Später kam er auf Asienreisen mit dem Buddhismus in Berührung. Ayya Khema wurde seine Lehrerin. Er lernte auch von anderen, von Krishnamurti zum Beispiel, sich keiner bestimmten Schule zu verschreiben. Die Beschäftigung mit Ken Wilbers Denken inspirierte ihn zur Gründung der Klinik. Das Besondere daran: Einstellungsbedingung für Mitarbeiter ist neben dem jeweiligen Fachwissen „auf dem Weg" zu sein. Galuska und seine Frau sind auf dem buddhistischen, aber es gibt auch Christen und andere. Die Mitarbeiter bilden ein Team, das sich täglich trifft und regelmäßig supervidiert wird. Es trägt die Arbeit und bestimmt die Atmosphäre in einer Weise, daß die Klinik nach kurzer Anlaufzeit nun erheblich erweitert werden muß. Galuskas Credo: Integration von Methoden und Ganzheitlichkeit im Gesamtansatz. In dieser Ganzheitlichkeit ist Spiritualität wesentliches Element und Ziel, dies aber nicht auf Kosten anderer Ebenen der Entwicklung. Das wäre ebenso einseitig wie die Vernachlässigung von Transzendentem in der konventionellen Therapie.

Die Welt der transpersonalen Psychologie und -therapie ist vielgestaltig. Ken Wilber, „the brain" der transpersonalen Bewegung hat dies am eigenen Leibe erfahren. Zunächst rein naturwissenschaftlich orientierter Prototyp des erfolgreichen jungen Amerikaners, dem die Welt offensteht, stieß er in seinen ersten Collegejahren auf Laotses Tao te king und war verändert.

Tao, kann es ausgesprochen werden,
ist nicht das ewige Tao.
Der Name, kann er genannt werden,
ist nicht der ewige Name.
Das Namenlose ist des Himmels und der Erde Urgrund,
Das Namen habende ist aller Wesen Mutter.

„Der alte Weise hatte eine Saite ganz tief in mir berührt. Ich wachte plötzlich auf, und es wurde mir klar, daß mein altes Leben, meine alten Überzeugungen mir nichts mehr bedeuteten." Dann begann eine „Gralsuche". Er las Psychologisches und Philosophisches, Hinduistisches, Buddhistisches, Texte aus der jüdischen, der christlichen und der islamischen Mystik und war zum Schluß so verwirrt, daß es geradezu lebensnotwendig wurde, Ordnung zu schaffen. Das hat er dann in einer Weise besorgt, die ihn zum Vordenker machte, zum „modernen Thomas von Aquin" (so die Jungianerin Marie-Louise von Franz), der die summa theologica seiner Zeit zieht.

Ken Wilber lebt zurückgezogen, auf Kongressen und Workshops fühlt er sich nicht wohl. Mr. Stay-at-home nannte ihn seine verstorbene Frau. Um im Gleichgewicht zwischen Körper, Geist und Spirituellem zu leben, teilte er lange seinen Tag in drei Teile: Ein Drittel körperliche Arbeit – damit verdiente er seinen Lebensunterhalt –; ein Drittel Studium und Schreiben; ein Drittel Meditation – was er über mystische Bewußtseinsstufen schreibt, ist keineswegs nur Theorie für ihn. Wie schwer es sein kann, seine Überzeugungen auch zu leben, erzählt er in „Mut und Gnade", dem Bericht über den gemeinsamen Kampf gegen die Krebskrankheit seiner Frau.

Die amerikanische transpersonale Psychologie ist Bewußtseinspsychologie. Freud hatte das individuelle Unbewußte entdeckt, Jung darüber hinaus das kollektive. Bei beiden ist es von zentraler Bedeutung, möglichst viel von diesem Unbewußten bewußt zu machen. Bei Frankl, Assaglioli und in Rütte (in Anlehnung an Gebser und Neumann) gibt es darüber hinaus noch ein transrationales Überbewußtes.

Den modernen Amerikanern, angefangen bei William James, geht es um veränderte und außerordentliche Bewußtseinszustände. Sie nehmen auch das normale Alltagsbewußtsein unter die Lupe, das bei Freud und Jung noch wenig hinterfragt wird. Für Wilber schließlich ist das Bewußtsein ein Numinosum, das durch verschiedene Stadien hindurch aufsteigt. Er löst das Problem, wie Psychologisches und Spirituelles zu verbinden sei, dabei auf verblüffend einfache Weise, indem er beide Bereiche aneinander reiht und einen Entwicklungsprozeß daraus macht. Das ist ganz im Sinne der *Großen Kette des Seins* der philosophia perennis: „Gott" – das Bewußtsein – „schläft im Stein, atmet in der Pflanze, träumt im Tier und erwacht im Menschen". Und Wilber nutzt sein enzyklopädisches Wissen für die Schilderung des Weges des Bewußtseins als Weg des Menschen – des einzelnen und der Menschheit – „vom Tier zu den Göttern".

Er unterteilt die Bewußtseinsentwicklung in drei große Phasen (in seinem Beitrag in diesem Buch sind es neun, weil die großen Phasen jeweils noch in drei Unterphasen geteilt werden). In der Materie, im Körper und im Emotionalen ist das Bewußtsein noch „eingefaltet", dies ist der Bereich des Praerationalen, Praepersonalen. Es ist die Phase des magischen und mythischen Erlebens und der Muttergottheiten. Man ist „Mutter Natur" im Guten und Bösen noch sehr verbunden und völlig von ihr abhängig. In der Menschheitsgeschichte reicht diese Zeit etwa bis 2500 vor Christus, in der Individualentwicklung bis zum 5. bis 6. Lebensjahr. Der Ödipuskomplex und seine Bewältigung – für Wilber die Lösung aus der Bindung an die Mutter und rein Naturhaftes – bildet den Wendepunkt.

Dann beginnt eine neue Phase: die personale, rationale. Das Bewußtsein entfaltet und differenziert sich. Der Kampf gegen „Mutter Natur" ist nicht mehr aussichtslos. Männliche Götter werden mächtig. „Das Licht der apollinischen Vernunft geht auf". Aber das hat seinen Preis. Der Geist beginnt, die Natur zu unterwerfen, beginnt auch, das eigene Stück Natur, den Körper als „Bruder Esel" zu verachten und die naturnäheren Frauen abzuwerten. Wir leben heute in dieser Phase. Aber sie bedeutet erst „Halbzeit der Evolution".

Über die Entwicklung zu Autonomie und Vernunft hinaus gibt es für Wilber noch eine dritte Phase, die transrationale, transpersonale. Wilber teilt sie in drei Unterbereiche: Zunächst den Bereich übersinnlicher, schamanischer Kräfte wie Geistheilung und ähnliches; dann den Bereich der Heiligen, die einen persönlichen Bezug zu Gott haben und schließlich den Bereich jenseits des persönlichen Gottes, dem Urgrund des Seins, in den nur sehr wenige Weise vordringen können. Eine allgemeine Bewußtseinsveränderung in diese Phase hinein sieht Wilber jedoch so schnell nicht kommen. „Am gegenwärtigen Punkt der Geschichte wäre es schon eine radikale, durchdringende und die Welt erschütternde Transformation, wenn jedermann zu einem wahrhaft reifen, rationalen und verantwortungsbewußten Individuum evolvieren würde." –

Wilbers Modell der Bewußtseinsentwicklung ermöglicht Antworten auf eine Reihe von Fragen. Die Frage nach der Natur des Einheitsbewußtseins der Mystiker zum Beispiel, von dem Psychoanalytiker annehmen, daß es „nichts als" Regression in die sehr frühe Kindheit sei, in der das Neugeborene ohne Unterscheidung zwischen innerer Erfahrung und äußerer Natur lebt. Einheitsgefühle, findet Wilber, hat sowohl der Mystiker als auch das Neugeborene, beim Kind sind sie jedoch völlig unbewußt, beim Mystiker die Höchstform des Bewußtseins, die alle anderen umfaßt.

Zentraler noch ist die Frage nach dem Ich, von dessen Entwicklung und ihren Störungen in den östlichen Weisheitslehren so wenig die Rede ist wie in den westlichen Therapiesystemen von Transzendentem. In der Wilberschen Reihe wird das Problem zu einem Prozeß: Man muß zunächst ein gesundes Ich entwickeln, bevor man es loslassen kann. Der Bypass vom Prae- zum Transpersonalen oder die Verwechslung der beiden Ebenen bringt in Gefahr, zum „transpersonalen Süchtigen" zu werden. Das Ich zu transzendieren heißt für Wilber keinesfalls, Ratio und Steuerungsfähigkeit zu verlieren. Sie bleiben wesentlicher Bestandteil des Bewußtseins, auf den bei Bedarf immer wieder zurückgegriffen werden kann. Was wir loslassen sollten, sind unsere Vorstellungen von der Beständigkeit und Bedeutung der eigenen Person. Das befreit von

36

dem Leid, das durch die Überidentifikation mit unseren Bedürfnissen und Schwierigkeiten entsteht, befreit von unseren Süchten nach Besitz und Macht, nach Sex und Drogen.

In allen drei Bereichen, dem Praepersonalen, dem Personalen und dem Transpersonalen kann es zu Entwicklungsstörungen kommen. In der Psychoanalyse werden üblicherweise die Störungen gesehen und behandelt, die aus der praepersonalen Phase stammen, also aus der Zeit bis etwa zum sechsten Lebensjahr (Wilber übernimmt hier die neofreudianische Psychopathologie: Autismus/Psychose – Borderline/Narzißmus – Neurose. Er hält sie für die genaueste und durchdachteste, aber sie endet zu früh). Entwicklung und damit mögliche Störungen gibt es für Wilber auch in den folgenden Phasen, der personalen und der transpersonalen. Bei der Diagnose und der Therapie kommt es darauf an, die richtige Ebene anzusprechen. Aber das ist nicht einfach. Konventionell Geschulte sehen in Störungen auf der personalen oder der transpersonalen Ebene oft nur Neurosen oder Psychosen, mißdeuten sie also als Konflikte, die der praepersonalen Ebene entstammen. Umgekehrt sehen und behandeln transpersonal Orientierte oft nicht die Basisstörung auf der praepersonalen Ebene – mit ebenso fatalen Ergebnissen. Das ist besonders deshalb problematisch, weil offenbar gerade Menschen mit Störungen in der frühen Ichentwicklung sich zu meditativen Techniken hingezogen fühlen. Sie wollen ein Ich aufgeben lernen, das sie noch gar nicht entwickelt haben.

Für solche und andere Störungen aus der praepersonalen und personalen Phase schlägt Wilber Psychotherapie vor, für Störungen auf der transpersonalen Ebene Meditation oder eine entsprechende Praktik. Es ist allerdings fraglich, ob sich Person und Transpersonales so ohne weiteres trennen lassen.

Soweit die Darstellung der transpersonalen Therapieformen. Sie haben den Bezug zur Transzendenz gemeinsam, wollen „das Geistige im Menschen mit dem Geistigen im Weltall" wieder verbinden. Ansonsten gibt es viele Verschiedenheiten. Für die Jungianer beginnt numinoses Erleben bereits mit dem Erleben von Archetypischem, für die Meditierenden unter den Transpersonalen, speziell auch für Wilber erst im Bereich jenseits der Bilder. Es gibt säuberlich arbeitende Diagnostiker, die akkurat Problem für Problem therapieren ebenso wie Therapeuten, die auf jegliches Deuten und Dirigieren verzichten und ihre ganze Aufmerksamkeit darauf richten, wohin der Prozeß das Geschehen lenkt. Es gibt solche, die das Erleben und seine transformierende Kraft in den Mittelpunkt stellen und andere, die in langen Gesprächen die Dinge durcharbeiten. Bei manchen ist es verpönt, über die Arbeit am Körper die Seele zu erreichen, bei anderen ist dies der Königweg. Und schließlich gibt es unterschiedliche Formen der Beziehungen zwischen Therapeut und Patient, Klient oder Gast – allein die Bezeichnungen deuten das schon an.

Mit anderen Worten, es gibt sehr viel voneinander zu erfahren und miteinander zu diskutieren und Interessierten mitzuteilen. Und vielleicht kann die transpersonale Psychotherapie in unserer säkularen und illusionslosen Welt einen Kanal bilden für „latente Traumgedanken" des Gegenteiligen und uns ein Stück offener und sensibler machen für die Präsenz einer anderen, wirkenden Wirklichkeit.

Verena Kast

Grundlagen der Therapie nach C. G. Jung

Die Therapie nach C. G. Jung

Der Mensch soll nach Jung im gelebten Vollzug des Individuationsprozesses zu dem werden, der er ist. Das ist menschliche Aufgabe, menschliches Vermögen, das ist die Grundlage für die Theorie des therapeutischen Prozesses. Unter dem Individuationsprozeß wird der Prozeß der dialogischen Auseinandersetzung zwischen dem Bewußtsein und dem Unbewußten verstanden, wobei bewußte und unbewußte Inhalte in den Symbolen vereinigt und dort erfahrbar sind. (Die Symbolbildung wurde übrigens von Jung beschrieben wie heute kreative Prozesse beschrieben werden.)

Der Individuationsprozeß ist ein Differenzierungsprozeß: d. h. im Verlaufe dieses Prozesses soll die Besonderheit eines Menschen zum Ausdruck kommen, seine Einzigartigkeit, sein Geheimnis. Dazu gehört ganz wesentlich das Annehmen von sich selbst mit den jeweils damit verbundenen Möglichkeiten, aber auch den Schwierigkeiten. Gerade die Schwierigkeiten sind dabei sehr wesentlich, sie zeichnen uns aus. Sie machen unsere Besonderheit gerade aus.

Der Individuationsprozeß ist als Differenzierungsprozeß ein Annäherungsprozeß, da wir letztlich nicht wissen, wer wir sind, wir wurzeln immer in einem „Geheimnisstand" (Wiesenhütter, Therapie der Person), alles Erleben von uns selbst und von andern, alles Wissen um uns selbst und um andere ist vorläufig, auf Korrigierbarkeit hin angelegt.

Verbunden mit dem Individuationsprozeß als Annäherungsprozeß an uns selbst, und vordergründig besser erkennbar, ist das Streben nach mehr Autonomie. Der Mensch kann nur sich selbst werden, wenn er sich im Laufe des Lebens von den Elternkomplexen und damit zusammenhängend auch von den kollektiven Maßstäben ablöst, von Normen und Werten in einer Gesellschaft, von Rollenerwartungen, von dem, was „man" denkt.

Wir sollen also weder vom Unbewußten bestimmt werden, noch von den Werten, die wir uns gesellschaftlich geschaffen haben: Anstelle der Fremdbestimmung tritt der Dialog, der Dialog zwischen Bewußtem und Unbewußtem, der Dialog zwischen dem einzelnen und der Gesellschaft.

Der Individuationsprozeß vollzieht sich einerseits in einem subjektiven Integrationsvorgang, in diesem Prozeß stehend lernt der Mensch immer mehr Seiten an sich kennen, andererseits in einem interpersonellen Beziehungsvorgang.

„Die Beziehung zum Selbst ist zugleich die Beziehung zum Mitmenschen ..."[1] Die Entwicklung zur jeweils möglichen Ganzheit, als mögliches vorläufiges Ziel des Individuationsprozesses, ist das Therapieziel nach Jung.

Hinter dem Drang zur Individuation steht in der Theorie das Selbst, das Jung als numinoses a priorisches Gestaltungsprinzip versteht, als geheimen spiritus rector unseres Schicksals, Grund und Ursprung der individuellen Persönlichkeit, diese in Vergangenheit, Gegenwart und Zukunft umfassend. Der Aufbau des Ich-Komplexes (dessen Grundlage der Körper ist) wird vom Selbst gesteuert, der Ich-Komplex mit dem Ich-Bewußtsein sind notwendig, um das Selbst in die bewußte Welt zu inkarnieren. Eine Grundannahme in der Jung'schen Psychologie ist, daß menschliches Leben eine Tendenz hat, sich zu entwickeln, sich zu wandeln (Energiequelle ist das Selbst), und daß die Psyche ein selbstregulierendes System ist. Das ist dann richtig, wenn der Ich-Komplex kohärent genug ist, um die unbewußten Inhalte zu integrieren.

So ganz wie möglich werden – wobei das in der Regel meint, Spannungen auszuhalten und nicht allzuviel davon zu verdrängen – heißt dann auch, diesen Entwicklungsdrang, der vom Unbewußten ans Bewußtsein herangetragen wird, aufzunehmen. Ein weiteres von Jung formuliertes Therapieziel ist denn auch, daß der Mensch schöpferisch werden soll, daß er immer mehr fähig werden soll, mit seinem Wesen zu experimentieren.

Diese schöpferische Entwicklung wird über die Symbole an das Bewußtsein herangetragen. Gelingt es uns, Symbole wahrzunehmen und emotional zu erleben, sie zu gestalten und letztlich zu verstehen, dann stehen wir in diesem schöpferischen Prozeß.

Wegmarken des Individuationsprozesses sind Symbole. Symbole erleben wir in Träumen, in Phantasien, in Kunstwerken, in Faszinationen, in Märchen, in Mythen usw. Wird ein Symbol bedeutsam für unser Leben, dann beginnen wir, unsere aktuelle Lebenssituation auf dieses Symbol hin zu beziehen. Emotionen und Bedeutungen, die mit diesem Symbol verbunden sind, werden erlebt und erinnert. Leben im Zusammenhang mit diesem Symbol wird bedeutsam. Das Symbol meint einerseits unsere aktuelle, existentielle Situation und verweist auch gleichzeitig auf Hinter-

Gründiges, auf weitere Zusammenhänge. Auch wenn wir meinen, die Bedeutung eines Symbols für uns erschlossen zu haben, bleibt immer noch ein „Bedeutungsüberschuß". Das bewirkt, daß das Symbol nicht nur Erinnerungen an unsere Lebensgeschichte weckt, sondern auch die Dimension der Erwartung, der Phantasien für die Zukunft anspricht, Hoffnung wekken kann.

Für den therapeutischen Prozeß sind die Symbole Brennpunkte der menschlichen Entwicklung, Verdichtungskategorien: in ihnen bilden sich Lebensthemen ab, die unsere Schwierigkeiten ausmachen, die aber gerade auch neue Lebensmöglichkeiten in sich bergen, unsere Entwicklungsmöglichkeiten abbilden. Zudem zeigen diese Symbole, daß unsere persönlichen Probleme meist typisch menschliche Probleme sind, was sich daran erkennen läßt, daß viele unserer Symbole, die wir zunächst als sehr persönliche Symbole erleben, in Märchen, in Mythen, in der Literatur, in der Kunst anzutreffen und in einer speziellen Gestaltung zu erleben sind.

Daß im Symbol immer ein Hemmungsthema, das zugleich ein Entwicklungsthema ist, angesprochen wird, wird dann deutlich, wenn wir bedenken, daß Symbole Komplexe abbilden. Jung sagt von den Komplexen, sie würden eine eigentümliche Phantasietätigkeit entwickeln, im Schlaf erschienen sie als Traum, aber auch im Wachen würden wir unter der Bewußtseinsschwelle weiterträumen.

Komplexe sind Konstellationen von verdichteten Erinnerungen, Erfahrungen und Phantasien um ein ähnliches Grundthema geordnet und mit einer dazugehörenden Emotion gleicher Qualität besetzt. Sie beeinflussen unsere Wahrnehmung von Welt, unsere Gefühle, unsere Ideenbildung, sie haben aber auch einen Einfluß auf somatische Vorgänge.

Werden sie im aktuellen Leben angesprochen, zeigen wir sog. Überreaktionen, die Emotion, die mit dem Komplex verbunden ist, überschwemmt uns, Phantasien im Zusammenhang mit den Prägesituationen des Komplexes verzerren die Wahrnehmung der aktuellen Situation. Die Emotionen versuchen wir dann mit stereotypen Abwehrmechanismen zu bewältigen. Das führt zu stereotypen Abwehrstrategien.

Leiden Menschen z. B. im Bereich des Übergangenwerdens an einem Komplex, so weist das darauf hin, daß sie sich im Laufe ihres Lebens immer einmal wieder übergangen gefühlt haben, und daß diese Erfahrung mit schmerzhaften Emotionen verbunden war. Diese Menschen betrachten das Leben unter dem Aspekt: Werde ich – wird jemand – übergangen? Werden diese Menschen übergangen, dann reagieren sie mit der Emotion, die allen ihren Gefühlen bei den Erlebnissen des Übergangenwerdens in ihrem Leben etwa entsprechen. Phantasien, Erinnerungen an Situationen des Übergangenwerdens tauchen auf. Dann setzen Abwehrstrategien ein: Menschen, die uns übergehen, werden z. B. entwertet.

In der Emotion, die den Komplex ausmacht, steckt die Energie, die dem Ich-Komplex fehlt, um mit diesem Problem zu Rande zu kommen. Diese Energie wird uns zugänglich, wenn wir den Komplex sich ausphantasieren lassen.

Die Symbole sind also die Verarbeitungsstätten der Komplexe; in den Symbolen kann die Auseinandersetzung des Ichs mit den Komplexen stattfinden. Das bedeutet aber auch, daß das Thema der Erinnerung, das mit dem Symbol verknüpft ist, lebensgeschichtliche Erinnerung an diese meist schmerzhaften Prägesituationen ist, die Erwartung, die mit dem Symbol verknüpft ist, Wege aus der Komplexbefangenheit anzeigen.

Komplexe zeigen sich natürlich nicht nur in den Symbolen, sondern sie sind auch durchaus konstelliert in der therapeutischen Situation, nicht selten in kollusiven Übertragungen und Gegenübertragungen: Da wird einer zum Kind, das immer wieder ähnliche Konflikte mit Beziehungspersonen auszustehen hatte, der andere wird zu dieser Beziehungsperson, die komplexprägend war.

Kern der Komplexe nun sind in der Jung'schen Theorie die Archetypen, deshalb gibt es auch viele typische Komplexe, die geradezu volkstümlich geworden sind: Mutterkomplexe, Vaterkomplexe, Machtkomplexe usw. Auch wenn diese Komplexe so einpolige Namen haben, ist daran zu denken, daß in unseren Komplexen die schwierigen Beziehungserlebnisse unserer Kindheit und unseres späteren Lebens abgebildet und verdichtet sind.

Da Symbole Verarbeitungsstätten der Komplexe sind, hinter den Komplexen aber Archetypen stehen, haben die Symbole, über den persönlichen Charakter hinaus meistens auch einen überpersönlichen Charakter.

Jung sagt von den Phantasien überpersönlichen Charakters: „Diese Phantasiebilder haben unzweifelhaft ihre nächsten Analoga in den mythologischen Typen. Es ist darum anzunehmen, daß sie gewissen kollektiven (und nicht persönlichen) Strukturelementen der menschlichen Seele ... entsprechen."[2]

Diese Aussage deckt sich etwa mit der Feststellung eines modernen Anthropologen:(Smith): „Die Mythen sind die Erzählungen eines strukturalistischen Unbewußten, das in jedem Menschen ruht."[3] Jung schließt aus den zahlreichen analogen Motiven, die es in Mythen, Märchen, in der Kulturgeschichte, der Kunst, der Dichtung gibt, auf strukturelle Grundelemente der Psyche, die er Archetypen nennt. Archetypen sind anthropologische Konstanten des Erlebens, des Abbildens, des Verarbeitens und des Verhaltens. Sie sind also Ausdruck der Menschenart des Menschen.

Die archetypischen Vorstellungen – den Archetypus per se können wir nur erschließen, unserem Bewußtsein sind die archetypischen Vorstellungen gegeben – sind zudem vermittelt durch die persönlichen Komplexe, erhalten dadurch auch eine persönliche Färbung.

Der Archetypus ist einerseits ein strukturgebender Aspekt im psychischen und im physischen Bereich, das heißt, Menschen haben in bestimmten Lebenssituationen, z. B. in Übergangsphasen, vergleichbare Emotionen, vergleichbare Phantasien, eine vergleichbare Anfälligkeit für Krankheiten im körperlichen Bereich, vergleichbare Möglichkeiten des Umgehens mit diesen Situationen, auch vergleichbare Phantasien der Rettung usw. Daß es dann doch auch die ganz je eigene Situation ist, verdanken wir unseren Komplexen. Zum Archetypus gehört über diesen strukturellen Aspekt hinaus auch eine spezielle Dynamik, die bewirkt, daß etwas von der Potentialität in die Aktualität gebracht wird. Diese Dynamik wird von Jung auch als „spontanes Bewegungs- und Tätigkeitsprinzip" beschrieben, sie bewirkt eine freie Bilderzeugung und eine souveräne Manipulation der Bilder, insofern ist dieses kollektive Unbewußte nicht nur historische Bedingtheit, sondern zugleich Grundlage für den schöpferischen Impuls.

45

Archetypen sind also regulierende, motivierende, modifizierende Einflüsse aus dem Unbewußten, die zunächst wenig mit unseren Problemen zu tun haben. Sie werden in der Regel aber durch unsere Probleme konstelliert, d. h. überhaupt zugänglich gemacht und bieten gerade die Bilder und die Emotionen, die uns helfen, unsere Probleme zu bewältigen.

Werden kollektive Symbole erlebt, oder kollektiv symbolische Prozesse in Zusammenhang gebracht mit den persönlichen Schwierigkeiten, wird in der Regel eine große Betroffenheit erlebbar, die Emotion der Hoffnung bricht auf, Phantasien im Sinne des Bewältigens werden erlebbar, Wandlung wird als möglich erachtet oder wird erlebt. Andere Emotionen sind erlebbar, damit wird auch anderes Verhalten möglich.

Dazu Jung „Es gibt Probleme, die man mit den eigenen Mitteln ... nicht lösen kann. Ein solches Eingeständnis hat den Vorteil der Ehrlichkeit, der Wahrheit und der Wirklichkeit, und damit ist der Grund gelegt für eine kompensatorische Reaktion des kollektiven Unbewußten ... Hat man eine derartige Einstellung, so können hilfreiche Kräfte, die in der tieferen Natur des Menschen schlummern, erwachen und eingreifen, denn Hilflosigkeit und Schwäche sind das ewige Erlebnis und die ewige Frage der Menschheit, und darauf gibt es auch eine ewige Antwort, sonst wäre der Mensch schon längst zugrunde gegangen ... Die nötige und benötigte Reaktion drückt sich in archetypischen Vorstellungen aus."

Diese archetypischen Vorstellungen sind nun von der Jungschen Psychologie aus gesehen transpersonale Vorstellungen, Vorstellungen, die über die individuelle Geschichte hinausgehen, aber immer im Rahmen der individuellen Geschichten erlebt werden. Unter archetypischen Vorstellungen hat man sich nicht grandiose Lösungen vorzustellen, sondern im Gegenteil sogar oft sehr einfache. Das Überraschende ist, daß sich diese Lösungen, Einfälle, Gestaltungen einstellen und Hoffnung bewirken.

Diesen archetypischen Vorstellungen und ihren Verflechtungen in archetypischen Prozessen begegnen wir in Mythen, in Märchen usw.

Sie sind da auch etwas überformt durch ein gesellschaftliches, kulturelles Unbewußtes, die Märchen – obwohl aus der Erzähltradition stammend, auch noch zusätzlich dazu gefärbt durch das persönliche Unbewußte des letzten Erzählers/der letzten Erzählerin. Diesen Schatz der archetypischen Bilder und Bildverknüpfungen können wir aber nur dann anzapfen, wenn in unserer Psyche eine ähnliche Thematik konstelliert ist, eine vergleichbare Notsituation oder Entwicklungssituation ansteht, von der uns Märchen und Mythen in der Regel erzählen, und uns diese Notsituation auch emotional betrifft.

Damit wird sehr deutlich, daß von der Theorie der Jung'schen Therapie aus der Rückgriff auf Märchen und Mythen eine Möglichkeit der Orientierung bringt und neue Phantasien, neue Impulse zur Wandlung im Sinne des Individuationsprozesses bewirkt.

Das Arbeiten mit dem Mythos
in der Therapie nach C. G. Jung
Ausschnitte aus einer Behandlung einer Frau mit einer Sinnkrise. (45.–65. Therapiestunde)

Die Analysandin, eine 49-jährige Unternehmerin, verheiratet, zwei erwachsene Kinder, kam ursprünglich in Analyse, weil sie – trotz großer geschäftlicher Erfolge – ein „schales Lebensgefühl" nicht los wurde. Dieses Lebensgefühl der Belanglosigkeit hielt sie für einen Ausdruck einer Krise in der Lebensmitte, die bei ihr etwas verspätet sei, da sie ja, nachdem die Kinder sie nicht mehr so sehr gebraucht hätten, zuerst das Unternehmen ihres Vaters weiter aufgebaut habe. Die Frau erschien mir selbstbewußt, sehr energisch, drahtig, mager. Etwas verträumte Augen standen in einem Kontrast zum energischen Gesicht und zu der praktisch-eleganten Kleidung. Das „schale" Lebensgefühl vermittelte sich mir nicht, ich fühlte mich eher ratlos, wußte auch nicht, wo ich „anpacken" sollte, und ich hatte das Gefühl, daß die Analysandin von mir sehr energisches Zupacken erwartete. Auf Grund dieser Gefühle sprach ich davon, wie wir miteinander arbeiten könnten; daß wir gemeinsam herausfinden müßten, was das Leben von ihr wolle, daß ich ihr dabei behilflich sein könne, daß ihre Träume und Phantasien dabei hilfreich seien, und daß wir auch aufmerksam sein müßten auf das, was zwischen uns beiden geschehe. Ich schloß meine Rede an die Analysandin mit der Bemerkung, man müsse sich nicht darum sorgen, daß das Gras wachse, das Gras wachse schon selber, aber die Steine könne man schon aus den Feldern herauslesen, damit das Gras besser wachsen könne. Darauf erwiderte sie, falls ich Bedenken hätte, soviel Zeit in sie zu investieren, könne sie das schon verstehen, sie wisse ja auch nicht, ob sie ein „lohnendes Projekt" sei. Ich frage sie, ob sie denn bereit sei, soviel Zeit und Energie zu investieren? Wenn ich dazu bereit sei, sei sie es auch. Dieses Gespräch blieb mir zunächst lange in Erinnerung; es kontrastierte mit ihrem energischen Auftreten, mir schien es, als müßte ich ihr eine Daseinsberechtigung verschaffen, ihr bestätigen, daß ihr Leben ein lohnendes Projekt sei. In diesem Gesprächsabschnitt vermittelte sich mir ihr schales Lebensgefühl, von dem sie gesprochen hatte.

In der Folge bearbeiteten wir Konflikte mit ihren Kindern, im Zentrum stand dabei ihr Neid auf ihre Tochter, die so selbstverständlich lebte, überall zugriff, wo es etwas zu greifen gab, auch nicht nach den Moralvorstellungen ihrer Mutter lebte. Wir versuchten immer wieder, dabei auch eine Verbindung zu ihrer Lebensgeschichte herzustellen. Dabei blieb ihre Mutter seltsam unbestimmt, eine Frau, die 7 Kinder zur Welt gebracht, 2 davon im Alter von 2 und 3 Jahren an Kinderlähmung verloren hatte, ständig am Arbeiten war, immer mit einem Lied auf den Lippen, das aber nicht gesungen, sondern leise gesummt wurde. Bei näherem Nachfragen ergab es sich, daß es keine bestimmten Lieder waren, sondern traurig anmutende Tonfolgen. Sie erinnerte sich keiner Konflikte mit der Mutter, sie war überzeugt davon, daß es einfach nicht möglich war, mit ihrer Mutter einen Konflikt zu haben, weil sie immer nachgab. Der Vater war ein selbständiger Unternehmer, den sie selten zu Gesicht bekam, als sie größer wurde, führte er Gespräche über sein Geschäft mit ihr und lobte sehr ihren unternehmerischen Verstand. Als Zweitälteste war sie die Vertraute ihres Vaters, ihre älteste Schwester fühlte sich eher zur Mutter hingezogen. Sie hatte dann nach ihrer Lehrzeit auch immer im Unternehmen des Vaters mitgearbeitet, und als er sich vor 8 Jahren aus dem Geschäft zurückzog, dieses übernommen und umstrukturiert. Der Vater betrachtete ihre Aktivitäten zunächst mit Skepsis, dann mit zunehmendem Stolz.

Ab und zu brachte sie einen Traum, den wir dann ausgiebig bearbeiteten. Unsere Beziehung war freundlich, ich fragte mich aber immer wieder, weshalb sie denn überhaupt in Analyse komme, ob das die richtige Methode wäre. Sie behandelte mich so etwa wie eine Mutter, die wohl viele „Kinder" zu versorgen hat und gab sich Mühe, mich nicht zu belasten. Ich reagierte darauf innerlich aggressiv; ich erzählte ihr, daß ich mir von ihr so verschont vorkäme, daß mich das ganz kribbelig, aber auch wütend mache. Ob sie sich ihrer Mutter gegenüber so gefühlt hätte? Alle meine Deutungen in dieser Richtung, die mir selber richtig schienen – ich jedenfalls fühlte mich jeweils besser, wenn ich eine solche Deutung wieder einmal ausgesprochen hatte – wurden von ihr freundlich zur Kenntnis genommen. In den ersten 45 Stunden der Therapie veränderte sich ihr Interesse sich selbst gegenüber, sie freute sich, wenn sie einen Traum erinnern konnte, wir arbeiteten jeweils mit Imagination an ihrem Traum, in dem ich sie noch einmal bat, sich in die Bilder zu vertiefen und ihre damit verbundenen Gefühle wahrzunehmen. Sie nahm sich mehr Zeit für sich selbst, nahm auch im Umgang mit ihren Familienangehörigen ihre Gefühle besser wahr, sie wurde ihrer Tochter gegenüber etwas toleranter. Sie selber hatte den Eindruck, sie mache gute Fortschritte in der Therapie.

In die 45. Stunde (ca. 1 Jahr nach Beginn der Therapie – an sich 2 Stunden wöchentlich, da wir aber beide oft abwesend sind, gibt es recht große Unterbrüche) brachte sie einen Traum, der sie sehr erschreckt hatte: „Ich bin auf einem Platz, mir sollen die Hände abgeschlagen werden. Ich habe eine wahnsinnige Angst, jemand schlägt sie mir auch ab, es tut weniger weh, als ich gedacht habe, aber ich bin ganz verzweifelt: Man kann doch nicht weiterleben ohne Hände."

Sie wachte dann schreiend auf und erzählte ihrem Mann den Traum. Der fand, man könne ohne Hände sehr wohl weiterleben, sie solle jetzt weiterschlafen. Diese Reaktion ihres Mannes empörte sie maßlos und sie erzählte, sie habe plötzlich Phantasien gehabt, ihm die Hände abzuschlagen. Das hätte sie noch mehr beunruhigt. In der Regel empfand die Analysandin ihrem Mann gegenüber keine Aggressionen, allerdings auch keine Liebesgefühle. Sie war davon überzeugt, sie seien ein ideales Elternpaar gewesen, erotisch laufe nichts mehr, aber sie könnten hervorragend miteinander leben. Eigentlich hatte sie vorgehabt, mich am nächsten Morgen anzurufen, aber als sie sich überlegte, wie ihr Mann auf ihre Angst reagierte, meinte sie, ich würde ihre Angst wohl auch übertrieben finden. So kam sie 4 Tage, nachdem sie diesen Traum geträumt hatte, in die Analysestunde und erzählte den Traum, ruhig und etwas unbeteiligt. Mich beunruhigte er sehr, war es doch von der emotionalen Qualität her eine ganz andere Art von Traum, als sie diese Frau normalerweise träumte. Mein Erschrecken und auch mein Mitgefühl – resultierend aus der plötzlichen Einsicht: das ist also in diesem Leben das verborgene Problem – wurde von der Analysandin wahrgenommen. Sie sagte: „Ich hätte Sie vielleicht doch anrufen können ..." Sie erzählte dann von der Reaktion ihres Mannes, von ihrer Reaktion, warum sie mich nicht angerufen hätte ... Wir vertieften uns dann, wie sie es gewohnt war, imaginativ in die Traumbilder.

Der Platz erinnerte sie an den Kirchplatz am Ort, wo sie aufgewachsen war, er erinnerte aber auch an den Kirchplatz in ihrem jetzigen Wohn-Quartier, aber eigentlich ist es auch ein Platz, den es gar nicht gibt, weil es keine Umgebung gibt, keine Bäume – es ist alles so kahl, so kalt auch. Der Platz erscheint ihr sehr unheimlich. Es sind keine Menschen da. Es ist unklar, wo ihr die Hände abgeschlagen werden und wer abschlägt: deutlich ist das Bild, daß sie keine Hände hat, daß sie blutet, ihre Verzweiflung, ohne Hände nicht mehr leben zu können, übermannt sie. Zum ersten Mal zeigt sich diese Analysandin verzweifelt und weint. Ich bitte sie, das Lebensgefühl, das mit den abgeschlagenen Händen korrespondiert, zuzulassen und wenn möglich in Worte zu fassen. „Ich kann nicht mehr mitanpacken, ich werde ganz abhängig von anderen Menschen, dann würde ich mich ganz hilflos fühlen. Ich kann nicht mehr zupacken, ich kann niemanden mehr anfassen, niemandem mehr die Hand geben. Ich kann nur noch mit der Sprache auf andere zugehen. Mein Unternehmen könnte ich schon weiterführen. Ich könnte niemanden trösten mit meiner Hand – auch niemanden schlagen. Aber das tue ich ja sowieso nicht, ich tröste nicht mit der Hand und ich schlage nicht mit der Hand, ich geh doch auch gar nicht auf Menschen zu – und wenn ich es einmal tue, dann schlagen sie mir gleich die Hände ab."

Ich frage nach, wen sie damit meine?

Ihren Mann, der sie einfach als hysterisch dargestellt habe. Ihren Bruder, dem sie vorgeschlagen hatte, einen

Teil seines Unternehmens, mit dem er Mühe hatte, abzukaufen. Der habe gesagt: „Du brauchst deine Hände nicht auch noch in mein Zeug zu stecken." Das habe er etwa vor einer Woche gesagt, es habe ihr weh getan, sie habe ihm helfen wollen. Natürlich sei er eifersüchtig auf sie, sie habe ja auch wesentlich mehr Erfolg als er. Dann erinnerte sie sich daran, wie sie als Kind ihrer Mutter bei der Pflege eines Säuglings hätte helfen wollen, und diese gesagt hatte, sie solle da ihre dreckigen Hände wegnehmen.

Und nun folgte Erinnerung auf Erinnerung: nicht mitanpacken dürfen, aber auch nicht im Leben zugreifen dürfen. Als sie tanzen gehen wollte, vergällte es ihr der Vater, indem er es ihr zwar nicht verbot, aber bemerkte, wenn sie halt das Bedürfnis nach einer so primitiven Betätigung habe, dann könne er nichts dagegen ausrichten. Natürlich wollte sie in den Augen ihres Vaters nicht primitiv erscheinen. Ihr ging plötzlich auf, wie sehr sie auch versucht hatte, ihrer Tochter das Zupacken im Leben indirekt zu verbieten, das heißt, es nur im Leistungsbereich zu akzeptieren und zu fördern. Zum ersten Mal empfand sie so etwas wie Hochachtung vor ihrer Tochter, die sich die Hände nicht abschlagen ließ.

Auch ich hätte ihr die Hände abgeschlagen, ich hätte nicht zugelassen, daß sie mich schonungsvoll behandelt hätte – ich hätte ihre schonende Hand zurückgewiesen. Deshalb habe sie auch nicht gewagt, die Hand nach mir auszustrecken, als sie diesen schrecklichen Traum gehabt habe. Dieses Thema war nun konstelliert, ihre Lebensgeschichte wurde unter diesem Symbol erinnert, wesentlich emotionaler erinnert als je zuvor, die analytische Beziehung wurde auch unter diesem Bild verstanden, auch etwa in der Fragestellung, ob Therapie einen nicht untüchtig mache und einem also auch die Hände abschlage. Der Komplex der abgeschlagenen Hände war konstelliert, besonders bei ihrem Mann und bei mir reagierte sie überdeutlich auf Einschränkungen oder vermeintliche Einschränkungen. Dieser Komplex konstellierte sich aber auch in ihrem Berufsleben.

In der Therapie wurde ich mit einem die Hände abschlagenden Wesen identifiziert, sie war das Opfer. Ich selber bekam immer unabweisbarer den Eindruck, daß ich nicht mehr zupacken durfte, meine Hand auch wirklich auf gar nichts mehr legen durfte. Ich sprach von diesem meinem Gefühl und wollte damit eine Beziehung zu ihrem Gefühl herstellen. Das gelang in seltenen Momenten.

Die unbekannte Person, die im Traum die Hände abschlug, wurde in vielen Menschen gesehen, die ihr nicht erlaubten, zuzupacken, zu trösten, zu schlagen, eine handgreifliche Beziehung zwischen ihr und ihnen herzustellen.

Bei dieser Erinnerungsarbeit wurde ihr deutlich, daß sie eigentlich keine Beziehungshände hat – allerdings sehr kräftige Unternehmerinnenhände.

In der 51. Stunde bat ich sie, sich vorzustellen, was sie denn mit ihren Händen alles tun möchte. Ich leitete diese Vorstellungsübung damit ein, daß ich sie bat, ihre eigenen Hände anzufassen, sie zu streicheln, ein Gefühl für sie zu bekommen. „Ich möchte streicheln mit den Händen, trösten – ich glaube, mit meinen Händen könnte ich manchmal viel besser ausdrükken, was ich fühle, als mit meinen Worten – wenn ich streicheln könnte. Ich möchte wieder einmal mit einem Menschen Hand in Hand gehen, Wärme spüren, Wärme geben. Das habe ich nur mit meinen Kindern gemacht – bei Erwachsenen fand ich das lächerlich. Jetzt würde ich es nicht mehr lächerlich finden. Finden Sie es lächerlich?"

Ich bestätigte ihr, ich fände es nicht lächerlich, es habe für mich etwas Vertrauensvolles.

Sie spricht dann länger von ihrer Sehnsucht, vertrauen zu können. Überhaupt auch einmal die Hand ausstrecken können und sich eine liebevolle Geste zu stehlen ... oder einfach sich eine zu holen. Sie spricht in immer anderen Worten davon, daß sie eine warme Beziehung von Mensch zu Mensch herstellen möchte, bei der sie ihre Zärtlichkeit ausdrücken, aber auch die Wärme eines anderen Menschen spüren könnte.

Dann fällt ihr ein, sie möchte auch im Leben besser zugreifen können, anfassen, was sie anfassen möchte, nicht einfach immer bloß tun, was die anderen für richtig halten. Wiederum wird ihr deutlich, wie sehr der Neid auf ihre Tochter auch Herausforderung ist, sich selbst etwas zuzutrauen im Zugriff auf die Welt.

Stimuliert durch meine Intervention, sich vorzustellen, was sie mit den Händen machen möchte, wurde der ganze Bereich der Erwartung, der mit einem Symbol verknüpft ist, belebt, sehr viel Sehnsucht nach Leben wach, Bilder für ein Leben, das mehr befriedigen könnte.

Zunächst aber wurde dem Erleben der Analysandin immer zugänglicher, daß sie zwar Sehnsucht hat, Hände zu bekommen, daß sie sich aber fühlte als eine Frau, der die Hände abgeschlagen sind. Immer mehr wurde sie auch sensibilisiert auf Situationen, in denen ihr verwehrt war, zuzupacken. Sie spürte aber auch immer deutlicher, daß sie nicht zugreifen konnte, daß sie die Berührungen mit andern und mit der Welt nicht in der Weise gestalten konnte, wie sie es wollte. Die Verzweiflung, die sie jetzt spürte, war nicht mehr laut, aber intensiv. Auf ihre Frage, ob denn nur sie dieses Problem habe, erzähle ich ihr das Märchen *Das Mädchen ohne Hände*. Ich erzähle ihr die Variante, die in den Deutschen Volksmärchen erzählt ist. Dieses Märchen ist weit verbreitet, und besteht in der Regel immer aus den folgenden Erzählteilen:

1. Der Heldin werden die Hände abgeschnitten, weil
   – sie ihren Vater nicht heiraten will
   – ihr Vater sie dem Teufel verkauft hat
   – sie Almosen gibt, obwohl der Vater es verboten hat
   – die Schwägerin eifersüchtig ist und sie verleumdet
   – die Stiefmutter eifersüchtig auf sie ist (selten Mutter)
2. Die Heldin verläßt den Ort ihrer Qual und kommt an einen Königshof etc. Der König heiratet sie.
3. Sie wird schwanger, zur Zeit der Geburt muß der König in den Krieg ziehen.
   Sie wird ein zweites Mal ausgestoßen, weil
   – die Schwiegereltern
   – ihr Vater
   – ihre Mutter
   – ihre Schwägerin
   – der Teufel
   Briefe vertauschen oder falsche Informationen geben.
4. Nach einer längeren, harten Wanderschaft im Wald wachsen durch ein Wunder die Hände wieder nach. In der Regel im Zusammenhang mit der Pflege oder der Sorge um die Kinder.
5. Der König kommt aus dem Krieg zurück und sucht seine Frau und die Kinder. Er findet sie.

Das Märchen legt nahe, daß aus verschiedenen Situationen heraus das Lebensgefühl entstehen kann, daß einem die Hände abgeschlagen werden und man dann ohne Hände durchs Leben gehen muß.

Die brutale Tat hat zur Folge, daß man sich aufmacht, in die Welt hinausgeht – zunächst verzweifelt, ohne Hoffnung auf eine Lösung, und daß man sich einfach einmal notdürftig behilft. Immerhin geraten diese Frauen allesamt in einen Garten, in dem sie sich ernähren können, treffen einen Prinzen, mit dem sie sich verbinden.

Aber so einfach ist das Problem nicht gelöst: das alte Problem macht sich bemerkbar, die alten Komplexbereiche werden wieder reaktiviert, um bearbeitet zu werden. Die neuen Lebensmöglichkeiten, ausgedrückt in den geborenen Kindern, sind zwar vorhanden, eine Entwicklung hat stattgefunden, noch aber sind die Hände nicht nachgewachsen.

Das alte Problem kann gelöst werden. Erst in der Hingabe an die Kinder, durch das selber Zupacken, manchmal auch durch den Willen, die Kinder um keinen Preis auch noch zu verlieren, wachsen die Hände nach, sozusagen durch das Vertrauen ins Leben, daß die Kinder nicht auch noch verloren gegeben werden müssen. Bemerkenswert ist, daß in diesem Märchen, in dem es um die abgeschlagenen Hände geht, es nicht möglich zu sein scheint, Hand in Hand mit dem Partner, der einen gefunden hat, zu leben, sondern daß man noch einmal in die Einsamkeit, die in der Regel 7 Jahre dauert, zurück muß. Man wird, sieht man diesen Märchentypus an, den Gedanken nicht los, daß gerade das Verbindende unter Menschen, das durch die Hand symbolisiert wird, auch geopfert werden muß, als wären die Hände zuvor zu sehr bereit gewesen, sich auszustrecken – in der Mehrzahl der Märchen zum Vater oder zum Bruder hin.

Während ich der Analysandin das Märchen erzählte, bat ich sie, die Bilder des Märchens sich in leicht entspanntem Zustand vorzustellen. Die Analysandin war zunächst sehr überrascht, daß ihr Traummotiv ein Motiv ist, das in Märchen so oft vorkommt. Ganz erstaunt bemerkte sie: „Im Märchen gibt es ja eine Lösung – und was für eine verrückte. Die muß bloß aufhören zu glauben, daß sie nicht zupacken kann."

Diese wichtige Einsicht übertrug sich auch emotional auf die Analysandin. Sie fühlte sich, „wie wenn ich ein ganz großes Geschenk bekommen hätte, da ist einfach plötzlich wieder Hoffnung, und das ist ein wunderbares Lebensgefühl". Es ging dabei nicht nur um die aktuell zu bearbeitende Situation, dieses daran glauben, daß sie zupacken kann und darf, in den Bereichen, in denen es ihr zuvor verwehrt war, wurde ein Lebensgefühl, auf das sie sich fast durchgängig beziehen konnte. Die hier geschilderte Erfahrung kann als modellhaft gelten für das Einbeziehen von archetypischem Material im guten Moment. Hier wird die Erfahrung des Transpersonalen mit der Erfahrung des Persönlichen verschmolzen und als zur eigenen Identität zugehörig erlebt, nicht aber im Sinne, daß das Ich nun alles geschafft hätte aus eigener Kraft, sondern auch als Erlebnis von „Gnade", zumindest von etwas, das aus einem umfassenderen Lebensbereich auf uns zukommt.

Am meisten beeindruckte sie, daß der Vater nicht auf die Gefühle der Tochter einging, und deshalb auch nicht spürt, daß sie wirklich in Gefahr war. Sie reagierte darauf zunächst mit Bedauern, dann mit Wut.

Wieder wurden verschiedene Lebenserinnerungen wach, auf die ich hier nicht eingehen will. Dann beschäftigte sie über längere Zeit die Situation, in der die Mutter einen solchen Durst hat, daß sie einfach trinken muß, die Kinder dabei ins Wasser rutschen und sie vergißt, daß sie keine Hände hat.

Diese Szene gestaltete die Analysandin immer wieder imaginativ nach; zunächst hatte sie den Eindruck, einfach nachzuimaginieren, was das Märchen vorgab. Obwohl sie das nicht wollte, es emotional unehrlich fand, konnte sie sich von diesen Bildern nicht lösen. Manchmal würden ihr diese Bilder sogar während Geschäftssitzungen aufsteigen, und in ihr ein Gefühl des Glücks auslösen.

Plötzlich verstand sie auch, daß das Mädchen ohne Hände nicht am Königshof bleiben konnte, weil es ja nicht für sich und seine Kinder einstehen konnte, in diesem Sinne sich nicht nehmen konnte, was ihm zustand. Deshalb konnten auch die alten Stimmen in ihm, die ihm keine Berechtigung gegeben hatten, sich mit den Händen nach seiner Weise dem Leben zu nähern, zuzugreifen, sich wieder erheben.

Diese Überlegungen brachte sie mit ihrer aktuellen Situation in Beziehung: Immer wieder hatte sie den Eindruck, irgend jemand schlage ihr die Hände ab. Je mehr nun aber in ihrem emotionalen Erleben die Gewißheit aufkam, daß man zugreifen kann, wenn man sein Herz ganz und gar an etwas gehängt hat, und dieses zu verlieren droht, je mehr sie auch in der Imagination einsam – mit den Kindern durch Wälder zog, sich dabei auch klar wurde, was denn im Moment ihre Kinder sind – z. B. die neu erwachte Zärtlichkeit zu Menschen, zu Tieren, zum Leben – umso weniger meinte sie, jemand schlage ihr die Hände ab, umso öfter sprach sie davon, daß sie sich die Hände binden ließe in gewissen Situationen.

In der therapeutischen Situation war, seit wir uns mit dem Märchen beschäftigten, eine Veränderung eingetreten. Die Vorwürfe, ich würde ihr die Hände abschlagen, unterblieben. Wir waren beide auf das Märchen bezogen, sie konnte in der Arbeit am Märchen wesentlich besser als je zuvor auf mich zurückgreifen, etwa, wenn sie darum bat, eine bestimmte Stelle noch einmal erzählt oder vorgelesen zu bekommen, wenn sie – für sich eine Stelle deutete – und von mir dann wissen wollte, ob diese Deutung nur für sie gälte, oder ob ich das auch so sehen könne. Sie wurde wesentlich unabhängiger von meinem Urteil – oder von dem, was sie für mein Urteil hielt, und wurde dadurch, zunächst im therapeutischen Raum viel zupackender, viel eindeutiger, aber auch sehr viel zärtlicher. Das übertrug sich leicht auf ihr Leben außerhalb der Therapie. Das schale Lebensgefühl war gewichen, die Analyse wurde auf Wunsch der Analysandin fortgesetzt, sie war echt neugierig geworden auf sich selbst.

Die Arbeit mit Märchen und mit Mythen, vorausgesetzt, es sind vergleichbare Symbole in der Psyche eines Menschen aktiviert, und es gelingt, sich auch in einer emotionellen Weise auf die Bilder des Märchens und der Mythen einzulassen, erlaubt es, sich Bilder und Bildentwicklungsprozesse von diesen mythologischen Motiven zu leihen, die wiederum die eigene Phantasie stimulieren und es möglich machen, daß der Aspekt der Hoffnung, der in diesen Geschichten sich ausdrückt, sich überträgt. Der Analysand/die Analysandin bekommen eine Gewißheit, daß Probleme lösbar sind, daß es gerade für ihr Problem auch Lösungen gibt. Insofern hat die Arbeit mit Märchen und Mythen

60

die Funktion eines Übergangsobjekts, anstelle der persönlichen Mutter steht so etwas wie ein kollektiv menschlicher Mutterboden, ein auch transpersonaler Mutterboden mit einer Fülle von Bildern, die uns in den persönlichen Lebensprozessen Anregung geben können, wie Leben zu bewältigen ist. Dabei ist es selten so, daß ein Prozeß einfach kopiert wird – zu Beginn manchmal – sondern es werden wirklich eigene Phantasieprozesse stimuliert, die das Lebensgefühl verändern, die Emotionen ansprechen und deshalb auch geeignet sind, Veränderungen im alltäglichen Verhalten herbeizuführen.

Literatur

1) *Jung, C. G.:* Gesammelte Werke. hrsg. von Lilly Jung-Merker, Elisabeth Rüf und Leonie Zander, Bd. 16, S. 248, Walter/Olten, 1984[4].
2) *Jung, C. G.* (1940), Zur Psychologie des Kinderarchetypus, Gesammelte Werke 9/1, S. 168–169.
3) *Smith, P.* (1984), Stellung des Mythos. In: Lévis-Strauss, C., Vernant J.-P. et al. (Hrsg.) Mythos ohne Illusion. SV, S. 51–53.
4) *Jung, C. G.:* 9/1, S. 30.
5) *Kast, Verena* (1990) Die Dynamik der Symbole. Grundlagen der Jungschen Psychotherapie. Olten.

Laura Boggio Gilot

Therapeutische Psychosynthese mit transpersonaler Orientierung nach R. Assaglioli und K. Wilber

*Der Mensch ist nicht wichtig
wegen seines Ichs oder seiner
Persönlichkeit. Er ist wichtig,
weil er als Seele ein Teil Gottes ist.*
Yogananda

Die Psychosynthese verbindet wissenschaftliche Methodik mit der philosophia perennis, dem Herzstück religiöser Überlieferungen aller Zeiten und Kulturen. In ihrem Persönlichkeitsmodell ist das „personale Ich", das Geist und Körper umfaßt, nur Spiegelung des „Selbst", das seinerseits Teil des „universellen Seins" ist. Das Wesen dieses Seins ist reiner Geist, der die raumzeitlichen Grenzen von Formen und Eigenschaften transzendiert und den unveränderlichen Grund der gesamten Existenz bildet.

Auf der Basis dieses ganzheitlichen Weltbildes schlägt die Psychosynthese ein Modell für Entwicklungspsychologie und Therapie vor, das Psychologisches und alte Weisheitslehren verbindet und im Kontext eines Weges betrachtet, der ganz natürlich zur Wiedervereinigung des individuellen Ich mit seinem transzendenten, ewigen Grund führt. Das Sehnen nach Transzendenz und nach spirituellen Identitäts- und Bewußtseinszuständen gilt als Teil der individuellen Entwicklung, seine Behinderung gilt als eine Art existentiellen Leidens, das man in der Therapie nicht außer acht lassen kann. Andererseits gilt die Erkenntnis der ungeteilten und unbegrenzten Natur der Wirklichkeit und der Befreiung vom Gefühl des Getrenntseins des Ich als wichtiger Schritt zur Entwicklung eines individuellen Bewußtseins und koinzidiert mit einer Art von Heilung, die die Grenzen der üblichen „Normalität" überschreitet.

Wie in der Psychoanalyse wird in der Psychosynthese psychisches Leiden als Folge einer Störung während der Entwicklung der Persönlichkeit zur Ganzheit hin verstanden. Die Vorstellung von menschlicher Entwicklung ist in der Psychosynthese jedoch weiter als in der Psychoanalyse; das gilt auch für die Konzepte des Unbewußten, der Identität und der Psychopathologie.

Assaglioli kennt drei Ebenen des Unbewußten: eine niedere, die Vergangenes und Verdrängtes enthält, eine mittlere mit Inhalten, die dem Bewußtsein näher stehen und eine höhere, die der nach oben drängenden intuitiven und spirituellen Möglichkeiten. Die Identitätsentwicklung hängt von der Integration der Inhalte des Unbewußten ab. Dem Identitätsstadium des persönlichen Ich entspricht die Integration der Inhalte des niederen und mittleren Bewußtseins, dem des transpersonalen Selbst die Integration intuitiver und spiritueller Möglichkeiten.

Ken Wilber hat ähnliche Vorstellungen zu einem Entwicklungsmodell erweitert. Er beschreibt drei Hauptphasen der Entwicklung und der Psychopathologie: die weitgehend unbewußte prälogische, präpersonale: die bewußte, logische, personale; und die überbewußte, translogische, transpersonale. In jedem Entwicklungsstadium können Störungen auftreten und müssen diesem Stadium entsprechend behandelt werden.

Mein eigener psychotherapeutischer Ansatz integriert Assagliolis Psychosynthese mit Wilbers Transpersonaler Psychologie (die auch psychoanalytischen Objektbeziehungstheorien einbezieht) und mit den spirituellen und kognitiven Grundsätzen der Yoga Vedanta Überlieferung.

Das „Setting"

Das Setting, der äußere Rahmen, in dem der therapeutische Prozeß abläuft, umfaßt die Darstellung der Psychotherapie generell, dann die Verhaltensweisen und Positionen des Patienten und des Therapeuten und die Regeln und Vorgehensweisen, die den therapeutischen Prozeß strukturieren. Dieser Rahmen dient als Stütze und Zusammenhalt und bildet gewissermaßen einen Kanal für die verbale und nonverbale Kommunikation, die sowohl für die Therapie als auch für spirituelles Lehren eine Rolle spielen.

Die therapeutische Beziehung ist kooperativ. Therapeut und Patient bemühen sich gemeinsam; die Assymetrie ihrer Rollen schließt den Austausch von Meinungen und Erfahrungen nicht aus, wenn es darum geht, Mißverständnisse auszuräumen oder hinderliche Einseitigkeiten zu überwinden. Der Therapeut bestimmt zwar die Vertragsregeln, sie können jedoch durch Gegenvorschläge des Patienten modifiziert werden, vorausgesetzt, diese Modifikation schadet weder dem Ziel der therapeutischen Bemühung noch den ethischen Normen des Berufsstandes. Sexuelle Beziehungen zwischen Therapeut und Patient oder außerberufliche gesellschaftliche Kontakte darf es zum Beispiel nicht geben.

Während der Therapeut im psychoanalytischen Modell dazu neigt, sich nicht gefühlsmäßig involvieren zu lassen, sondern eher als neutrale Bildwand zu funktionieren, um so Übertragungen des Patienten zu erleichtern, macht sich der Therapeut in der transpersonalen Psychosynthese für eine Beziehung verfügbar, die das Wachstum nicht nur des Patienten, sondern auch sein eigenes fördert. Dabei ist Aufrichtigkeit und Akzeptanz wichtig.

Im Vergleich mit dem neutralen und hierarchischen Verhalten der orthodoxen Praxis hat eine kooperative Beziehung Vorteile:

– Sie eliminiert den hierarchischen Aspekt und überwindet die Unausgeglichenheit einer therapeutischen Beziehung, bei der sich allein der Patient offenbart. Eine solche Situation hemmt die Spontaneität des Patienten und begünstigt die Verinnerlichung eines aseptischen, überlegenen Therapeutenmodells und führt damit zu böswilligen Überichanteilen. Demgegenüber hilft ein authentischer und aufrichtiger Therapeut dem Patienten, Abwehrhaltungen abzubauen, Schwächen und Unvolkommenheiten zuzugeben und eine neue, positive Identität aufzubauen.

– Sie baut eine menschliche Beziehung auf, die das Einfühlungsvermögen fördert und dem Therapeuten erlaubt, seine Beziehungsfähigkeit einzubringen, um damit diejenige des Patienten zu fördern, eine Beziehung, in der auch feindseliges Verhalten des Patienten akzeptiert werden kann.

– Sie erleichtert generell das Besprechen von Beziehungsproblemen und gibt dem Therapeuten die

Möglichkeit, dem Patienten zu helfen, sich selbst und seine Gefühle und Vorstellungen von sich und der Welt klarer zu sehen.

– Sie unterstützt die Entwicklung von Selbstverantwortlichkeit beim Patienten.

Es versteht sich von selbst, daß ein Therapeut, der die neutrale Patient/Therapeut-Beziehung überwinden und zugleich weise Lehren vermitteln will, imstande sein muß, nicht nur die eigenen Gedanken und Gefühle zu beherrschen, sondern sich auch von ihnen zu lösen. Auch muß er die Beweggründe unter Kontrolle haben, die seinen Überzeugungen zugrunde liegen. Nur so kann er vermeiden, daß eigene narzißtische oder omnipotente Seiten in eine derartige Beziehung einfließen und sie dominieren. Zur transpersonalen Psychosynthese gehört der Begriff des Karma Yoga, das heißt des Yoga im Dienste am Andern und eines Handelns ohne innere Bindung. Es gehört auch der Begriff der Demut dazu, der die Grenzen des Therapeuten und seiner Humanität in der Beziehung zum Patienten berücksichtigt.

Die Technik

Generell kombiniert die transpersonale Psychosynthese die Methoden der westlichen Psychotherapie mit denen der Arbeit am Bewußtsein, wie sie in östlichen Meditationssystemen gelehrt wird. Die analytische Introspektion bemüht sich um die Rekonstruktion der Vergangenheit des Patienten, mit dem Ziel, die biographischen Ursachen des gegenwärtigen Erlebens zu verstehen. Im Gegensatz dazu unterscheidet die meditative Selbstbeobachtung zwischen dem Bewußtsein und dessen Inhalten und untersucht ,hier und jetzt' die Art, wie Denken und emotionale Vorgänge strukturiert werden zu analysieren. Durch richtiges Meditieren wird ein ,Subjekt des Bewußtseins' entwickelt, das, losgelöst von den Gegenständen des Bewußtseins, deren Fließen mit einfühlsamer, urteilsfreier Aufmerksamkeit wahrnehmen kann.

Man wird auf diese Weise gewahr, wie sehr man zum Beispiel seine Selbstwahrnehmung begrenzt und seine eigenen Möglichkeiten behindert, wenn man sich mit negativem Denken identifiziert. Die meditative Haltung zeigt auch die Wahrnehmungsfilter, die das Bild der äußeren Welt entstellen, sowie die Seiten des eigenen Charakters, die Komplexen und Konflikten Nahrung geben.

Assaglioli hat etwa vierzig Techniken entwickelt – zumeist aus der Yogaüberlieferung abgeleitete – um Bewußtseinsinhalte positiv zu beeinflussen: Selbstsuggestion, bestimmte Meditationsformen und anderes mehr. Letzendlich scheint die Wirkung einer Therapie jedoch mehr von der Kraft einer guten Beziehung zwischen Patient und Therapeut abzuhängen als von einer Technik.

Die Diagnose

Die Psychosynthese versucht, verschiedene Methoden der Psychotherapie zu kombinieren, denn jede hat Zugang zu einer spezifischen Dimension der Psyche. Diese therapeutischen Methoden wiederum verbindet sie mit der östlichen Psychologie und den spirituellen Methoden ganz allgemein. Daraus ergeben sich folgende Perspektiven für eine Diagnose:

– Die psychoanalytische: Hier werden aus entsprechenden Beobachtungen im Rahmen des Bezugssystems der Ichentwicklungspsychologie und der Objektbeziehungstheorie beschreibende, genetische und strukturelle Diagnosen gemacht.
– Die kognitive und die humanistische Perspektive. Diese beziehen sich auf den Weg zur Selbstverwirklichung und zur Bildung eines reifen Ichs. Hier befaßt sich die Diagnose mit der Struktur und der Konditionierung des Denkens, mit den Motivationen des Patienten und seinen Vorstellungen von Wert und Sinn seines Lebens und von seiner Identität.
– Die transpersonale Perspektive. Hier geht es um den Weg zur Selbsttranszendenz.
Auf jeder Ebene sind die jeweiligen Störungen und die Abwehrmechanismen andere. Sie müssen nacheinander identifiziert und behandelt werden.

Besonders interessant sind die Übergänge vom personalen zum transpersonalen Bereich. Hier geht es um
– die Art der Identifizierung mit dem körperlichen und psychischen Ich versus Identifizierung mit dem spirituellen Selbst und seinen offenen Grenzen;
– das durchschnittliche Verlangen nach Liebe, Achtung, Wissen, Kreativität und Selbstverwirklichung versus höheren Verlangens nach Reinheit, Vollkommenheit, Güte, Wahrhaftigkeit und Selbsttranszendenz;
– die Erfahrung der Wahrnehmung gewöhnlicher, materieller Realität versus der Wahrnehmung transzendenter subtiler Realität;
– logische versus translogische Strukturen;
– selbstbehauptende egozentrische Motive versus altruistischen, die das Glücksgefühl anderer und den Frieden auf unserem Planeten zum Ziel haben;

– die Beziehung zwischen psychischem Leiden und den Schwierigkeiten der Selbsttranszendenz.

Der therapeutische Bericht: Eine Fallstudie

Nachfolgend wird über eine Fallstudie berichtet, die besonders interessant erscheint, da an ihrer Lösung eine Evolution in Richtung auf ein transpersonales Bewußtsein beteiligt war.

Anna ist eine junge ledige Frau. Sie kommt zu mir nach einer langen und erfolglosen Suche nach einer Psychotherapeutin, der sie „zu vertrauen versuchen kann". Die Analyse der beobachtbaren Phänomene zeigt von Anfang an ein scheues und ängstliches Verhalten, Gehemmtheit in Sprache und Ausdruck, Widerwillen gegen Kommunikation und Feindseligkeit. Die offene Ablehnung von Kommunikation wechselt ab mit ausweichenden und projektiven Abwehrhaltungen paranoiden Typs: Sie fühlt sich schlecht beurteilt und fürchtet, ich könnte ihr Leid zufügen. Ihre Symptome sind Traurigkeit, Pessimismus, diffuse Ängste, Klaustrophobie, sowie Ernährungsschwierigkeiten in Form von Appetitlosigkeit, von denen später noch die Rede sein wird. Das Ganze deutet auf eine depressive Persönlichkeitsstruktur mit schizoiden und paranoiden Elementen.

Die genetische Analyse zeigt eine schizophrene Mutter, die die Quelle aller Probleme der Patientin zu sein scheint. Die Strukturdiagnose weist auf eine deutliche Ichschwäche hin, mit primitiven Abwehrmechanismen des Abspaltens und schlechter Differenzierung zwischen positiven und negativen Komponenten des Selbst (borderline), verknüpft mit einer unvollständegen Strukturierung des Über-Ich, die moralische Werte, Impulsbeherrschung und ängstliches Verhalten des neurotischen Typs aufweist. Daraus ergibt sich eine Pathologie in der Mitte zwischen Neurose und Borderlinestörung. Sie lenkt die Psychotherapie in Richtung eines analytischen Ansatzes, der sich hauptsächlich mit bewußten Aspekten befaßt. Die Arbeit mit dem Unbewußten könnte in Gegenwart primitiver Abwehrmechanismen gefährliche Regression erzeugen, die im gegenwärtigen Zustand der Präego-Strukturierung mit dem Risiko eines psychotischen Abgleitens verbunden wäre.

Aufgrund obiger Einschätzung beschäftigt sich die Strukturanalyse mit Objektbeziehungen, Verinnerlichungen, Identifizierungen und Subpersönlichkeiten, und zwar in einem aktiven und konstruktiven Dialog zwischen Patientin und Therapeutin. Dabei kommt heraus, daß die Patientin eine Beziehung zu ihrer schizophrenen Mutter hat – sie erlebt sie als schwach, bösartig, aggressiv, erniedrigend – die ihr das Gefühl gibt, schlecht und ungeliebt zu sein.

Annas Beziehung zu ihrer Schwester scheint ein Ersatz für die Beziehung zur Mutter zu sein; sie findet bei ihr Schutz und Liebe. Das macht sie so symbiotisch abhängig von ihrer Schwester, daß sie fast ihre eigene Identität auslöscht. (Anna macht die Universitätsexamen anstelle ihrer Schwester).

Annas Beziehung zu ihrem Vater hat wenig Bedeutung, da dieser ein Opfer der Mutter ist, schwach, impotent, erfolglos, überhaupt nicht imstande, Schutz zu gewähren.

Das allgemeine Bild der „Verinnerlichungen" ist nicht gut differenziert, vor allem nicht in der Beziehung zur Mutter, da Anna unfähig ist, zwischen ihren eigenen Gefühlen und denen der Mutter zu unterscheiden. Dies und der Mangel an Differenzierung zwischen gut und böse erzeugt eine nicht-integrierte Auffassung von sich selbst. Sie wird sichtbar in Annas Schwierigkeit, mit mir zu kommunizieren, und offenbart eine teilweise Dispersion der Identität.

Die psychotherapeutische Arbeit an Identifizierungen führt zur Entdeckung eines Konflikts zwischen einer Identifizierung mit dem negativen Image der aggressiven Mutter (bösartig und gefährlich) und einer Identifizierung mit dem eigenen Image eines ständig angegriffenen, unterdrückten und ängstlichen Kindes. Der Konflikt zeigt eine gespaltene Beziehung zwischen einer Subpersönlichkeit einer aggressiven und mächtigen inneren Mutter und einer Subpersönlichkeit eines Kindes, das ein ohnmächtiges und ängstliches Opfer ist. Bei dem Versuch, sich von der tiefsitzenden Angst zu befreien, die aus den negativen Identifizierungen entsteht, zu denen Aggressivität, Furcht und Abhängigkeit gehören, verteidigt Anna sich durch eine Projektion: Sie sieht die anderen als aggressive Menschen mit der Fähigkeit, sie (Anna) zu zerstören, weshalb sie diese anderen attackiert. Aber sie braucht sie auch, weil sie von ihnen abhängig ist und ihrer Hilfe bedarf. Anna hat einerseits Angst vor den anderen und neigt dazu, sich zu isolieren. Andererseits nimmt sie unter der Maske eines netten Mädchens am gesellschaftlichen Leben teil, eines Mädchens, das absolut gehorsam ist und blind auf die Bedürfnisse und Gedanken der anderen eingeht, weil es Liebe und Hilfe braucht. Daraus entsteht eine tiefsitzende Trennungsangst, eine Furcht vor Isolierung und vor dem Zerstörtwerden. Das ist die Wurzel der Blockierung ihrer Gefühle und Antriebe, ihres Willens und ihrer Kreativität, und auch die Wurzel der Ausschaltung von Bedürfnissen, die durch eine stumpfsinnige und einem Herdentrieb folgende Anpassung an den Willen anderer ersetzt werden. Annas Entwicklung scheint demnach auf einer infantilen Stufe blockiert zu sein, auf der die Kräfte des Verstandes durch das Auf und Ab von Gefühlen behindert werden, die Folge der bösartigen Verinnerlichungen unverdauter Objektbeziehungen. Dabei hat sie eine gute Fähigkeit zur logischen Analyse.

Durch die Kombination von Introspektion und meditativer Technik des „beobachtenden Bewußtseins" werden nun die Familienbeziehungen und ihre inneren Bilder davon differenziert. Mit dem Ziel der Loslösung von den beiden Subpersönlichkeiten Mutter und Kind führt der therapeutische Prozeß zur Entwicklung eines stabilen und selbstbejahenden beobachtenden Zentrums. Dabei bedient er sich der therapeutischen Beziehung, in der die Therapeutin als ein positives Objekt handelt, um eine neue, positive Identifizierung zu erleichtern. Die Therapeutin ist aktive und teilnehmende Helferin, die die Verinnerlichungen des Patienten deutlich sichtbar macht. Dieser nicht-neutrale Weg der Durchführung einer Therapie verhindert mögliche Regressionen, die in einem prä-ego Bewußtseinzustand gefährlich sind.

Im Verlauf des Dialogs taucht eine sadistische Subpersönlichkeit auf – offensichtlich durch Annas Identifikation mit der Mutter – die Annas Denken und Willen für selbstzerstörerische Zwecke nutzt. Das geschieht mit bösartigen „männlichen" Merkmalen wie Strenge, Steifheit, übermäßiges Rationalisieren und mit Widerstand gegen alle jene „weiblichen" Aspekte, die Annas Mutter haßte, beispielsweise

Schwäche, Kreativität, Liebe, Sexualität, Empfindsamkeit.

Diese Subperson wird im therapeutischen Prozeß auf die Therapeutin übertragen. Anna betrachtet sie nun als Aggressor, gegen den sie sich durch Vermeidung und Unterwerfung verteidigt. Der Widerspruch zwischen dem sadistisch männlichen mütterlichen Objekt und den Empfindungen von Annas femininer Persönlichkeit machen ihr Angst. Diese ist so stark, daß sie jeden Ausdruck von Annas Bedürfnissen und Neigungen behindert, sogar deren Verbalisierung. In der Therapie spricht Anna wenig; sie nutzt laufend Mechanismen des Ausweichens und zeigt sich verängstigt. Sie stimmt jeder Hypothese der Therapeutin zu, verbirgt ihren Schatten (ihren eigenen Schmerz und ihre Schwäche, die beide von der Mutter nicht akzeptiert werden), ebenso ihre Gefühle von Ressentiment und Aggressivität. Diese Aggressivität äußert sich in der Projektion auf die Therapeutin, die sie als jemanden wahrnimmt, der sie ablehnt und nicht akzeptiert.

Die Analyse darf nur auf der Grundlage der Differenzierung bewußter Strukturprozesse sowie der Bearbeitung der Übertragung fortgeführt werden. Bei der Entwicklung der Übertragungssituation begünstigt das akzeptierende Verhalten der Therapeutin, die sich aktiv um verläßlich positives Verhalten bemüht, den Aufbau zunächst einer realistischen Beziehung, dann einer freundlichen Situation mit alternierend negativer Projektion und positiver realistischer Beziehung.

Als Anna die liebevolle und ernsthafte Haltung der Therapeutin erkennt, beginnt sie sich zu öffnen, wenn auch weiterhin von Angst gelähmt. Das Herausarbeiten der ambivalenten Übertragung im Kontext einer verbalen und aktiven Beziehung ist der Boden, in dem der therapeutische Prozeß Wurzeln schlägt. Die Arbeit auf der verbalen Ebene bewußter Differenzierungen zielt darauf ab, eine Atmosphäre des Vertrauens und Wohlwollens zu entwickeln und eine neue, positive Identifizierung mit einer guten Mutter zu schaffen. Die Identifizierung mit dem klugen und mütterlichen Modell der Therapeutin läßt schließlich ein reiferes Zentrum der Wahrnehmung entstehen und erlaubt Anna, die geleugneten Inhalte und verinnerlichten Objekte der Aggressivität auftauchen zu lassen. An diesem Punkt kann Anna ihre Aggressivität analysieren, ohne dadurch zerstört zu werden. In ihrer Beziehung zur Analytikerin, die sich empfänglich, wohlwollend und urteilsfrei verhält, findet Anna schließlich den Mut, über ihre Feindseligkeit zu sprechen, ohne befürchten zu müssen, dadurch die Akzeptanz der Therapeutin zu verlieren. Parallel dazu kann sie beginnen, ihren Schmerz hochkommen zu lassen. In diesem Stadium profitieren die Situation und die therapeutische Beziehung vom Verstehen des transpersonalen Bezugsrahmens, in dem der Schmerz zu einem Mittel von Belehrung, Entwicklung und Erlösung wird. Die einfühlsame Aufmerksamkeit, bedingungslose Akzeptanz und das wohlwollende Verständnis wie auch die zur Unterscheidung fähige Urteilskraft der Therapeutin helfen Anna, den Haß auf ihre Mutter und das aus diesem negativen Trieb entstandene Schuldgefühl zu erkennen. Aber erst, als es Anna gelingt, ihre Aggressivität zu akzeptieren, ohne ihre Selbstachtung zu verlieren, können die primitiven Abwehrmechanismen gegenüber ihren Gefühlen überwunden werden. Die Diagnose verlagert sich nun von einem borderline zu einem neurotischen Bild.

Bis zu diesem Punkt wurde die therapeutische Arbeit auf einer bewußten Ebene durchgeführt. Erst als Anna eine Ich-Struktur jenseits primitiver Abwehr, schizoider Merkmale und falscher Selbstwahrnehmung erreicht hat und gut und böse auseinanderzuhalten vermag, kann der therapeutische Prozeß sich den unbewußten Inhalten zuwenden, durch Traumanalyse und durch Techniken aktiver und kreativer Imagination. Die unbewußten Symbole enthüllen Annas Schuldgefühle und tiefen inneren Kämpfe. Als sie es geschafft hat, der Therapeutin völlig zu vertrauen und nicht mehr das negative Bild der Mutter auf sie zu übertragen, berichtet Anna von ihrer Magersucht.

Hinter der Verweigerung von Nahrungsaufnahme verbirgt sich ihr Haß auf die Mutter. Die Nahrung erscheint als Symbol der pervertierten und destruktriven Mutterliebe, die Anna zurückweist, weil sie vergiftet ist. Durch Fasten verteidigt sie sich gegen den Haß der Mutter: „Nahrung bedeutet eine Leiche", und „Ich übergebe mich, um nicht vergiftet zu werden", „Ich kann nicht essen, weil ich sterbe", „Ich will nichts in mir haben; wenn es vergiftet ist, übergebe ich mich lieber".

In der Regression wird Anna wieder zum Kind und erlebt nochmals den Haß auf die Mutter mit dem daraus entstehenden Schuldgefühl: „Ich möchte sterben, weil ich schlecht bin"; „ich fühle mich schuldig, weil ich nicht so bin, wie Mutter mich haben will". Die Analyse des Schuldgefühls läßt die selbstzerstörerischen Verhaltensweisen Annas hochkommen; sie bestraft sich selbst, indem sie sich jedes Gutseins als Mittel zum Löschen ihrer Schuld beraubt. Sie gestattet sich kein Vergnügen, verweigert den Besuch von Filmvorführungen, lehnt Komplimente ab und gibt nicht einmal ihre Bedürfnisse zu erkennen. Das Gefühl, sühnen zu müssen, ist die Wurzel ihres Entschlusses, die Examen anstelle ihrer Schwester abzulegen, sowie ihres blinden Gehorsams gegenüber jedem, der etwas von ihr fordert. Die zwangsweise Vernichtung jedes Verlangens oder Bedürfnisses ist der Ursprung des Verlustes von Selbstgefühl und ihrer Persönlicheitsauflösung.

Die komplexe Beziehung zwischen der Anorexie, dem Haß auf die Mutter und seitens der Mutter, sowie dem Schuldgefühl beginnt in Übertragungsträumen aufzutauchen. Anna träumt, die Therapeutin komme in ihr Zimmer und bringe ihr etwas zu essen, worauf sie mit dem gellenden Schrei „Ich will keine Leichen" reagiert (in der Assoziation scheint die Leiche den Körper des mütterlichen Killers darzustellen). Die Traumanalyse kulminiert in einer Projektion, in der Anna die Therapeutin anschreit: „Wenn Sie mir etwas antun, werde ich überhaupt nichts mehr essen."

Die Arbeit an Haßprojektionen bei der Übertragung erlaubt es, die Mutter-Tochter-Beziehung zu rekonstruieren. Der emporsteigende verdrängte Ärger setzt die assoziierte Furcht frei und nimmt der Nahrung ihre negative Symbolik. Befreit vom introjektiven und projektiven Druck der sie verfolgenden Mutter, beginnt Anna wieder zu essen und ihre Bedürfnisse zu artikulieren. Das Auftauchen der echten Seiten ihres Ich bringt sie dazu, auf die Universität zu gehen und eine Arbeit anzunehmen. Sobald das Ich ausreichend strukturiert scheint, nimmt die Analyse eine transpersonale Orientierung an und die Beziehung zwischen dem Ich und dem Selbst wird zum Thema.

Abschließende Bemerkung

In der geschilderten klinischen Studie wurde die Erforschung der transpersonalen Dimension möglich, sobald transpersonale Symbole in Träumen und Imaginationen aufzutauchen begannen und Anna Interesse für spirituelle Erfahrungen und Meditation zeigte. Bei einer kreativen Imagination erscheint das Symbol „des Poeten, eines guten, weisen und alten Mannes", und erzeugt ein Gefühl immenser phantasievoller Freiheit. Das Auftauchen des Archetyps des Selbst, das selbst in Träumen in Form verschiedenartiger Symbole, abstrakter (Kreise, Sterne) oder übermenschlicher (Engel, alter weiser Mann) Natur erscheint, trägt bei zur Synthese der Subpersönlichkeiten zu einem neuen, einheitlichen Zentrum, das Anna nach und nach als Zentrum des Bewußtseins jenseits des Ich wahrnimmt. Sie drückt das so aus: „Ich habe begriffen, daß das Ich das Kind eines höheren Bewußtseinszentrums ist, durch das es geheilt werden kann. Alles Böse, das ich sehe, der Schmerz, den ich erlitten habe, gehören nicht wirklich zu diesem höheren Zentrum, in dem ich ohne Schmerzen verweilen kann."

Mit der Konstruktion eines weisen und guten inneren Bewußtseinszentrums beschreitet die Psychotherapeutin einen transpersonalen Weg, und Anna beginnt, Meditationskurse zu besuchen, die ihr nach ihren eigenen Worten Kraft, Zuversicht, absolutes Vertrauen und das höchste Ziel schenken.

Im Einklang mit spirituellen Lehren beginnt Anna, auf der Grundlage eines neutralen und beständigen Bewußtseins ihre mentalen Inhalte als interne Objekte zu beobachten, die vorübergehend und relativ sind. Also fürchtet sie diese nicht mehr und identifiziert sich nicht länger mit ihnen. Nachdem sie die einschränkende Rolle ihrer Gedanken erkannt hat, beginnt Anna, sich vom ichbetonten Selbstbild und dessen Schmerzen und Unwissenheit zu lösen. Aus dieser weiteren Perspektive wird Anna bewußt, daß sie auf alle beliebigen mentalen Inhalte einwirken und sie transformieren kann, wodurch Platz für die gute und glückliche Natur des Selbst geschaffen wird.

Im Augenblick ist Anna noch nicht völlig geheilt, weil ihr Ich noch zerbrechlich ist. Doch wächst ihre Kreativität ständig, und der Prozeß der Integration hat ihre Wahrnehmung und ihr Verhalten in Richtung eines harmonischen Lebensgefühls verändert. Sie macht Fortschritte im Beruf und beim Universitätsstudium, und die dabei erzielten Ergebnisse geben ihr Selbstvertrauen, denn sie zeigen ihr, was sie kann. Durch Meditation wird Anna sich auch ihrer Fähigkeit zu Liebe und Güte sich selbst und anderen gegenüber bewußt. Nach der Überwindung der Geringschätzung der eigenen Person und der Schuldgefühle ist sie imstande, im Rahmen der Familie und in den gesellschaftlichen Beziehungen ihre Wünsche mitzuteilen und zu ihren Fähigkeiten zu stehen.

In der Psychotherapie veränderte sich die ambivalente Übertragung zu einer realistischen Beziehung, gekennzeichnet durch Zuneigung und Dankbarkeit gegenüber der therapeutischen Führerin, die sie auf ihrem Weg zur Überwindung des psychischen Leidens und der Illusionen des Ich begleitet. Die transpersonale Weltsicht hat in den therapeutischen Prozeß Eingang gefunden. Nach der Überwindung des negativen mütterlichen Inbildes erscheint der Archetyp der kosmischen Mutter. Anna entwickelt ihre Fähigkeiten nun in einer Welt, in die sie zuvor nur Phantasmen von Furcht und Aversionen projiziert hatte. Nach der Rekonstruktion der Persönlichkeit hat die Psychotherapie sich die Integration der beiden grundlegenden Archetypen des Selbst zum Ziel gesetzt, des rational väterlich maskulinen und des gefühlsmäßig mütterlich femininen, desgleichen die Entwicklung intuitiver Intelligenz und universaler Liebe.

Anna und ich machen jetzt eine innere Reise, die nicht ihr immer noch gebrechliches Ich vergißt und es liebevoll nährt, jedoch auch von der Schönheit und Güte des Selbst zehrt. Wir arbeiten beide darauf hin, das zu erkennen, was die Weisheit als Schicksal jedes unbehinderten Menschenwesens betrachtet: Nämlich im tiefsten eigenen Inneren, jenseits des Ich und des Flusses der Gedanken, die Vollkommenheit und den göttlichen Glanz dessen zu entdecken, „Was von Anbeginn an da war und ist".

Franz Sedlak

Die transpersonale Perspektive der Logotherapie und Existenzanalyse nach V. Frankl

I. Grundsätzliche Überlegungen zur transpersonalen Perspektive der Logotherapie-Existenzanalyse

„Solaris", der ferne Planet in Stanislaw Lems gleichnamigem Roman, ist auf seiner ganzen Oberfläche von einem Ozean bedeckt, der eine Fülle von Geheimnissen, rätselvollen Erscheinungen und unverständlichen Vorgängen in sich birgt; unter anderem entwickelt dieser Ozean (ob es sich bei ihm um bloße Materie oder um ein riesiges intelligentes Lebewesen oder um eine göttliche Offenbarung handelt, darüber streiten in Lems Roman Generationen von Wissenschaftlern) eine besondere Fähigkeit. Weltraumforscher, die in einer Beobachtungsstation über dem Ozean schweben, erhalten in ihren abgeschlossenen Kabinen seltsame Besuche: Plötzlich teilt jeder von ihnen seine Schlaf- und Wohnkoje mit einer Person, die ihm besonders nahestand. Und diese Person ist ihm näher als je zuvor: Auf unerklärliche Art und Weise wissen diese Menschen plötzlich Gedanken ihres Gegenübers, die nie mitgeteilt wurden, und reagieren darauf. Erst nach und nach erfassen die Weltraumforscher die schreckliche Wahrheit: Womit sie konfrontiert sind, sind nicht die Menschen, die sie einst geliebt haben, sondern sie sind Materialstationen der Gedanken, die der Ozean von den Beobachtern besonders intensiv empfangen hat. Die innige Vertrautheit mit diesen seltsamen Lebewesen wird so zur Schreckenserfahrung unüberwindbarer Einsamkeit: Das Ich begegnet keinem Du, sondern nur seiner inneren Vorstellung vom Du. Daran zerbrechen letztlich diese Forscher. Einer begeht sogar Selbstmord. Zwei andere lassen sich schnellstens wieder nach Hause beordern. Nur einer bleibt, in der Hoffnung, doch noch einmal Antwort vom Ozean zu erhalten.

Lem wollte mit diesem Roman zeigen, daß der Mensch nur immer sich selbst erforscht, auch wenn er in den Weltraum vorstößt. Diese letztliche Absage an Begegnung ist nicht unumstößlich, aber sie macht meiner Meinung nach „Solaris" zum Gleichnis psychoanalytischer Psychotherapietradition: Da gibt es den rätselhaften, mit vielen unheimlichen Fähigkeiten ausgestatteten „ozeanischen" Psychotherapeuten (dieser wieder ist ein Repräsentant für das Andere, für das Du, für die Welt, für den Ozean). Der Weltraumforscher ist eigentlich nur Innenraumforscher und ähnelt somit dem Patienten, der seinen Phantasien über seine wichtigsten Bezugspersonen in seiner Seelenkoje begegnet. Die Gefühle, die auf den „ozeanischen" Therapeuten übertragen werden, werden „lebendige" Konfrontationen mit sich selbst. Diese Erkenntnisse sind eindrucksvoller als alles zuvor, sie gehen im wahrsten Sinne unter die Haut oberflächlicher Außenbeziehungen – aber sie erfüllen nicht. Der Innenraumforscher bleibt in seine Beobachtungsstation eingeschlossen. Das Andere und der Andere bleibt fremd, unverständlich, bedrohlich wie der Ozean auf Solaris. Auf diese Weise kann der Forscher/Patient nur lernen, mit sich selbst auszukommen, einen „gesunden Autismus" zu entwickeln, der ihm über die Beziehungslosigkeit hinweghilft. Der Mensch wird aber erst Ich am Du, sagt die Logotherapie. Aber dieses Du ist nicht das unergründlich sich vorenthaltende, verschlossen bleibende, „ozeanische" Du, sondern das lebendige, personale, dialogische. In diesem Wechselspiel von Vertrautheit und Fremdheit, von Annäherung und Distanzierung zwischen einem lebendigen Ich und einem lebendigen Du ereignet sich die Selbstwerdung. Dazu muß aber der einzelne über sich hinausgreifen. Der russische Regisseur Tarkovsky hat „Solaris" verfilmt und bringt eine überraschende Schlußsequenz: Der Weltraumforscher ist plötzlich wieder zu Hause – aber eine Kameraeinstellung von oben zeigt die Wahrheit: Die vertraute Heimat ist nur eine Insel im Ozean, es sind die materialisierten Vorstellungen des Forschers, der nach wie vor auf Solaris ist. Aber, was hier als Eingeständnis der Selbstunentrinnbarkeit des Menschen endet, könnte auch ein Anfang sein. Dazu ist der Blick auf sich selbst aus einer umfassenden Perspektive notwendig. Die Logotherapie spricht von der Fähigkeit des Menschen zur Selbstdistanzierung, das heißt zur Selbstbeobachtung und Stellungnahme gegenüber sich selbst. Aus dieser höheren Position sieht der einzelne sich selbst auf der Insel seiner Fiktionen – umgeben vom Ozean des Lebens. Nun kann der Mensch mehreres tun: Er kann seine Selbstauseinandersetzung intensivieren, seinen Willen zur Eigentlichkeit realisieren, sein Engagement für „die Welt" verstärken, seine schöpferisch-freie Selbstgestaltungsfähigkeit ausspielen.

Ist damit aber nicht ein Plädoyer für die humanistische Richtung der Psychologie und Psychotherapie gegeben? Wobei wir auf diesen Strömen nur dann weiterkommen, wenn der andere nicht als Floß des Ego-Trips mißbraucht wird, sondern wir beide, ich und du, in das wogende Auf und Ab des Lebens eintauchen, gegen manche Wellen ankämpfen, uns von anderen tragen lassen ... Genügt es, diese Menschlichkeit als Willensentfaltung, Engagement, Selbstgestaltung zu kultivieren, zu intensivieren, und das Encounter zum Motto eines erfüllten Daseins zu gestalten? Humanismus, der nicht über sich hinausgreift (die Logotherapie spricht von der Fähigkeit des Menschen zur Selbsttransparenz, die eigentlich schon in seiner intentionalen Ausgerichtetheit auf anderes angelegt ist), gleicht einer verzweifelten Landschaftspflege der Insel der Fiktionen und gelangt bestenfalls zu einem Brückenschlag von einer Insel zur anderen.

Miguel de Unamuno, einer der wichtigsten neueren Literaten Spaniens, hat sich in vielen seiner Werke mit dem Menschlichen auseinandergesetzt und sogar mit dem Menschlichsten am Menschen, seinem Existenzbewußtsein und seiner liebenden Existenzgestaltung. In seinem Kurzroman „Ein ganzer Mann" beschreibt er einen jungen Reichen mit traumatischen Kindheitserlebnissen und seinem daraus resultierenden pathologischen Entschluß, daß sein Wille unter allen Umständen zu geschehen habe. Mit ganzem Willen arrangiert er sein Leben und das seiner Frau, bis er an eine unerbittliche Grenze stößt. Als seine Frau unter der Dauerspannung dieses pathologischen Willens zerbricht, wird dem „ganzen Mann" das Paradox bewußt: „Ich will nicht sterben – und ich sterbe." Er erlebt diese Tragik am Tod seiner Frau, den er nicht verhindern kann und dem er nur in einem tragischen „Heroismus" durch Selbsttötung folgen kann. Die Existenzbehauptung durch Selbstvernichtung zeigt das Scheitern fundamentalistischer Weltgestaltung („alles muß sich meiner Überzeugung beugen") bzw. ideologischer Machbarkeitsgläubigkeit („ich kann alles, was ich will"). Der unbändig sich bekundende Wille wird lebensfeindlich, wenn er nicht die Offenheit geistiger Existenz und die Freiheit individueller Existenzführung und deren Begrenztheit durch das Andere akzeptiert. Frankl spricht von der prinzipiellen Freiheit des Willens, die aber nicht bedingungslos ist. Sie besteht im Rahmen der gegebenen Möglichkeiten und in der Absage an jede egozentrische Verschlossenheit, so wie ein Glas nur in der reduzierenden Grund- oder Aufrißabbildung eine geschlossene Figur ergibt, während sein Wesentliches sich erst in der vollen räumlichen Wirklichkeit erschließt: Die Offenheit, die Leere, die durch Anderes (nicht Selbsterzeugtes) erfüllt werden kann. Die Offenheit für Anderes ist Möglichkeit und Grenze in einem. Wo allerdings der einzelne sich selbst zum Maß aller Dinge macht, wird aus seinem Entschluß ein Verschluß.

In einem anderen Roman beschreibt Unamuno einen von allen als heiligmäßig verehrten Pfarrer, der aber in Wahrheit ein Martyrer dieser Fürsorge für die anderen ist: Ihm selbst ist der Glaube an eine Geborgenheit im Jenseits verloren gegangen, aber er hütet in paradoxer Humanität den wohligen Traum seiner Pfarrkinder. Er entschließt sich, das Leben zu schützen, wie der Arzt in Camus' Pesterzählung, obwohl er weiß, daß letztlich doch alles sterben wird. Therapie als Mitmenschlichkeit führt in dieser Weise mit Sicherheit zum „burn out". Frankl spricht von der zweiten Säule der Logotherapie: Dem Willen zum Sinn. Mitmenschliches Engagement ohne diesen Bezug zum Sinnhaften ist Aktivismus, der letztlich im Zweifel zerreißt und in der Gespaltenheit des Ganzen verlustig geht. Die Aktionen gleichen Nadelstichen, die diskontinuierlich wirken, solange man nicht den intentionalen „roten Faden" sieht, der diese Stellen verbindet: Den Willen zum Sinn. Humanismus, der immanent bleibt, gleicht einem Brückenschlag von Insel zu Insel, aber unterhalb und rundherum bleibt der Ozean der Existenz in seiner unergründlichen Bedrohung ausgeklammert.

In einem weiteren Roman beschreibt Unamuno die Tragik des Schachspielers, der sich seinen Mitspieler konstruiert wie einen Roman, bis er schließlich selbst in seinen Konturen verschwindet und nicht mehr weiß, wo Faktum und Fiktion ist. Was Unamuno dichterisch ausdrückt, ist auch zum tragischen Signum unserer Zeit geworden: Für Kinder mag der Phantasiegefährte zu bestimmten Zeiten ein hilfreicher „Partner" sein, aber immer mehr tendieren auch Erwachsene zum phantasierten risikolosen Beziehungspartner (in Videofilmen, Telefonerotik etc.), dies wird aber zum Bekenntnis an eine Beliebigkeit und Austauschbarkeit, die im letzten Nihilismus bedeutet. Der Mensch konstruiert sich sein Gegenüber, seine Aufgabe, seinen privaten Sinn; und die Wissenschaft gibt ihm recht: Der Konstruktivismus zumindest behauptet, daß eine Erkenntnis der Welt ja ohnehin nicht möglich sei und es daher dem einzelnen überlassen bleibt, welche nützliche Konstruktion der Welt er erfindet. Demgegenüber behauptet Frankl als dritte Säule der Logotherapie, daß es Sinn gibt im Leben, und sei Bild dafür ist, daß das Leben nicht ein beliebig zu deutender Tintenklecks sei, sondern ein Vexierbild, in dem die Sinnaufträge für den einzelnen enthalten und entdeckbar sind. Wir sehen, daß „immanenter Humanismus" eine Schlange ist, die sich in pathologischem Willensrausch in den Schwanz beißt, um den eigenen Tod nicht sehen zu müssen; daß Menschlichkeit als nur Mit-Menschlichkeit Zerrissenheit und ohnmächtiger Kampf gegen das Abrutschen in den Abgrund des Absurden ist; daß Menschlichkeit als Eigenschöpfung ein Sandspiel ist, dessen Burgen und Zinnen der erste Windhauch verweht.

Was ist die Alternative? 1. Frage: Hat die Logotherapie-Existenzanalyse eine Möglichkeit gefunden, den Ozean zu ergründen und verfügt daher über exakte Landkarten der Existenz? 2. Frage: Kann die Logotherapie-Existenzanalyse verhindern, daß Menschen immer wieder ihre dritte geistige Dimension vergessen und ein abgeschlossenes Flächen-Dasein führen? 3. Frage: Kann sie dem Menschen eine andere Eigentlichkeit als einen „ganzen Willen" anbieten? 4. Frage: Kann sie dem Engagement für die Mitwelt Energie zuliefern, sodaß es nicht zum Burn-out oder zum märtyrhaften Selbstopfer kommen muß? 5. Frage: Kann sie das Andere, den Anderen greifbar machen, sodaß wir nicht mit unseren Fiktionen Schach spielen müssen?

Ich kann nicht garantieren, daß wir auf all diese Fragen ein Ja erhalten werden. Aber wagen wir den Versuch.

Ad 1.: Die Existenzanalyse ist keine Analyse der Existenz, Logotherapeuten sind keine „Ozeanisten". Sie analysieren nicht die Existenz, sondern analysieren von der Existenz her, d. h. ihre therapeutischen Aktivitäten gehen davon aus, daß es den „Ozean" gibt. Logotherapeuten versuchen nicht, ihre Meßpeilungen gegen den „Ozean" zu richten, denn dieser ist unergründlich und würde keine Antwort zurückschicken oder wenn, dann vielleicht wieder nur eine, die ein bloßes Echo auf die eigene Frage darstellt. Oder die Existenz spricht uns an, wenn sie uns anspricht, wir können den Zeitpunkt nicht vorgeben. Der „Ozean" stellt Fragen an uns, wir sind die Befragten, die Antwort geben müssen. Um diese Fragen überhaupt zu vernehmen, brauchen wir unsere Sinnesorgane, aber noch mehr unser Sinnorgan, das Gewissen. Dieses nimmt aus der Fülle der Signale jene auf, die im „Frequenzbereich" des Empfängers liegen, wobei in jeder Situation bestimmte Signalwellen ein besonderes Mitschwingen, eine starke innere Resonanz hervorrufen. Auf „dieser Welle" wäre dann die Antwort zu finden und zu geben. Wichtig ist dabei, daß die Logotherapie den „Ozean" nicht nur um uns, sondern auch in uns ortet. Jeder Mensch ist unergründlich, aus den Tiefen seines geistigen Unbewußten aber strömen die Impulse empor, die zu den großen Inspirationen, künstlerischen Einfällen, wissenschaftlichen Entdeckungen führen können.

Ad 2.: Die Logotherapie-Existenzanalyse hat eine Dimensional-Ontologie (dimensionale Seinslehre) entworfen, sie zeigt die Notwendigkeit auf, nicht nur die zwei Dimensionen des Körperlich-Materiellen und des Seelischen zu berücksichtigen, sondern auch die geistige Dimension ernstzunehmen. Immer wieder besteht naturgemäß die Versuchung, vor der Freiheit zu flüchten, vor der Verantwortung zurückzuschrecken und sich in die flächenhafte Sicherheit einer zweidimensionalen Existenz zurückzuziehen. Der Mensch sieht sich dann nur mehr als geschlossenen biopsychischen Regelkreis, festgelegt durch Herkunft, Lebensumstände, Anlage. Im Dienste dieser trügerischen Sicherheit eines reduzierten Existenzverständnisses steht auch eine Esoterik, die den einzelnen auf die Rolltreppe von Wiedergeburten oder Evolutionsstufen stellt oder ihn an den Schicksalsfäden in der Hand höherer Wesen tanzen läßt oder ihn von den Strahlen günstiger und ungünstiger Gestirne gelenkt weiß. Die dritte Dimension menschlicher Existenz ist die personale, geistige, sie heißt Freiheit und Verantwortung, Stellungnahme und Standhalten, Wagnis und Aufbruch. Und vor allem heißt sie Offenheit, Offenheit für das Andere (für die vierte, fünfte, sechste ... Dimension; für das, was über den Menschen hinausgeht, aber ihn anrührt: für das Transpersonale). Die Logotherapie-Existenzanalyse wehrt sich gegen die Reduktionismen in Wissenschaft und Praxis, überhaupt gegen alle -Ismen, die den Menschen zu einem „nur so oder so" degradieren. Sich von der Boden-Fläche der zweidimensionalen Lebensführung zu erheben und zu ek-sistieren, herauszuragen; sich nicht mit Dogmatismen jeglicher Art zu bewahren vor Offenbarungen, sondern offenzubleiben, erfordert allerdings Mut, Mut zum Verletzt-werden-Können, Mut zur Unsicherheit, Mut zum permanenten Wandel ...

Ad 3.: Logotherapie-Existenzanalyse ist ganzheitlich, sie fordert den ganzen Menschen, sie appelliert an seinen Willen zum Sinn. Dieser Wille ist freilich weder ein ausschließlich zentripetaler oder ausschließlich zentrifugaler: Weder soll der einzelne sich selbst einem Diktat unterwerfen und sich in diesen Willen hineinzwingen, noch soll er anderen seinen Willen diktieren. Nicht die Bewegung von innen nach außen oder von außen nach innen ist falsch, sondern ihre Unflexibilität und Gewalt. Der Wille zum Sinn liegt ja schon keimhaft darin, daß wir niemals allein mit dem Da-Sein und So-Sein, mit der Befindlichkeit in einem statischen Jetzt unser Auslangen finden, sondern immer auf etwas hintendieren, uns zu etwas hinwenden, wir sind immer in Bewegung. Aber diese Bewegung ist ein lebendiges Schwingen zwischen Sinn-Anruf und Sinnantwort. Das Ganze ist niemals der einzelne allein, deshalb ist der Wille zum Sinn niemals nur der Wille zur eigenen, alles andere ausschließenden oder unterordnenden Eigentlichkeit.

Ad 4.: Die Logotherapie-Existenzanalyse betont gegenüber der Triebdynamik die Wertedynamik: Der Mensch braucht die Triebe und ihre Treibkraft. Aber der Treibstoff bewegt den Menschen noch nicht, zur Kraft muß die Richtung kommen. Der Mensch ist vektoriell, er richtet seine Kraft auf etwas aus. Die Ziele, d. h. die Werte lenken und bündeln unsere Energien. Die Befriedigung von Bedürfnissen ist zu kurzatmig, um uns erfüllen zu können. Wohlbefinden oder Lust anzupeilen, ist ebenso zum Scheitern verurteilt wie Schlaf oder Entspannung oder ein befreiendes Gefühl direkt herbeiführen zu wollen. Diese Gefühle sind Beigaben, die sich von selbst einstellen, wenn Werte verwirklicht werden. Wo der Mensch über sich hinauswächst, kommt er in Wahrheit zu sich selbst. Selbsttranszendenz ist daher Selbstgewinnung auf höherer Ebene, wiederum als Beigabe und nicht als primäres Ziel. Burn-out ergibt sich dort, wo der einzelne die Selbstzufriedenstellung über seinen „Altruismus" gewinnen möchte, wo das Ich dem Du hilft, um in einer Art Umwegrentabilität auf die eigenen Kosten zu kommen. Das „Beim-andern-sein" ist aber niemals Selbstflucht, sondern man bringt sich selbst mit all seinem Fühlen und Wissen ein. Der Priester in Unamunos Roman flieht daher vor seiner eigenen Verzweiflung in die soziale, seelsorgerliche Aktivität – deswegen brennt er aus. Nun kann man aber die Frage stellen, ob nicht auch der dunkle Horizont des sicheren Todes und die grauenvolle Stille danach unser Wertstreben in Frage stellen. Wir können alle unsere Bemühungen addieren, multiplizieren, aber das Leben setzt unsere Anstrengungen in eine Klammer und vielleicht davor den Faktor 0, der alles zuvor zunichte macht. Muß man nicht daran verbrennen? Die Logotherapie-Existenzanalyse betätigt sich nicht als Fremdenführer im Jenseits, sie trifft keine Aussagen darüber, was über unsere personale Existenz hinausgeht. Aber sie weist darauf hin, indem sie z. B. nicht nur von einer Verantwortlichkeit für... spricht, sondern auch von einer Verantwortung vor... Ja, vor wem? Vor dem Leben, vor der Natur, vor Gott? „Verantwortung vor" impliziert – wie immer man das Gegenüber bezeichnet – eine das Personale einschließende überpersonale, transpersonale Gegen-Wärtigkeit. So wie die Sinneswahrnehmung eine Reiz-Quelle impliziert, so ist auch die Sinnwahrnehmung ein Indiz für die Fragen und Sinnaufträge, die uns zuergehen, und so ist auch das „Verantwortung haben vor..." eine Aufmerksamkeit, die uns mit heiligem Respekt erfüllt. Diese Erfüllung ist nicht immer gleich intensiv, nicht immer gleich zugänglich, aber sie gibt uns jenen „Energieaustausch", der uns aufflammen läßt, ohne daß wir ausbrennen (Mystiker sprechen zwar manchmal von einem Transformationsprozeß, der sie bis zur „Asche verbrennt", aber diese „Asche" ist sehr lebensvoll und Ausgang einer neuen Wandlung).

Ad 5.: Selbst die Konstruktivisten leugnen nicht die Existenz der „Außenwelt". Möglicherweise stehen wir alle im Spiegelkabinett unserer Weltdeutung und sehen immer wieder nur uns selbst. Aber ohne uns wären die Spiegel leer. Es gibt also das andere, aber kann ich es erfassen? Vier Menschen ertasten in einem dunklen Zirkuszelt einen Elefanten, der eine sagt, daß er einen Fächer aufgefunden habe (er meint das Ohr), der andere glaubt eine Schlange vor sich zu haben (er hat den Schwanz erwischt), der dritte tastet die Beine und spricht von Säulen und der vierte streicht über den Rücken und sagt, daß er ein breites Kanapee gefunden habe. Bruchstückhafte Erkenntnis und erfahrungsbezogene, anthropomorphe Interpretation. Aber der Elefant existiert! Die Logotherapie-Existenzanalyse sagt einem relativistischen Kaleidoskopismus ab, aber sie weiß um die Perspektivität unserer Wirklicheitserfassung, die sich je nach unserem Standpunkt unterscheiden wird. Aber die Wirklichkeit *ist*. Es gibt aber noch einen anderen Beweggrund für die Logotherapie-Existenzanalyse, das Gegenüber zu suchen und nicht zu konstruieren: Liebe heißt im anderen das sehen, was er werden kann. Im Sosein auch das mögliche gesollte Sein sehen können. In dieser Hingabe kann der andere zu dem werden, was er an Werten in sich trägt und realisieren kann. Die Logotherapie-Existenzanalyse setzt daher anstelle der Konstruktion des anderen, anstelle der Fiktion des passenden Beziehungspartners die liebende Zuwendung, die liebende Offenheit, die den anderen für seine Wertmöglichkeiten offen macht.

II. Praktisch-strukturelle Überlegungen

Wer ist der Mensch, der wegen Beratung, Begleitung, Behandlung zu einem Logotherapeuten und Existenzanalytiker kommt? Ist ein bestimmtes Geschlecht häufiger vertreten, sind es bestimmte Berufe, die besonders „anfällig für die Sinnfrage" machen? Sind Angehörige bestimmter Religionsgemeinschaften immuner gegen die Sinnsuche? Gibt es – logotherapeutisch gesehen – „sinnerfülltere" Nationalitäten? Haben Verheiratete gegen Sinnkrisen eine „bessere Schutzdämmung?"

Wer seinen Weg sucht, wer auf der Sinnsuche ist, der realisiert – aus dem Blickwinkel der Logotherapie-Existenzanalyse – ein ureigentliches personales Anliegen. Insofern kann man alle oben gestellten Fragen nach einem bevorzugten Klientel verneinen. Sicher wird der Rahmen der Möglichkeiten da und dort anders abgesteckt, aber der Wille zum Sinn ist universell. Es gibt keine Privilegierten, wenn man darunter verstünde, daß sich jemand die Suche nach der besten Antwort, die in einer bestimmten Situation zu „leben" ist, ersparen könnte. Sicher werden Menschen, die oft mit Leiden und Tod konfrontiert sind, krasser an die Frage nach dem Sinn herangeführt; sicher kann eine feste Religionsbindung oder auch eine feste persönliche Bindung Schutz bieten, aber die Frage nach dem Sinnoptimum, das aus der konkreten Lebenssituation zu schöpfen und zu realisieren ist, bleibt niemandem vorenthalten. Diese Vorenthaltung wäre auch zutiefst inhuman, weil die personale Existenz sich eben durch Freiheit und Verantwortung auszeichnet. Sicherlich gibt es aber Länder mit besonders hoher Selbstmordrate, und es wäre wichtig zu überprüfen, wie es zu diesen destruktiven „Sinnlösungen" kommt. Und sicherlich muß man auch feststellen, daß das existentielle Vakuum besonders in der zweiten Lebenshälfte aufzutreten scheint. Allerdings bricht die Sinnfrage auch bei Pubertierenden auf, oder bei jungen Erwachsenen, die ihre Lebensplanung überlegen oder reformieren wollen; jüngere und ältere Menschen sind gleicherweise betroffen, wenn irgendein persönliches oder an anderen wahrgenommenes Leiden die Frage nach dem Sinn aufreißt.

Kommen Klienten (Ratsuchende) oder Patienten (Leidende) zum Logotherapeuten und Existenzanalytiker? Beide! Sowohl Menschen, die auf der Suche nach einem sinnerfüllteren Leben Beratung bezüglich Orientierungskriterien brauchen, als auch solche, die unter Sinnverlust, unter einem existentiellen Vakuum leiden (nicht gemeint ist damit ein materieller Existenznotstand; im Gegenteil: Sehr oft ist Erfolg da, Etabliertheit, Anerkennung – und dennoch!). Dieses Leiden beschränkt sich dann nicht „bloß auf das Geistige", sondern der ganze Mensch reagiert: Mit „noogenen" (d. h. heißt im Geistigen wurzelnden, aus dem Geistigen her entstehenden) Neurosen, somatischen (genauer gesagt noo-somatischen) Beschwerden ... Deshalb muß der angehende Logotherapeut und Existenzanalytiker (ich verwende diese Form sinngemäß für beide Geschlechter) sich auch in seiner Ausbildung nicht nur mit logotherapeutischer Anthropologie, d. h. mit dem Menschenbild der Logotherapie und Existenzanalyse, befassen (z. B. der Sinnbegriff, der Wertebegriff, der Person-Begriff etc.), sondern auch mit der Logotherapie in der Krisen-Prävention (z. B. logotherapeutische Ansätze psychohygienischer und krisenprophylaktischer Art), weiters mit dem neurotischen Menschen (Wesen der neurotischen Störungen, logotherapeutische Intervention und therapeutisches Setting usw.), mit dem Menschen, der unter Schuldproblematik und Vergänglichkeit leidet, aber auch mit dem psychotischen Menschen, seinen manisch-depressiven Schwankungen oder seinem Gespaltensein, seiner wahnhaften Angst. Die Ausbildung setzt daher auch bei bestimmten Voraussetzungen an, diese kann im fachlichen Bereich z. B. die Absolvierung eines humanwissenschaftlichen Studiums sein (die Zugangsbedingungen werden derzeit allgemein akzeptiert), im persönlichen Bereich muß die Bereitschaft erkennbar sein, sich während der mehrsemestrigen Ausbildung auch mit der eigenen Problematik auseinanderzusetzen, sodaß der zukünftige Therapeut nicht auf dem Rücken seiner Patienten seine eigenen, unaufgearbeiteten Probleme zu lösen versucht oder sie unwissentlich in die Therapie hineinträgt. Weiters muß – aber all dies ist sicher kein Spezifikum der Logotherapie-Existenzanalyse – auch gewährleistet sein, daß nicht eine zu tiefe Störung der Persönlichkeit vorliegt, die ein offenes Zugehen auf den Patienten/Klienten unmöglich macht, oder sehr erschwert. Wer eine Ausbildung im deutschen Sprachraum anstrebt, sollte sich mit der Deutschen Gesellschaft für Logotherapie und Existenzanalyse in Tübingen oder mit dem Süddeutschen Institut für Logotherapiein Fürstenfeldbruck in Verbindung setzen.

Gibt es bevorzugte Arbeitsformen in der Logotherapie? Meiner Kenntnis nach wird vorwiegend ambulant gearbeitet, überwiegend mit Einzelnen oder Kleingruppen. Es gibt aber auch stationäre Settings.

Wie wird gearbeitet? Ich selbst setze sehr gerne künstlerische Gestaltungsmittel als Ausdrucksmöglichkeiten ein, das kann eine schöpferische Imagination sein (der Patient/Klient sucht einen Zustand der inneren Sammlung auf, wo er für Inspirationen aus dem geistig Unbewußten empfänglicher ist), das kann Zeichnen, Malen, Arbeit mit Musik oder Bewegung sein. Sehr oft gelangen Menschen leichter zu einer persönlichen Antwort auf die Sinnsuche, wenn sie verschiedene Medien benutzen, nicht jeder hat den gleichen Zugang und vor allem nicht nur über den kognitiven, intellektuellen Kanal. Deshalb wurde die Logotherapie auch zu Unrecht verdächtigt, „verkopft" zu sein: Sie ist personal und bedient sich daher gerne aller impressiven und expressiven Zugänge.

Begnügt sich der Logotherapeut mit dem Hersteller einer guten Beziehung zum Klienten/Patienten? Der Logotherapeut und Existenzanalytiker bemüht sich natürlich um eine positive, offene Atmosphäre in der Therapie, aber sein Ansatz erschöpft sich nicht im Herstellen eines freundlichen Beziehungsklimas. Er appelliert auch, d. h. er muß manchmal auch lauter werden und rufen, um im Klienten/Patienten die Wahrnehmung und Einsetzung seiner Freiheit und Verantwortung zu wecken und ihm die vorhandenen Wertrealisierungsmöglichkeiten bewußt zu machen.

Gibt es einen therapeutischen „Fahrplan", nach dem ich mich richte? Ich habe die Erfahrung gemacht, daß Frankls Behauptung, die Therapie sei eine Gleichung mit zwei Unbekannten, immer zutrifft. Man könnte sich durch eine bestimmte Form der Diagnostik oder einen bestimmten Rahmen, mit anderen Worten durch eine Form der Ritualisierung vor der „Offenbarung", vor dem Neuen des Patienten/Klienten schützen, aber lebendig wird Therapie erst durch den Charakter einer einzigartigen und völlig neuen Begegnung. Dennoch habe ich beobachtet, daß ein guter logotherapeutischer Verlauf in einer spannungsreichen (dialektischen) Vertiefung von der Zentrierung auf ein Problem hinuntergeht zur Auseinandersetzung mit dem Personalen bis hin zu einem lebendigen Dialog zwischen zwei beständigen Sinnsuchern. Ich helfe dem Patienten/Klienten am besten, indem ich ihn in seinem Tempo begleite, aber auch –

wie ein guter Pädagoge – auf Möglichkeiten aufmerksam mache, die bisher seiner Wahrnehmung entgangen sind. Ich versuche in sokratischer Hebammenkunst, die Geburt der geistig-personalen Freiheits- und Verantwortungsbewußtheit zu unterstützen. Dabei bin ich mir selber darüber im klaren, daß ich nur zum Wachsen bringen kann, was im anderen selbst angelegt ist. Ich vertraue daher auf die Selbstheilungskräfte des Patienten/Klienten, weiß aber auch – wie ein guter Gärtner – daß man da oder dort stützen oder auch eingreifen muß, damit es nicht zu „personalen Verwachsungen" kommt (z. B. durch eine zu eingeengte Perspektive des Patienten oder durch Zweifel an der eigenen Sinngestaltungsmöglichkeit). Zeigt der Patient/Klient an, daß er sich gegen etwas wehrt, so achte ich das zunächst als freie und daher zu respektierende Selbsthilfe gegenüber zu sehr andrängenden Belastungen. Ich muß aber auch darauf achten, ob es sich hier um ein Ausweichen handelt, um einen selbstdestruktiven Widerstand. In diesem Fall scheue ich mich nicht, mit dem Patienten/Klienten „zu ringen", ihn mit paradoxen Aufforderungen aufzurütteln oder mit provokanten Impulsen zu reizen, daß er sich seiner dritten, geistigen Dimension bewußt wird und nicht in die Scheinbehaglichkeit des Flächendaseins flüchtet. Das alles geht freilich nur, wenn ich Respekt bekunde, Verständnis zeige und echte Wärme ausstrahle. Ein „Sieg" über den Patienten/Klienten wäre eine Niederlage für den logotherapeutischen Ansatz und seine Achtung vor Personalität und Individualität. Ich beobachte dabei Unterschiedliches, manchmal verläuft der Prozeß fast unmerklich, bis plötzlich etwas Neues auftaucht, wie eine Pflanze, die aus dem Erdreich hervorschaut, aber unterirdisch bis zu diesem Zeitpunkt kontinuierlich gewachsen ist. Manchmal treten Veränderungen auch mit beinahe traumatischer Wucht ein, so als ob sich plötzlich eine innere Ordnung herauskristallisiert, nachdem die alte Ordnung sich vorübergehend in ein Chaos aufgelöst hatte.

Ich bin froh, außer meinen Erfahrungen im therapeutischen Bereich auch über solche in einer öffentlichen Institution zu verfügen. Ich weiß dadurch aus eigenem Erleben, daß in der Gesellschaft meist nicht Wärme, Wachstum und Wertschätzung regieren, sondern Konkurrenzkampf, Lobbies, Machtinteressen etc. Ich kann daher mit dem Patienten/Klienten, der sich diesen Mechanismen ausgesetzt fühlt, Schulter an Schulter stehen und mit ihm gemeinsam nach Möglichkeiten suchen, im Rahmen der gegebenen sozialen, politischen Bedingungen (oder auch im verantworteten Versuch einer Veränderung dieser Bedingungen) Werte zu realisieren. Logotherapie-Existenzanalyse befreit den Menschen nicht von der Gesellschaft, sondern zur Gesellschaft, in der es gilt, Wertbewußtsein zu fördern und Wertverwirklichungswege auszubauen.

Unterscheidet sich der Ansatz der Logotherapie-Existenzanalyse von „konventionellen Psychotherapieformen" einerseits und andererseits von der Begleitung durch einen spirituellen Lehrmeister? Ich bin persönlich überzeugt, daß sich jede Form helfender Begegnung mit dem ratsuchenden, leidenden Mitmenschen spirituell vertiefen läßt. Lao-Tse schreibt in seinem Tao te king:

„Dreißig Speichen enden in einer Nabe, doch erst das Loch in der Nabe wirkt des Rades Brauchbarkeit; Ton knetend bildet man Gefäße; doch erst ihr Hohlraum gibt ihnen Brauchbarkeit. Mauern, von Fenstern und Türen durchbrochen, bilden Räume, doch erst die Leere des Raums gibt ihnen Brauchbarkeit. So gibt das Sichtbare zwar Rahmen, aber das Unsichtbare erst den Gehalt."

Für mich ist der Außenring des Rades das breite Band der helfenden Bemühungen um den Mitmenschen, mit all seinen Mischformen und fließenden Übergängen. Die Speichen stellen die einzelnen verschiedenen Therapieschulen dar. Aber all diese Speichen treffen einander im gemeinsamen Ziel, ein menschenwürdigeres, lebensfroheres, erfüllteres Leben gestalten zu können. Der Raum zwischen den Speichen ist aber für mich das Mysterium, das trotz aller theoretischen Fundierung und methodischer Ausgefeiltheit bleibt, nämlich, daß ein Mensch dem anderen raten, helfen bzw. den Anstoß und die Stütze für ein personales Wachstum geben kann. Diese „Leere" mag für den einen die Seinsfülle darstellen, für den anderen ist sie dies ebenso, aber verknüpft mit einem religiösen Glauben. In diesem Freiraum waltet das Geheimnis der Liebe, der Trauer, der Angst, der Freude. Therapie und Beratung können z. B. „Trauerarbeit" erleichtern, Schuldgefühle und Ängste bearbeiten helfen. Aber sie müssen die Grenzen ihrer Reichweite akzeptieren. Sie können die Liebe zwischen Ich und Du nicht erzeugen. Sie können Leid und Schuld nicht abnehmen und die Freude am Sein nicht bewirken. Jedes „Invadieren" (Grenzüberschreiten) verbietet sich aus Respekt vor der Person. So ist das eigentliche Humanum (das Menschliche) auch zutiefst das Numinosum (das Heilige) – jener ehrfurchtgebietende Bezirk unseres Ursprungs (von dem her wir leben) und unseres Zieles (zu dem wir unaufhörlich hinstreben). In diesem Sinn ist für mich jede Therapieform vom Numinosen umgeben. Die Logotherapie-Existenzanalyse leistet aber ihren besonderen Beitrag durch die Betonung der dritten, geistig-personalen Dimension gegenüber den Reduktionismen physisch-psychischer Ansätze. Damit betont sie aber auch die Wichtigkeit der Person des Therapeuten. Diese ist ja das wirksamste Instrument, über das Therapeuten verfügen: Ihre eigene Person mit ihrem erreichten Entwicklungsstand. Je höher dieser Entwicklungsstand ist, desto weiter und offener und grenzüberschreitender ist der Überblick und desto größer der Bereich möglicher Entwicklungsanstöße für den Patienten/Klienten.

III. Eine Falldarstellung

(Namen wurden geändert)

Als Herr Peter F. zu mir kommt, ist er 42 Jahre alt. Er ist Betriebswirt und hatte ursprünglich die Chance, in seiner Firma mit leitenden Aufgaben betraut zu werden. Hier zeigten sich allerdings zum erstenmal gewisse Entscheidungsschwierigkeiten. Herr F. suchte therapeutische Hilfe und lernte in einigen verhaltenstherapeutischen Sitzungen, sich in sozialen Situationen zu behaupten – und vor allem nein zu sagen, wenn er nein meinte. Dies führte allerdings dazu, daß Herr F. von seinem Vorgesetzten nicht mehr mit Stellvertretungsfunktion betraut wurde, weil Herr F. klar sein Nein zu dieser Verantwortung ausgedrückt hatte. Sein Aufgabenbereich wandelte sich nun mehr zu einer Stabsstellenfunktion. Dies hatte aber auch eine gewisse Unzufriedenheit zur Folge, nämlich nur mehr vorbereitend tätig zu sein, eigentliche Entscheidungen nicht treffen zu können. Herr F. besuchte Gesprächsseminare, die von der Firma organisiert wurden, aber sehr bald hatte er den Eindruck, daß er hier nicht weiterkomme. F.s Frau versagte plötzlich auch ihren geschätzten Dienst als Aussprachemöglichkeit für F.: Als beide Kinder aus dem Haus waren, suchte sich Frau F. aus Flucht vor dem leeren Neste eine neue Funktion und war nun selbst oft müde und wenig gesprächsfreudig.

In unseren ersten logotherapeutischen Sitzungen versuchen wir, das gegenwärtige Problem von Herrn F. genauer zu lokalisieren. Dazu sind zunächst einige emotional-kathartische Sitzungen notwendig, erst dann gelingt Herrn F. eine gewisse Selbstdistanzierung, die ihm einen Blick auf seine existentielle Situation ermöglicht. Herr F. erkennt nach und nach immer klarer, daß seine eigentliche Problematik in seiner Entscheidungsunsicherheit, letztlich in seiner Angst vor der Freiheit des Willens begründet liegt. Herr F. sieht aber keine Möglichkeit, einer grundsätzlichen Antinomie zu entrinnen: „Wenn ich alles tue, was ich möchte, dann wird alles gleich, ja gleichgültig. Dann zersplittere ich mich. Es ist wie eine ebene Landschaft, wie eine Horizontale ohne Höhen und Tiefen. Wenn ich mich dagegen für eine Sache entscheide und hier in die Höhe und Tiefe gehe, dann ergreife ich ja nur einen Punkt aller Möglichkeiten. Dann stehe ich nur mit einem Bein am Boden." Herr F. sieht sich in der Ambivalenz zwischen „Horizontale" und „Vertikale" unentrinnbar gefangen. Hier wäre es nun ein logotherapeutischer Kunstfehler, von der Problematik abzulenken und eine Flucht in ein soziales Engagement zu begünstigen. Selbsttranszendenz kann nicht bearbeitet werden, wenn sie nicht einer weiteren Öffnung der Person, sondern einem Sich-Verschließen vor der eigenen Problematik dient. Aus logotherapeutischer Sicht ist im Augenblick nur möglich, Herrn F. zu ermutigen, sich „dennoch" den Aufgaben des Lebens zu stellen und sich weiterhin offen zu halten, damit eine Antwort erfolgen kann. An einem Sonntagmorgen – Herr F. liest gerade ein Buch über Symbole – kommt es zu einem transpersonalen Durchbruchserlebnis: Herr F. sieht im Symbol des Kreuzes eine Bestätigung der grundlegenden Situation des Menschen, in Ambivalenz zwischen allem und einem, zwischen Horizontale und Vertikale. Diese Einsicht kommt schockartig, sie überfällt ihn. Er kann zunächst noch nichts dazu sagen, was diese Erkenntnis für ihn bedeutet. Ein befreundeter Arzt, dem er berichtet, daß er das lebhafte Gefühl hatte, diese Einsicht von „außerhalb", „oberhalb" bekommen zu haben, versucht ihn zu beruhigen und meint eine gewisse Überreizung der Nerven dafür verantwortlich machen zu können. Herr F. geht aber „wie mit eingezogenem Hals", „wie wenn ein Adler über ihm kreisen würde". In den darauffolgenden Sitzungen besprechen wir dieses Ereignis. Herr F. fragt sich, ob das etwas Esoterisches gewesen sei. Es wird ihm verdeutlicht, daß transpersonale Erlebnisse sich von jeglicher Art von Manipulation oder magischer Übersinnlichkeit unterscheiden. Es wird ihm aber auch vermittelt, daß derartige Begebenheiten nicht erzwungen werden können, daß sie gleichermaßen nur vorbereitet werden können, und dann wie ein Geschenk zufallen. Daß es aber viele Berichte über derartige „Geschenke" gebe und er daher sich nicht für diese Gedanken schämen müsse. Es kann hier nicht der weitere therapeutische Verlauf im Detail geschildert werden. Wichtig ist in diesem Zusammenhang, daß eine Katamnese nach einem Jahr (Herr F. kam aus eigenen Stücken, um eine „Zwischenbilanz" zu ziehen) ergab, daß dieses Erlebnis transformierend gewesen war. Herr F. stellt sich der Ambivalenz, damit aber auch seiner Freiheit. In einem weiteren, „wenn auch nicht so eindrucksvollen", Erkenntniseinbruch war ihm bewußt geworden, daß es an ihm liege, Wertmöglichkeiten aufzugreifen und zu realisieren. Das Kreuz (Herr F. ist nicht kirchlich gebunden) war ein wichtiges Symbol geworden: „Ich kann manches vertiefen und erhöhen, ja alles eigentlich. Alles läßt sich erweitern. Daher ist das Kreuz für mich ein Koordinatennetz geworden, das einen momentanen Punkt in der weiten Fläche meiner Lebensmöglichkeiten kennzeichnet."

Kein Logotherapeut hätte die eigentliche anthropologische Verantwortung des Menschen klarer und verständlicher ausdrücken können.

Herr F. ist kein Ausnahmefall. In vielen Fällen konnte erlebt werden, daß die logotherapeutische-existenzanalytische gemeinsame therapeutische Arbeit die Rezeptivität vorbereitet, die für transpersonale Transformation öffnet.

Perikles Kastrinidis

Die Daseinsanalytische Psychotherapie und das Transpersonale nach L. Binswanger und M. Boss

Die Daseinsanalyse (begründet von L. Binswanger und M. Boss) hat sich durch die explizite Rückbesinnung auf die Philosophie (die eigene und die anderer psychotherapeutischer Richtungen, insbesondere der Psychoanalyse) bereits im theoretischen Ansatz vor allem von der Psychoanalyse abgegrenzt, obschon die praktisch-therapeutische Arbeit mit Analysanden weitgehend aus der klinisch-psychiatrischen und psychoanalytischen Therapiekultur erwachsen ist.

Die Philosophie, in welcher sich der Rückbezug der Daseinsanalyse artikuliert, ist das Denken Martin Heideggers, das sich anfänglich als Fundamentalontologie verstand. Die dabei zum Vollzug kommende philosophisch-wissenschaftliche Methode ist die *hermeneutische Phänomenologie,* wie sie von Heidegger zunächst (vor der *Kehre* seines Denkens) in der Analytik des Daseins in seinem ersten Hauptwerk „Sein und Zeit", 1927, ihren Niederschlag fand. Mitte der dreißiger Jahre kehrte sich das (dem) Denken Heideggers dem (das) *Ereignis* zu. In Heideggers zweitem Hauptwerk „Beiträge zur Philosophie (Vom Ereignis)" (1936 Beginn der Abfassung des Manuskripts, 1989 veröffentlicht in der III. Abteilung der Gesamtausgabe) wird die Seinsfrage neu nicht mehr auf der transzendental-horizontalen sondern auf der seinsgeschichtlichen Besinnungsebene entfaltet. Im Denken des Ereignisses geht es um die Seinsbezogenheit des Daseins und um das epochale Geschick des Seins und dessen verweigernd-vorenthaltende Nähe (siehe dazu Heidegger „Zeit und Sein", 1969, und A. Holzhey, „Offenheit fürs Geheimnis", 1989). Die daseinsanalytische Psychotherapie bezieht ihre philosophischen („theoretischen") Grundlagen vom gesamten Denkweg Heideggers, also vom sogenannten Früh- wie von seinem Spätwerk. In der Daseinsanalytik ist bereits von *Transzendenz* als einem ontologischen Wesenszug des Daseins die Rede. Im Ereignisdenken wird entfaltet, wie *Sein* sich dem Dasein ereignet (wenngleich als Entzug und Geheimnis). So geschah es wohl, daß die Daseinsanalyse als Therapie den sogenannten Transpersonalen Psychologien und Psychotherapien zugerechnet wurde. In der bereits erwähnten Arbeit „Offenheit fürs Geheimnis" geht Holzhey auf die Bedeutung der Transzendenz in der Daseinsanalyse ein. Es erscheint sinnvoll, einige ihrer Ausführungen an dieser Stelle wiederzugeben, da die vorliegende Arbeit in einem engen Bezug dazu steht. Holzhey hält einerseits fest: „Transzendieren als Übersteigen des Seienden im Ganzen auf ,Welt' hin macht die Grundverfassung des Menschen aus." Andererseits betont sie: „Wichtig ist … Transzendenz nicht als ein ontologisches Merkmal, d. h. als eine Eigenschaft des Existierens zu nehmen, sondern als *Vollzug,* so daß verschiedene Formen des Vollzugs unterscheidbar werden." (S. 321). Mit Heidegger unterscheidet sie den „ankehrenden" vom „abkehrenden" Vollzug der Transzendenz: „Der (ankehrende, Verf.) Vollzug der Transzendenz geschieht als ,Angst'. Diese ist eine ausgezeichnete Grundstimmung und hat als solche wenig mit jener Angst zu tun, von der wir gemeinhin reden (Kierkegaards und Heideggers ‚Furcht‘). Angst ist, im Unterschied zu Furcht, ohne konkretes Wovor: es ist einem im *Ganzen* ‚*unheimlich*‘, wenn alles unvertraut-fremd erscheint, keinen Halt und keine Sicherheit mehr zu geben vermag. Gerade dann aber, wenn alles, was gemeinhin vertraut und bedeutsam ist, unbedeutsam wird, erschließt sich ‚Welt als Welt‘. Angst ist die Erfahrung, aus allen vertrauten Bezügen herausgesetzt zu sein, hinausgehalten ins ‚Nichts‘ als den Lichtungsspielraum, und damit die Erfahrung des eigenen Selbst in seinem Transzendieren zu ‚Welt‘, zur un-heim-lichen bzw. geheimen Weit.“ (S. 323)

I

In diesem Beitrag soll nun der Versuch unternommen werden, innerhalb der Darstellung der Daseinsanalyse als therapeutischer Richtung auch deren transpersonale Aspekte soweit möglich zur Anschauung zu bringen. Da sich Aussagen über eine psychotherapeutische Methode von außen (das heißt außerhalb der Selbsterfahrung) – wenn überhaupt – am ehesten durch Beispiele vermitteln lassen, werde ich versuchen, neben den nötigsten theoretischen Ausführungen auch an Hand von konkreten therapeutischen Situationen und Problemstellungen einen Einblick in die daseinsanalytische Arbeitsweise zu ermöglichen. Auch möchte ich eigene Gedanken zur „transpersonalen Erfahrung“ vorlegen. Zunächst jedoch einige grundlegende Überlegungen zur daseinsanalytischen Praxis.

Als Wissenschaft hat es sich die Phänomenologie zur Aufgabe gemacht, „zu den Sachen selbst“ zu gelangen (E. Husserl). Die phänomenologische Methode ist eine

Weise, auf eine Sache zuzugehen und sich mit ihr in ein Verhältnis zu bringen. Die Erforschung eines Sachverhaltes ist somit immer auch eine je individuelle Auseinandersetzung des Forschenden mit dem „Gegenstand" seiner Untersuchung. Dies ist gemeint, wenn gesagt wird, daß die Phänomenologie als Möglichkeit ergriffen oder vollzogen werden muß. Sie ist keine von ihrem Vollzug losgelöste Lehre, die irgendwo nachzulesen wäre, möchte man sich diese aneignen. Dasselbe gilt natürlich auch, wenn der „Untersuchungsgegenstand" ein Mensch ist, der sich an einen innerhalb der gesellschaftlichen Konvention als Therapeut identifizierten anderen Menschen um Rat und Hilfe gewandt hat. Um nun zu diesem hilfesuchenden Menschen „selbst" zu gelangen, ist der Therapeut geheißen, alle möglichen Hindernisse, die sich diesem Unterfangen in den Weg stellen, zu berücksichtigen. Das heißt zuallererst, sie wahrzunehmen und als solche zu erkennen. In einem zweiten Schritt geht es dann darum, sich mit diesen als Be- und Verhinderungen erkannten Sachverhalten auseinanderzusetzen.

Da in der Psychotherapie der Untersuchungs- und Behandlungsgegenstand jeweils ein ganz bestimmter, einmaliger Mensch mitsamt allen ihm eigenen Vernehmens- und Verhaltensmöglichkeiten ist, gilt es, diesem auch ‚persönlich' zu begegnen. Mit persönlich ist hier der Therapeut seinerseits als besonderer Mensch angesprochen. Auch er bringt Hindernisse mit, die auf dem phänomenologischen Weg zur Sache die Sache selbst, deren Teil er nun geworden ist, beeinflussen oder sogar empfindlich stören können.

Es kommt also zur Gefahr, daß sich der Therapeut oder auch sein Analysand von der ursprünglichen Intention wegbewegen und Daseinsbereiche zur Entfaltung kommen, die zwar mit der Sache zu tun haben, zugleich aber die hermeneutische Weiterbewegung erschweren oder gar blockieren. Da das therapeutische Vorgehen von Anfang an auf ein echtes Verstehen der gesamten ‚Situation' des Analysanden abzielt, wird dieser schon im Ansatz ins Unvertraute hinein ausgesetzt. Der Erfahrung dieser Bewegung wird zunächst sowohl ausweichend als auch verdeckend zu begegnen versucht. Das ist der Sinn der gegen die ursprünglichen Absichten gerichteten ‚Widerstandsbewegung'.

Gerade in diesen therapeutischen Augenblicken ist die neuerliche Besinnung auf eine wesentliche Bedeutung von Phänomenologie wichtig: die Erinnerung daran, daß phänomenologisch vorgehen den Anspruch erhebt, Vormeinungen, Vorurteile, kurz alles zuvor erworbene und mitgebrachte Wissen als *fragwürdig und bedenklich* zu betrachten. Beides jedoch nicht im Sinne eines einfachen Skeptizismus oder resignativen Pessimismus verstanden, sondern als therapeutische Bereitschaft, sich selbst in Frage zu stellen. Es geht um das schmerzliche Erkennen eigener Phänomene, wenn diese nicht mehr in den gewohnten Denkklischees interpretiert werden. Zur Veranschaulichung soll das Beispiel einer jungen Frau dienen, die – im Gegensatz zu ihrem alltäglich-gewohnten durchsetzungsfähigen Auftreten – in der Analyse anfing, nicht mehr zu verstehen, worum es ging, wenn der Therapeut versuchte, das von ihr bereits Gesagte zusammenfassend nochmals zu formulieren. Die Analysandin wurde zwar nicht in ihrem Denken blockiert, aber sie hatte eine „Mattscheibe" vor sich, wirkte geistig beschränkt und hielt sich auch dafür. Was sich zeigte war aber, daß diffuse Angstgefühle auftauchten, sobald der Analytiker sie mit mehr als einem

Satz angesprochen hatte und ihr dadurch zu nahe gekommen war.

Diese Denkbewegung, sich jeweils wieder auf die phänomenologische Aufgabe des Fragens: Anfragens, Nachfragens, In-Frage-stellens, Erfragens, die jedoch keinesfalls mit einer ausfragenden Befragung zu verwechseln ist, zu besinnen, nennt man den *hermeneutischen Zirkel.* Zirkel deshalb, weil man nach einer durchschrittenen Wegstrecke wieder an einen Anfang gelangt, wieder zur selben Sache zurückgekehrt ist, diese nun aber anders und neu zu verstehen (begonnen) hat. Heidegger nennt dies auch eine *tautologische Methode:* vom Selben das Selbe, das heißt sein Selbiges, zu sagen zu versuchen, und es dabei gerade nicht aus von etwas anderem ableiten und erklären wollen. Es nicht in etwas anderes als sein Selbiges hineinstellen und es dadurch nicht aus seinen Zusammenhängen, seinen Bezügen, seiner Ortschaft heraus nehmen zu wollen.

Für die Psychotherapie heißt dies, daß sich die beiden Beteiligten auf einen gemeinsamen Weg begeben, auf die Suche zunächst nach Verständnis der Geschichte des Analysanden. Diese Suche nach Verständnis wird indessen zunehmend zu einer gemeinsamen Geschichte von Analytiker und Analysand, die es ebenfalls zu verstehen gilt. Ausgerichtet ist der Weg letztlich auf die Suche nach neuen, unbekannten und unerforschten Seinsmöglichkeiten für den Analysanden. Gemeinsamer Weg, gemeinsame Suche – dies ist Beziehung, oder besser: *Bezogensein* aufeinander und voneinander und zwar in einem therapeutischen Sinne. Der therapeutische Sinn gilt für beide Partner, wenngleich sie diesen auf verschiedene Art und Weise vollziehen. Dem phänomenologischen Anspruch des

Therapeuten entspricht seine Verantwortung, sich an dieser Suche so zu beteiligen, daß sein Beitrag möglichst wenig mit *sachfremden* Vorurteilen behaftet und dadurch behindernd wirkt. Hingegen sollte der Therapeut durch die hermeneutische Einstellung schon vorliegende oder neu eingebrachte bzw. sich einstellende Behinderungen anerkennen, erkennen und sie einem gemeinsamen Verstehen zugänglich machen. In anderer Terminologie gesprochen: Der Therapeut hat für die Entfaltung, Erhaltung und Entwicklung des therapeutischen Prozesses Sorge zu tragen.

Dabei sind *Begrenztheiten* beider Beteiligter anzuerkennen, die sich auf die Gegend des Weges auswirken. Ein Wirkbereich dieser Begrenztheit ist die therapeutische Erstellung der Diagnose, Indikation und Prognose zur Psychotherapie, auch wenn diese Begriffe nur weitgreifend und ursprünglich genug zur Anwendung kommen sollten. Nicht die Diagnose schränkt demnach therapeutische Möglichkeiten ein, sondern das Akzeptieren von Begrenztheiten auf beiden Seiten führt zur ‚Diagnose‘, die sich jedoch im Therapieverlauf mit dem Wandel der Grenzen verändern kann.

Wie ist diese Begrenztheit, die beide Therapiepartner betrifft, tiefer zu verstehen? In „Sein und Zeit" hat Heidegger das existenziale Endlich- und Sterblichsein des Daseins ausgelegt und ausführlich entfaltet. Von daher kommt die Kennzeichnung des Daseins als Sein zum Tode. Das Sterben ist verstanden als die *eigenste, unbezügliche und unüberholbare Daseinsmöglichkeit, die außerdem gewiß ist.* Der Mensch weiß ‚eigentlich‘ um sein Sterben. Nur scheint er gerade diese, wenngleich eigenste Seinsmöglichkeit so sehr zu fürchten, daß er deren Wirklichkeit zeitlebens zu verleugnen trachtet.

Mit der Endlichkeit des Daseins ist nun nicht nur der Vollzug des faktischen Sterbens verbunden, sondern auch alle zu Lebzeiten sich ereignenden Beendigungen und Begrenzungen, wie sie sich im Phänomen des *Entzugs* zeigen: als Entscheidung, als Trennung, als Verzicht, als Verlust, als Versagen und Unzulänglichkeit und als Kranksein. Diese Begrenzungen machen deutlich, daß Menschsein nicht unendlich, unumschränkt, makellos großartig und allmächtig ist, und daß es sich auch in seiner Entwicklung nicht einfach über die materiell-irdischen, leibhaftigen Bedingungen erheben kann. Das Erkennen des Begrenztseins gewährt jedoch erst den Blick zurück ins Dasein selbst und dessen mögliche Vollzugsweisen von Transzendenz.

Diesem Umstand wird hier so ausführlich entsprochen, um bereits im Ansatz deutlich zu machen, daß auch die Phänomenologie mit ihrem Anspruch „zu den Sachen selbst" zu gelangen, sich nicht bereits deshalb innerhalb der „Wahrheit" befindet.

Nun gilt es, näher auf die erwähnte therapeutisch-hermeneutische Einstellung, die *phänomenologische Haltung* einzugehen und zu erläutern versuchen, wie sie vollzogen werden kann.

Soll ermöglicht werden, daß ein Phänomen als das zum Vorschein komme, was es seinem Wesen nach ist, als was es west, das heißt in seinen Bedeutungs- und Verweisungszusammenhängen, so braucht es die Offenständigkeit des Daseins, die den Bereich und die Bereitschaft zur Verfügung stellt, es anwesen *zu lassen*. Der Terminus Phänomenologie besagt nichts anderes als das „Vorliegen-lassen des sich von sich selbst her Zeigenden".

Dieses *Lassen* spielt nun in der psychotherapeutischen Haltung des Daseinsanalytikers eine bedeutende Rolle. Vollzogen wird dieses Lassen in einem dreifachen Sinn: als *Loslassen,* als *Zulassen* und als *Sich-einlassen.*

Das Loslassen

Meint das Ablassen von vorgefaßten Meinungen und Theorien; nicht unbedingt festhalten zu wollen an bekannten und vertrauten Erfahrungstatsachen, wenn Ungewohntes auftaucht, das Unbehagen oder gar Angst hervorruft. Loslassen meint auch das Fahrenlassen von Vorstellungen, wie etwa der therapeutische Prozeß mit einem bestimmten Menschen zu verlaufen habe, wenn sich zeigt, daß durch ein Festhalten an diesen Vorstellungen kein sinnvoller Gewinn zu erzielen ist. Durch solches Loslassen kann der Beziehung Spielraum gegeben werden, der Horizont der Beziehung wird durchlässiger für Neues, vielleicht Ungeahntes, Unvorstellbares.

Loslassen heißt auch, den Analysanden *seinen* Weg suchen und gehen zu lassen, ohne sich selbst dabei als Analytiker übergangen, überflüssig oder gar ausgeschlossen zu betrachten. Es kann für den Therapeuten kränkend sein zu sehen, daß sein Analysand sich nicht an ihn hält, sondern den Analytiker über Zeiträume hinweg nur als schemenhafte Hintergrundsfigur nimmt, der er scheinbar keine direkte Kompetenz für seine Entwicklung zuschreibt. Ganz allgemein eignet dem Loslassen eine Bewegung vom Haltnehmen am Alten weg in eine Haltlosigkeit hinein, die Neues spruchreif machen kann. Deshalb scheint mir dieser Aspekt des Lassens eine Vorrangstellung vor den beiden anderen Formen des Lassens einzunehmen. Das Loslassen befreit von blockierenden Verklammerungen und Verpanzerungen und gibt erst den Raum („Energien") für Möglichkeiten. So ermöglicht das Loslassen auch, Wünsche und Phantasien *als solche* zuzulassen. Das heißt, sich nicht primär an deren Verwirklichung zu klammern und diese Wirklichkeit höher zu stellen als die Tatsache, daß es überhaupt Wünsche und Phantasien gibt. Eine Erfahrung von Wünschen, Phantasien und den entsprechenden Gefühlen als solchen ist sogar nur gewährleistet, wenn vom vor-schnellen, kurzschlüssigen Verwirklichen in Form von Handlungen und Verhaltensweisen abgesehen wird, ja wenn sogar von solcher Verwirklichung im Ansatz abgelassen wird. Im therapeutischen Prozeß gibt es immer wieder Momente, die zu eigentlichen Fallstricken werden können, wenn das Loslassen gegenüber der Vorstellung, es müsse nun auch sogleich entsprechend gehandelt werden, nicht geübt wird. Die Verwirklichung verwirkt dann die Möglichkeit einer echten und tieferen Erfahrung und eines Verständnisses dessen, was sich vielleicht erst andeutungsweise gezeigt hat.

Die Rede ist nun, in psychoanalytischer Terminologie, von der *therapeutischen Abstinenz*. Die Abstinenz in diesem Sinne des Ablassens und Loslassens von alten und annehmlichen ‚Vertraulichkeiten' gehört wesentlich zur daseinsanalytischen Psychotherapie. Und zwar für Analysand wie für Analytiker gleichermaßen. Die Abstinenz bezieht sich dabei keineswegs nur auf sexuelle Phänomene, wenngleich dort das Thema des Loslassens in betonter Schärfe über die Beteiligten hereinbrechen kann, was im nächsten Abschnitt anhand eines Therapiefalles noch veranschaulicht werden soll.

Die Abstinenz bezieht sich auch auf das Ablassen von anderen direkten Beziehungswünschen seitens bei-

114

der Beteiligter. Etwa der Wunsch des Analysanden, im Analytiker den weisen Führer und Mentor zu sehen, der auch die Verantwortung für das Leben des Analysanden zu übernehmen hat. Das Zudenken einer solchen Rolle mag zwar für manchen Analytiker geradezu eine Versuchung darstellen, würde er doch dadurch fast schöpferähnliche Bedeutung für seinen Schützling erhalten. Oder der Sehnsucht, beim Analytiker, bei der Analytikerin jene uneingeschränkte, alles umfassende Geborgenheit zu erfahren, wie sie nur eine „große Mutter" zu geben vermöchte, wodurch dann das außertherapeutische Leben unwichtig würde und damit seine bedrohliche Bedeutung als alltäglicher Kampf um Selbst-behauptung verlieren würde.

In der phänomenologischen Haltung des Loslassens ist also die Bereitschaft enthalten, sich von heimeligen Gewohnheiten des Denkens und Wertens zu trennen, alte Hüllen, Krücken und Masken abzulegen und so sich in Neues einräumen zu können, dessen Bedeutung ansonsten kaum erschließbar wäre.

Mit dem Sich-einräumen in Neues, Unvertrautes sind wir bei der zweiten Weise des Lassens angekommen, dem Zulassen.

Das Zulassen

Das Zulassen ist innerhalb der geschichtlichen Entwicklung der Daseinsanalyse der bekannteste Sinn des phänomenologischen Seinlassens, wie er uns vor allem von M. Boss, dem Begründer der Zürcher daseinsanalytischen Schule, unermüdlich vermittelt wurde. Zulassen bedeutet, offen zu sein für alles, was sich zeigt, was *im ekstatischen Lichtungsbereich* des Daseins Eingang findet. Im Zulassen ist das Seinlassen dieses Sich-zei-

genden enthalten. Seinlassen, auf daß es im Offenheits-
bereich der Existenz anwese als das, was es ist. Boss
hat dieses Seinlassen besonders auch im Zusammenhang mit den Träumen der Analysanden betont. Alles,
was sich dort an Phänomenen zeige, habe als es selbst
angenommen und nicht etwa einer Traumtheorie zu-
liebe zu etwas ganz anderem umgedeutet zu werden,
durch welches es dann erklärt werden könne. Nur
durch das Seinlassen, das Zulassen der Dinge als solche, könne ein vergewaltigender Zugang und Umgang
mit ihnen vermieden werden. Dasselbe gilt natürlich
auch für andere Phänomene, die sich den Analysanden zeigen, etwa die sogenannten Symptome oder Probleme.

Dabei sind es vor allem die leiblichen Erscheinungen, wie sie unter anderem in psychosomatischen Symptomen zum Austrag kommen, die der Therapeut ver-
stehend-auslegend zuzulassen hat, ohne sie durch noch
so profunde theoretische Interpretationen oder Speku-
lationen im vorhinein umzudeuten und sie somit von
sich zu weisen.

Ähnliches wurde von Boss für das sogenannte Agieren in der Analyse gefordert. Auch hier gelte es, bestimmte faktische Verhaltensweisen von Analysanden
viel eher zuzulassen als etwa in der Psychoanalyse, wo
diese als Ausdruck eines Widerstandes gegen den refle-
xiven analytischen Prozeß, der eben nicht auf Triebab-
fuhr sondern auf Einsicht abziele, gedeutet würden.
Die Psychotherapien unterschiedlichster Schulrichtun-
gen haben sich in den letzten Jahrzehnten diesbezüg-
lich jedoch weiterentwickelt und sich mit Strömungen
auseinandersetzen müssen, die im Sinne einer totalen
Selbstbefreiung und Selbstverwirklichung innerhalb
der Therapie praktisch alles zulassen wollten, was nur

irgendwie durch vermutete ‚falsche' Hemmungen an seinem Austrag gehindert gewesen sei. Dabei scheinen auch Humanistische und Transpersonale Therapieformen bemüht gewesen zu sein, durch eine solche Öffnung ihrer Therapeuten und ihrer Klienten den Weg für außergewöhnliche, religiöse, übersinnliche, transpersonale Erfahrungen freizumachen. Es bleibe dahingestellt, ob das solcherart Erfahrene „praepersonaler" oder „transpersonaler" Natur ist (siehe K. Wilber, „Die drei Augen der Erkenntnis" S. 129 ff).

Jedenfalls wird auch in der Daseinsanalyse durch die phänomenologische Haltung des Zulassens und Seinlassens das Erscheinen von Daseinsweisen und Dingen dergestalt möglich, daß diese weder vom Menschen beherrscht, noch diesen beherrschend werden müssen. Dies bedeutet auch einen Verzicht auf umfassende Kenntnis und Erkenntnis des Sich-zeigenden und die Anerkenntnis einer *grundlegenden Entzogenheit des sich zuschickenden Seins im Sinne des Geheimnisses* (siehe Heidegger, „Gelassenheit", (1989), und Holzhey, „Offenheit fürs Geheimnis – Gelassenheit zu den Dingen"). Das Erscheinen ‚geheimnisvoller' Dinge in Psychotherapien ist in der Daseinsanalyse also durchaus denkbar und möglich. Dazu sind nicht nur Gefühlserfahrungen religiöser Natur zu rechnen, sondern ebenso Phänomene des träumenden Existierens, Symptomumwandlungen, existenzielle Erschütterungen in der Trauer oder ‚illusionäre' Wahrnehmungen besonderer Bedeutung. Diese Erscheinungen werden indessen nicht ausdrücklich durch spezielle methodisch-therapeutische Vorgehensweisen wie Meditation, Atemtechniken oder Drogen provoziert.

Die dritte Weise des Lassens in der daseinsanalytischen Psychotherapie ist das Sicheinlassen.

Das Sich-einlassen

Das Loslassen und Zulassen werden nur dann authentische Seinsweisen, insofern sie in das Sich-einlassen beider Beteiligter in die therapeutische Beziehung eingebettet vollzogen werden. Möchte man das phänomenologische Lassen in der Psychotherapie in Form von *Bewegungen* veranschaulichen, so käme dem *Loslassen* die Bewegung des Zurücktretens zu. Zurückzutreten vor der Sache des Anderen heißt, die eigenen in der Begegnung mit dem Anderen auftauchenden Eindrücke, Meinungen, Auffassungen und dergleichen zurückzustellen, sie für sich selbst zu hinterfragen und so jeweils im Anfang Abstand zum Begegnenden zu schaffen, Abstand in Raum und Zeit.

Dem *Zulassen* käme die Bewegung des Sich-öffnens zu, gleichsam das Ausbreiten der Arme, das Ausrichten der Gedanken und der Sinne auf Empfang, um bereit zu werden für das Aufnehmen dessen, was und wie sich das Gegenüber zeigen möchte.

Das Sich-einlassen hingegen wäre dann die Bewegung des Zugehens auf den Anderen, des Annäherns der eigenen Person, auf daß diese für den Anderen spürbar und authentisch erfahrbar werden kann.

Im Sich-einlassen bringt sich der Therapeut in die Beziehung, in den Prozeß ein. Und zwar als der/die, der er/sie ist. Dies soll nicht zufällig und indirekt, gleichsam implizit geschehen, sondern ausdrücklich als Manifestation der Übernahme von therapeutischer Verantwortung im Sinne einer echten Antwort auf das fragende Aufgebot des Analysanden. Nur so kann eine Entsprechung im therapeutischen Verhältnis eintreten, die Benedetti *therapeutische Symmetrie* genannt hat. Morgenthaler spricht sogar vom emotionellen Angebot des Analytikers und vom Echo des Analysanden darauf. Eine authentische therapeutische Beziehung etabliert sich, wenn beide Beteiligte sich als die ganzen Menschen, die sie sind, darin eigens einlassen.

Einlassen ist dabei in *zweifacher Weise* zu hören und zu verstehen. Zum einen meint es, sich vertrauensvoll einzulassen in das Verhältnis, sich also dem Bezug selbst zu überlassen und dadurch darin eingelassen zu sein, wie etwa ein Mosaikstein in einem Gefüge von anderen Steinen. Zweitens bedeutet es, sich in die Auseinandersetzung mit dem Gegenüber einzulassen. Gleichsam von Angesicht zu Angesicht, Auge in Auge mit dem Anderen zu stehen und sich so dem Geschehen auszusetzen, sich in den gemeinsam eröffneten Raum hinein zu exponieren, was immer auch in diesem sich ereignen könnte.

Der *Vollzug* des therapeutischen Lassens in der phänomenologischen Haltung wird erfahrbar in der Seinssphäre der *Gestimmtheit.* Loslassen, Zulassen und Sicheinlassen gehen mit verschiedensten Gefühlen einher. Diese Gefühlserfahrungen innerhalb der Therapie sind für den therapeutischen Prozeß von eminenter Bedeutung, ja sie erst bieten die Gewähr, daß der Versuch des Analysanden, sich und seine Geschichte zu erfassen, glücken kann. Zunächst sind die emotionalen Erfahrungen sprachlos, sie ergreifen und erschüttern den Analysanden, indem sie Überkommenes in Frage stellen, Neues auftauchen lassen und ihn selbst in eine progressive Bewegung seines Daseins versetzen. Die Gesamtheit dieser Wandlungen wird als therapeutische *Umstimmung* bezeichnet, die sich als neue Befindlichkeit des Analysanden unter anderem auch in der Leiblichkeit auswirkt. Psychosomatische Symptome und

Beschwerden können dadurch gleichsam überflüssig werden und schwinden.

Mit dem Loslassen sind schmerzliche Trennungsgefühle, Erfahrungen des Entzuges verbunden. Das Zulassen trifft und betrifft uns mit bedrohlichen, weil neuen, unheimlichen Gegebenheiten, die unser gewohntes Existieren zu erschüttern vermögen. Das Sicheinlassen stellt einerseits unser Vertrauenkönnen, unsere Hingabefähigkeit, und andererseits unsere Aggressivität auf die Probe, unsere Fähigkeit zur Konfrontation mit dem Gegenüber.

Allen drei Formen des Lassens gemeinsam ist, daß sie uns in jene ausgezeichnete Grundstimmung versetzen, die Heidegger *Angst* genannt hat, und die nicht mit der gewöhnlichen, alltäglichen Furcht gleichzusetzen ist. Die Denk- und Gefühlserfahrungen, die auf dem Weg des Lassens ‚durchzumachen' sind, müssen offengehalten, ausgestanden und bewältigt, verdaut sowie verarbeitet werden. Auch dies ist mit der Rede vom therapeutischen Prozeß gemeint.

Lassend werden wir dabei selbst gelassen, die Haltung des Lassens führt zur *Gelassenheit* (siehe Heidegger, „Gelassenheit" 1955). Die therapeutische Beziehung wird eine *gelassene Beziehung,* die auch Gelassenheit in außertherapeutischen Lebensbereichen ermöglichen soll. Gelassenheit ist weder mit einem überirdischen, euphorisierten Schwebezustand noch mit einer resignativen Gleichgültigkeit inmitten der Alltäglichkeit zu verwechseln. Gemeint ist auch kein unbekümmertes, sorglos-fröhliches, selbstzufriedenes Sichbeziehen auf das, was gerade begegnet, wie es vielleicht besonders anmuten könnte, wenn dem Wort Gelassenheit noch das Adjektiv „heitere" vorangestellt wird, respektive der Ausdruck auch in umge-

kehrter Form als „gelassene Heiterkeit" in der daseinsanalytischen Literatur gebraucht wird. Das Heitere
meint dabei soviel wie Klarheit (wie im Beispiel: der
heitere Himmel). A. Holzhey hat in ihrem Beitrag „Offenheit fürs Geheimnis. Daseinsanalytische Psychotherapie und Spiritualität" herausgearbeitet, daß Gelassenheit zu den
Dingen in einem engen Verhältnis zum Vollzug der
Transzendenz des Daseins steht, welcher Vollzug in
der ausgehaltenen Angst die Offenheit für das Geheimnis und damit wohl auch für sogenannte transpersonale oder spirituelle Erfahrungen ermöglicht.

II

In einem zweiten Abschnitt soll nun auf die daseinsanalytische therapeutische Praxis Bezug genommen
werden, im Versuch, diese auch anhand von Beispie-
len zu skizzieren. Allgemein ist zu sagen, daß die Daseinsanalyse sich als vorwiegend ambulante, zumeist
mehrjährige Gesprächstherapie versteht. Sie findet in
der Regel als Einzeltherapie statt, weshalb weiter
oben öfters von „beiden Beteiligten" die Rede war.
Gesprächstherapie bedeutet, daß zumeist allein die
Sprache (wohl mit all ihren Komponenten wie Ver-
lautbarung, Schweigen, Körpergebärden etc.) der Ort
der Begegnung ist. Körperbezogene Zugänge wie Berührungen, Leibübungen, Tanz oder ähnliches finden
in der Ausbildung meist ebensowenig statt wie Meditation, Yogaübungen oder psychosomatische Entspan-
nungstechniken. Dasselbe gilt für die Anwendung von
Medikamenten oder anderen Drogen – seien es ge-
wöhnliche Psychopharmaka oder Psychodysleptika.

Welche grundlegende Bedeutung indessen der *Sprache* des Menschenwesens zukommt, läßt sich Heideggers Sprachverständnis entnehmen. „Die Sprache ist das Haus des Seins. In ihrer Behausung wohnt der Mensch. Die Denkenden und Dichtenden sind die Wächter dieser Behausung. Ihr Wachen ist das Vollbringen der Offenbarkeit des Seins, insofern sie dieses durch ihr Sagen zur Sprache bringen und in der Sprache aufbewahren. Das Denken wird nicht erst dadurch zur Aktion, daß von ihm eine Wirkung ausgeht oder daß es angewendet wird. Das Denken handelt, indem es denkt." (Heidegger, „Brief über den Humanismus", 1946). Die daseinsanalytische Psychotherapie ist ein Bemühen, in diesem Sinne *denkend und dichtend zu werden*. Die „freien Einfälle" des Analysanden, die seit Freud durch die Einhaltung der psychoanalytischen Grundregel ermöglicht werden sollen, sind zusammen mit der „gleichschwebenden Aufmerksamkeit" des Analytikers als dem dazugehörenden Gegenstück der Ort, an dem sich Transzendenz als „Offenheit fürs Geheimnis" vollziehen kann.

Weil die phänomenologische Haltung, wie im ersten Abschnitt ausgeführt, sich keiner bestimmten Methodik verschreibt, die je nach Diagnose und Prognose eines Falles zur Anwendung kommen soll, ist es jedoch möglich, diese Haltung auch an anderen therapeutischen Aufgaben als der Einzeltherapie und mit anderen therapeutischen Medien als dem Gespräch zu vollziehen.

So können Paar-, Familien-, oder Gruppentherapien, Kinderanalysen, Therapien mit älteren Menschen, Therapien von körperlich kranken Menschen (zum Beispiel Karzinomkranke) durchaus daseinsanalytisch geführt werden. Auch können Medien der Kommunikation wie die Musik, das Schreiben, das Malen und bildnerische Gestalten, oder die Traum- und Tagtraumanalyse, sei es einzeln, sei es in der Gruppe, in die phänomenologische Therapie Eingang finden.

Die Dauer der Therapie kann im Zusammenhang mit Modifikationen des Vollzuges der phänomenologischen Haltung des Lassens variiert werden, sodaß auch kurztherapeutische Settings denkbar sind (fokussierende Therapien). Ähnliches kann für die *Rolle* des Therapeuten gesagt werden. Er versteht sich als authentischer Beziehungspartner auf einem ganz spezifischen Lebensweg des Analysanden, der begrenzt ist in Zeit und Raum sowie in der Vollzugsweise des Bezogenseins. Die Grenzen werden unter anderem durch die *Abstinenz* als einem wesentlichen Aspekt der phänomenologischen Haltung des Loslassens gewährt. Gewährt, weil erst durch diese Begrenzung, die im Loslassen sich ereignet, das spezifisch Therapeutische für den Analysanden ermöglicht wird. Dies im Gegensatz etwa zu einer gewöhnlichen Liebesbeziehung, die sich zwar *unabstinent* entfalten sollte, jedoch gerade dadurch ständig Gefahr läuft, für eigene Zwecke des einen oder beider Partner mißbraucht zu werden. Daß sich allerdings dabei das ‚reale Leben‘ ereignet, jenseits von professioneller Therapie, muß nicht eigens erwähnt werden.

In der therapeutischen Beziehung hingegen kann sich die Rolle des Therapeuten im Zusammenhang mit der jeweiligen Begegnungsart des Analysanden individuell-einmalig entwickeln und ausformen. Der Therapeut sollte dabei im phänomenologischen Lassen der hellhörigere, flexiblere und tragfähigere, kurz der gelassenere Partner sein können. Dies mag ihn durchaus das eine Mal in die Rolle eines hermeneutischen Gesprächspartners, das andere Mal in diejenige des Wissen, Sicherheit und Geborgenheit darstellenden ‚Meisters‘, sei es im religiösen, sei es im weltlichen Sinn versetzen. Ebenso kann der Therapeut als naher Vertrauter für die direkte, offene, persönliche Auseinandersetzung mit dem Analysanden in Anspruch genommen werden. Selbstverständlich ist der Therapeut zudem ‚Arzt‘ und Heilkundiger (auch wenn er nicht Medizin studiert hat), der sich auf die Bedeutung von Kranksein in einem weitgefaßten Sinn versteht. Und schließlich sind diese verschiedenen ‚Rollen‘ auch bei ein und demselben Analysanden im Verlaufe der geschichtlichen Entwicklung der jeweiligen Therapie möglich.

Für alle Fälle hat sich der Therapeut für das Ausstehen und Offenhalten der bisweilen heftigen, unvorhersehbaren und außergewöhnlichen (transpersonalen) Gcfühls- und Denkerfahrungen des Analysanden zu wappnen – um darüber staunen und sich an ihnen erfreuen zu können. Es ist wohl überflüssig zu erwähnen, daß dies ebenso für seine eigenen diesbezüglichen Erfahrungen gilt.

Auch wenn weiter oben bereits davon die Rede war, ist es an dieser Stelle nötig hinzuzufügen, daß der therapeutische Prozeß, der durch die phänomenologische Haltung initiiert und aufrechterhalten wird, kaum je ohne entsprechende *Gegenbewegung* vollzogen wird. Diese Gegenbewegungen entstehen sowohl von Seiten des Analysanden wie auch des Therapeuten selbst und scheinen der ursprünglichen Intentionen beider Beteiligter zuwider zu laufen. Die zunächst äußerst schmerzlichen und bedrohlichen Gefühlserfahrungen wollen vermieden, übersprungen oder gar nicht wahrgenommen sein. Zahlreiche Manöver und Arrangements bis hin zu rituellen Verhaltensweisen können eingesetzt werden, um der Angst und dem Schmerz auszuweichen, oder aber im Angriff das zu zerstören, was es ursprünglich zu bewältigen gab. Das Erkennen und der Umgang mit diesen Gegenbewegungen des Lassens, die übrigens sogar Formen des Lassens selbst, bloß an ungeeigneter Stelle auftretend sein können, sind vornehmlich Aufgabe des Therapeuten. Eine Aufgabe, zu der ihn die für die Daseinsanalyse unabdingbar notwendige analytisch-psychotherapeutische Ausbildung befähigen soll.

Diese *Ausbildung* ist in Zürich in zwei Einrichtungen institutionalisiert: im Daseinsanalytischen Institut für Psychotherapie und Psychosomatik und in der Schweizerischen Gesellschaft für Daseinsanalyse. Ich bin Ausbildner an letzterer Institution, die eine berufsbegleitende Ausbildung in daseinsanalytischer Psychotherapie anbietet. Diese dauert mindestens fünf Jahre, setzt in der Regel ein abgeschlossenes Hochschulstudium in Medizin oder Psychologie und eine genügend weit fortgeschrittene eigene Daseinsanalyse voraus. Vom Kandidaten, von der Kandidatin wird erwartet, regelmäßig die wöchentlich stattfindenden Seminarveranstaltungen in Daseinsanalyse (Philosophie, Theorie der Praxis etc.) zu besuchen, die eigenen Therapiefälle in Supervisionen (einzeln und in Gruppen) darzustellen und schließlich zwei schriftliche Arbeiten zu verfassen und diese dem gemeinsamen Seminar aller Kandidaten und Ausbildner vorzulegen und vorzustellen. Abgeschlossen wird die Ausbildung mit einem Diplom nach Ablegen einer mündlichen Diplomprüfung sowie einer schriftlichen Auslegung von Träumen. Dabei werden dem Prüfling vier Traumberichte von ihm unbekannten Analysanden abgegeben, die er in einer

Art Klausur daseinsanalytisch zu kommentieren und auszulegen hat.

Fallbeispiele

Das *erste Fallbeispiel* soll nun von der Therapie einer rund 30jährigen verheirateten, nicht berufstätigen Hausfrau berichten, die ich Frau A. nennen möchte. Frau A. suchte zu Beginn ihrer zweiten Schwangerschaft psychotherapeutische Hilfe, da sie sich gegenüber dem kontrollierenden und ihre Persönlichkeitsgrenzen ständig überschreitenden Verhalten ihrer Mutter besser zur Wehr setzen lernen wollte. Offenbar fand sie beim Ehemann dafür nicht genügend Unterstützung und war in ihrer Ohnmacht der Mutter gegenüber „psychisch völlig kaputt gegangen", wie sie sagte. Körperlich litt sie unter arteriellem Bluthochdruck. Die therapeutischen Gespräche, die einmal wöchentlich im Sitzen stattfanden und mindestens eine volle Stunde dauerten, hatten zunächst das Verhältnis zur Mutter und dessen Stellenwert in der Lebensgeschichte der Patientin zum Inhalt. Im Laufe ihrer Kindheits- und Jugendentwicklung hatte sie im Gefolge dieses äußerst dysharmonischen Mutter-Tochter-Verhältnisses ein ausgesprochen negatives Bild von sich selbst entwickelt. Es schien, als ob Frau A. dieser Ereignisse und Einsichten erstmals im Gespräch mit dem Therapeuten gewahr wurde. Dabei stellten sich schmerzliche Erfahrungen ein, begleitet von einer kräftigen Auflehnung und Abgrenzung gegenüber der Mutter, wodurch sich dieses Verhältnis auch faktisch relativ rasch wandelte.

Sodann setzte Frau A. die Wahrnehmungen ihres

Bezogenseins im Hinblick auf ihren Ehemann fort. Auch dieses Verhältnis zeigte sich als höchst unbefriedigend und enthüllte einen erschütternden Zusammenhang: Sie hatte offensichtlich geheiratet, um sich von ihrer Mutter befreien zu können, und zwar unter dem Umstand, daß sie für ihren Ehemann neben der Rolle als Frau auch eine Mutterfigur darzustellen hatte. Schon während der ersten Schwangerschaft drei Jahre zuvor hatte sie versucht, in verschiedensten Anläufen, inklusive Eheberatung, die unbefriedigende Ehesituation mit dem Mann zu klären und zu verändern, was aber offensichtlich immer vergebens blieb. Ein halbes Jahr nach Therapiebeginn, im achten Schwangerschaftsmonat, fing Frau A. an, sich mit dem Gedanken an Scheidung zu befassen, die sie später auch real durchführte. Im selben Zeitraum (ein halbes Jahr nach Therapiebeginn) erlebte sie mir gegenüber heftige Gefühle der Verliebtheit, die sie zunehmend als echte Liebesgefühle bezeichnete. Das Ausmaß dieser Liebesgefühle und die damit verbundenen Gedanken, Wünsche und Phantasien entsprachen in etwa dem, was meines Wissens psychoanalytisch mit dem Terminus der sexualisierten Übertragung gefaßt wird, und – mit anderen Worten – einer ‚Entfesselung des Eros‘ gleichkommt.

Therapeutisch galt es nun vor allem, das Zulassen dieser heftigen und langandauernden Gefühls- und Beziehungsbewegung als solche zu ermöglichen. Dem standen neben Frau A.'s bereits erwähntem, ausgeprägt negativen Selbstbild vor allem der quälende Drang und Zwang entgegen, diese Gefühle doch auch umzusetzen, sogenannt verwirklichen zu können, ja zu müssen. Dieser leidenschaftliche Zwang, der Leiden schafft, war während zwei Therapiejahren das Haupthindernis dafür, daß sie diese Phantasien wirklich als solche zulassen konnte und sich in diese einzulassen vermochte. Die von mir gewährte Abstinenzhaftung des Loslassens und Ablassens von Interpretationen welcher Art auch immer bezüglich dieser Liebesgefühle, und natürlich auch des Ablassens von jeglichem denkbaren direkten Eingehen auf die Wünsche, ermöglichte ihr einerseits, Gefühlserfahrungen dieser Art überhaupt zu machen und andererseits, mit der Zeit sich von den Zwängen zu befreien und damit ihren Therapeuten loszulassen, die Therapie selbständig zu beenden und sich damit in das einzulassen, was neu auf sie zukommt. Als Zeichen dieser Lösung brachte sie mir in der von ihr zur letzten Stunde deklarierten Begegnung folgende Verse einer Dichterin mit:

Mein Freund ich will dich
und das ist mein Recht
so wie es deines ist
dich nicht zu geben
Doch laß mich sehn
wie der Abend blaue Schatten
auf dein Gesicht malt
bevor du fortgehst.

Selbst fügte sie die Zeilen hinzu, überschrieben mit „Wirklichkeit":

„Die blauen Schatten, sie sind schon lange da.
Ich wollte sie nicht wahrhaben."

Indem Frau A. die „blauen Schatten der Wirklichkeit" auf dem Gesicht des Therapeuten wahrnahm, konnte sie ihn fortgehen lassen und damit auch den quälenden Drang nach Verwirklichung ihrer Wünsche mit ihm. So versetzte sie sich in die Bereitschaft, in unbekanntes Neuland zu gehen – ‚Jenseits von Eden'. Die Beendigung der Therapie auf diese Weise stellt keineswegs einen Therapieabbruch dar. Vielmehr mutete sich Frau A. damit die Angst zu, sich inskünftig, ganz auf sich allein gestellt, ins Unvorstellbare und Unvorgestellte einzulassen.

Das zweite Beispiel betrifft einen kinderlos aber glücklich verheirateten Mann Mitte Vierzig, der wegen Schlafstörungen und zwanghaft anmutender gedanklicher Beschäftigung mit seinen (real unproblematischen) Arbeitsverpflichtungen vom Hausarzt an mich überwiesen worden war und der hier Herr F. heißen soll. Der für das Gewinnen von Einsichten in seine Lebenszusammenhänge sehr gut motivierte Direktor eines Wirtschaftsunternehmens mußte bald die Erfahrung machen, daß ihm von einer Therapiestunde zur nächsten zunehmend die in den Stunden sich ereignenden Sachverhalte und Begebenheiten entfielen. Er realisierte, daß er jeweils von Stunde zu Stunde den Zusammenhang – und damit seine Geschichte – verloren hatte und gleichsam gedankenlos in die alltäglichen Abläufe seines beruflichen und privaten Lebens eintauchte, die dann die gesamte Welt auszumachen schienen. Während der analytischen Sitzungen war es aber, bedingt durch das therapeutische Wieder-holen und Hereinlassen der von Herrn F. ja bereits geäußerten Gegebenheiten seines von ihm selbst als Fassade und Flucht bezeichneten Lebensverlaufes, immer wieder möglich, den Zugang zu neuen und wesentlichen Themen zu gewährleisten. So ließen sich die ursprünglichen, zur Therapie führenden Symptome bereits als erste Eindringlinge einer ausgeschlossenen Welt in seine alltäglich-familiär-flüchtig offengehaltene Welt verstehen, in der sie Unzufriedenheit bewirkten.

Herr F. ließ sich weiter in den eigentlich schon durch die Störsymptome in Gang gesetzten Prozeß ein und verlor jene recht rasch. Dies führte bald zur Beendigung dieser etwa 15 Sitzungen dauernden Therapiephase.

Etwa ein Jahr später meldete er sich erneut bei mir. Diesmal wegen einer für ihn ganz neuen Erscheinung: die langjährig in gewohnt befriedigenden Bahnen verlaufende Sexualität mit Ehefrau Magda wollte aus unerfindlichen Gründen und ohne erkennbaren Anlaß nicht mehr klappen. Medizinisch würde man von einer funktionellen, psychogenen, erektiven Impotenz sprechen, die sich relativ manifestiert, das heißt nur im sexuellen Verhältnis zu seiner Partnerin, nicht aber bei Selbstbefriedigung. Diese war sogar von heftigen erotisch-sexuellen Phantasien einer voll-potenten lustvollen Begegnung mit einer „wilden" Frau begleitet, wie die ersten therapeutischen Gespräche dieser zweiten Therapiephase ergaben. So wurde Herr F. bald gewahr, daß er auch im erotisch-sexuellen Bereich seines Mannseins gleichsam eine ganze Welt – jene der „wilden" Erotik – ausgeschlossen, das heißt nicht zugelassen hatte, ähnlich wie dies mit den oben erwähnten Lebenszusammenhängen der Fall war, die er einfach ‚vergaß'.

Er begann nun, diese seine erotische Welt innerhalb der Beziehung zu Magda zuzulassen. Zunächst gesprächsweise, dann unmittelbar leibhaftig, was zu einem regelrechten Annäherungsschub beider Partner mit gänzlich neuen Erfahrungen führte.

Erst da tauchte in den therapeutischen Gesprächen der rund sieben Jahre jüngere Bruder des Analysanden auf, den dieser ‚verlassen' und bei den Eltern zurückgelassen hatte, als er – erst 15-jährig – nicht mehr im Elternhaus leben wollte und zu seinem Großvater übersiedelte, der in einem anderen Bundesland seiner Heimat lebte. In diese, seit über dreißig Jahren brachliegende und abgesehen von wenigen Kontaktversuchen seitens des Analysanden mit einem Schleier des Schweigens verhüllte Beziehung wollte Herr F. nun die längst überfällige Begegnung und Auseinandersetzung zu- und hereinlassen, nicht zuletzt, um seinen eigenen Part darin wirklich zu erfüllen, um der Bestimmung zu entsprechen, die durch das Zulassen dieses Bereiches zu seiner Erfahrung gekommen war.

Ein *drittes Beispiel* soll nun zeigen, wie die phänomenologische Haltung, diesmal vor allem das Sicheinlassen, auf beiden Seiten (Analytiker und Analysandin) vollzogen, das therapeutische Verhältnis und den sogenannten therapeutischen Prozeß entfalten und Erfahrungen von wegbereitender Wirkung ermöglichen kann.

Frau M., eine rund 30jährige, auf dem zweiten Bildungsweg ins akademische Leben gelangte Studentin einer geisteswissenschaftlichen Richtung, suchte analytisch-therapeutische Hilfe bei einer Beratungsstelle. Sie war in einen depressiven Zustand mit Selbstmordgedanken verfallen, nachdem sie im Zusammenhang mit ihrem chronologischen Alter eine Art Bilanz gezogen hatte. Sie wohnte nach wie vor bei ihren Eltern, hatte nie intimere Bekanntschaften gehabt und fürchtete, sich sowohl in Männer als auch in Frauen verlieben zu können. Überdies rückte die Beendigung des Studiums in absehbare Nähe und damit der sozio-kulturell bedingte Zwang, anschließend sogenannt auf eigenen

Beinen stehen und sich in der alltäglichen Arbeits- und Freizeitwelt einleben und behaupten zu müssen. Abgesehen von den Befürchtungen gab es für Frau M. also kaum emotionale Erfahrungen.

Für mich, den Frau M. – nach einigen Erstgesprächen auch mit Frauen – als ihren Therapeuten „ausgewählt" hatte, ging es während längerer Zeit dieser zweimal wöchentlich im Liegen durchgeführten Analyse darum, sich auf eine Weise mit ihr einzulassen, daß sie so wenig wie möglich daran gehindert wurde, sich ihrerseits auf eine Beziehung zu mir einzulassen – und das heißt auf eine Gefühlserfahrung –, wenn anders ein therapeutischer Prozeß überhaupt in Gang zu bringen gewesen wäre. Dies geschah, indem ich zunächst die zum Teil hochintellektuellen Gesprächsangebote der Analysandin an- und aufnahm. Dann versuchte ich, im unmittelbaren Zusammenhang mit diesen Angeboten meinerseits auf sie zuzugehen. Dies erforderte, mich auf zum Teil langwierige und komplexe ‚Diskurse' mit ihr einzulassen, in denen es ihr wichtig war, meine Position kennenzulernen. Synchron kam es im außertherapeutischen Leben dazu, daß Frau M. die bislang bestehenden Zweifel an ihrer sexuellen Identität gegenüber Frauen äußern konnte, die ihrerseits homosexuelle Gefühlserfahrungen gemacht hatten. Auch ergaben sich nähere Kontakte zu Männern, die allerdings immer angstbetont waren. Sie unternahm Reisen ins nahe und ferne Ausland und zog in eine eigene Wohnung, wenngleich in Elternnähe. Das Lizenziat wurde abgeschlossen und die Dissertation in Angriff genommen. Einige Jahre nach Beginn dieser Langzeittherapie tauchte in Träumen und Erinnerungen sowie in plötzlich einsetzenden, außergewöhnlichen Gefühlszuständen die zunehmende Gewißheit auf, daß Frau M. im Vorschulalter sexuell mißbraucht worden war. Ich ließ mich vorbehaltlos darauf ein und sie begann sich in der Folge auch außerhalb der Analyse gemeinsam mit anderen Betroffenen näher mit dieser Thematik zu befassen, und kam dadurch in ein verstehenderes Verhältnis zu ihrer ‚phobischen Fehlhaltung', wie sich ihre durch zahlreiche Befürchtungen geprägten Einstellungen gegenüber mitmenschlichen Beziehungssituationen durchaus bezeichnen ließen.

Detaillierter auf solche hochindividuellen und komplexen Beziehungsentwicklungen, wie sie Psychotherapien ja darstellen, einzugehen, erscheint in dem gegebenen Rahmen eines Buchbeitrages weder angezeigt noch möglich. Zu hoffen bleibt, daß wenigstens atmosphärisch ein Eindruck davon wiedergegeben werden konnte.

III

Im dritten und letzten Abschnitt möchte ich mit meinem eigenen spirituellen Hintergrund ein wenig vertraut machen. Dieser spielt für das allfällig Transpersonale in einer Psychotherapie sicher eine wichtige Rolle.

In den vergangegen zwölf Jahren habe ich mehrere Reisen auf die Philippinen unternommen, anfänglich um eigens die dortigen spirituellen Heiler oder Logurgen, wie sie bei uns genannt werden, zu besuchen und kennnenzulernen. Es handelt sich bei diesen Menschen, die in ihrer Heimat faith-healer heißen, um heilkundige Männer und Frauen, die einen ganz spezifischen, persönlich geprägten spirituellen Weg hinter sich haben und die sich zumeist in der ländlichen Region, aus der sie stammen, mit einer Art Heilerpraxis etabliert haben. Die Räumlichkeit, in der sie heilend wirken, nennen sie Kapelle. Sie haben einen offenbar intensiven religiösen Bezug zu Christus als dem Schmerzensmann, der Wahrheit, Weg und Liebe verkündet. Der Heiler, die Heilerin hat nach eigenem Bekunden als Kind erste, außergewöhnliche, religiös-spirituelle Erfahrungen gemacht. Ein Heiler „stoppte" beispielsweise im Alter von neun Jahren ein schweres Erdbeben, nachdem er auf ein Feld gelaufen war und gerufen hatte: „Beben, höre auf!"

Nachdem ich mich selbst eine Zeit lang im Umkreis zweier Heiler und einer Heilerin befunden hatte, diese Menschen bei ihrer Heilungstätigkeit aus nächster Nähe beobachten konnte und mich auch selbst von ihnen „behandeln" ließ, war es mir auch möglich, sie zu befragen und mit ihnen Gespräche über ihren Werdegang und ihr Selbstverständnis zu führen. Dabei erwies sich die Sprache als großes Problem, weil es nötig wurde, ihre englischen Aussagen zuerst in ihren Heimatdialekt zu übertragen und zu versuchen diese Worte dann wörtlich ins Englische zu übersetzen. Ein Unterfangen, das in Anbetracht der Umstände nur ansatzweise zu verwirklichen war. Dennoch stellen diese Begegnungen für mich bewegt-bewegende Ereignisse dar, die zu nachhaltigen Erfahrungen in verschiedenen Sphären meines Daseins führten. Eine dieser nachhaltigen Auswirkungen betrifft jedoch mein gesamtes Existieren: ich habe den Eindruck, *durchlässiger* für Wahrnehmungen geworden zu sein. Gerne werde ich von der ein-fallenden Erinnerung an ein Wort aus dem Ilocano-Dialekt (auf Nord-Luzon gesprochen) überrascht: „marik nam ti pudno", was soviel heißt wie: Fühlen ist immer wahr und womit eigentlich die sogenannte Ausstrahlung eines Menschen gemeint ist.

Wenn von Mystik, Spiritualität, Transpersonalität oder Esoterik die Rede sein soll, so gelten diese Erfahrungen für mich als beispielhaft und richtungweisend. Ich hüte mich aber davor, sie kurzschlüssig auf andere Menschen übertragen oder analog scheinende Erfahrungen Anderer mit den meinen vergleichen zu wollen. Auch wenn die Daseinsanalyse – als phänomenologisch getragener Zugang zum Menschenwesen und damit als Psychotherapiemöglichkeit – mir durchaus den philosophischen Denk-Spiel-Raum eröffnete, meine Erfahrungen darin ‚untergebracht‘ zu sehen, bin ich dennoch nie zur Auffassung gelangt, in der daseinsanalytischen Therapie müsse sich Transpersonales in diesem Sinn ereignen, soll sie als gelungen angesehen werden. Für mich bleibt die Frage nach wie vor offen, ob in einer unserer westlichen, abendländisch-modernen Psychotherapieformen – und eine solche ist auch die Daseinsanalyse – diese Erfahrungen überhaupt, geschweige denn mit einer Regelhaftigkeit erreichbar sind. Vielmehr scheinen mir die Analysen unseres soziokulturellen Zuschnitts, mit oder ohne Einbau morgenländischer, indianischer oder afrikanischer Elemente und Riten, die Beteiligten in die Bereitschaft zu versetzen, durchlässiger für Begegnendes (inneres wie äußeres) zu werden und staunend-erschaudernd dieses in einem stimmigeren und so gelasseneren Gegenüber sie angehen und ansprechen zu lassen. Für die zu solcher Zwiesprache (Begegnung) in die Verantwortung genommenen Analysanden oder Post-Analysanden wirkt sich die geheimnisvolle und doch so klare (heitere) Gelassenheit heilsam und förderlich aus – im Sinne von gefördert *und* gefordert werden.

Pieter Loomans

Initiatische Therapie nach Graf Dürckheim und M. Hippius-Gräfin Dürckheim

Stolpersteine und Wegzeichen

Vor über vierzig Jahren ist durch die Zusammenarbeit von Graf und Gräfin Dürckheim die Initiatische Therapie entstanden.

Maria Hippius-Gräfin Dürckheim hatte sich nach dem Zweiten Weltkrieg in Todtmoos (Schwarzwald) niedergelassen und anfänglich als Psychologin graphologisch gearbeitet. Aus der Graphologie heraus entwikkelte sie das Geführte Zeichnen. Graf Dürckheim (†1988) hat sich einige Jahre später, als er nach einem achtjährigen Japanaufenthalt nach Deutschland zurückkam, ebenfalls in Todtmoos-Rütte seßhaft gemacht. Dort schrieb er seine vielen Bücher, wodurch vor allem das Zazen sowie andere Zen-Künste in Deutschland und Europa eine weite Bekanntheit erfuhren.

Außerdem entwickelte er die „Personale Leibtherapie", heute vielfach „Initiatische Leibtherapie" genannt.

Die Initiatische Therapie wird in der Regel der transpersonalen Psychotherapie zugeordnet. Eine der Grundvorstellungen der Initiatischen Therapie (auch Kerntherapie genannt) ist, daß eine initiatische (oder Seins-) Erfahrung einen inneren Prozeß auslösen kann: den sogenannten Individuationsprozeß (C. G. Jung).

137

Eine Seinserfahrung hat eine numinose (Rudolf Otto) Qualität. Sie ist eine Erfahrung der Transzendenz.[1] Die Wirklichkeit wird in ihrem ursprünglichen Glanz wahrgenommen. Die Person fühlt sich, mit den Worten von Graf Dürckheim, „aufgehoben in und getragen von dem überraumzeitlichen Sein". Solch eine Einheitserfahrung hat einen „einweihenden" und häufig verpflichtenden Charakter und motiviert den Menschen zu einem inneren Weg.

Dieser „initiatische Weg" ist allerdings auch mit Stolpersteinen besät. Aufgabe des Therapeuten ist es, Wegzeichen zu deuten und zu setzen, zu ermutigen, zu provozieren, oder auch zu beruhigen, je nachdem, was das Vorangehen fördert.

Im wesentlichen geht es in der Prozeßarbeit, der Individuation, um Schattenbewältigung (das Anschauen und Integrieren von ungelebten und verdrängten Aspekten), um die Integration von männlichen und weiblichen Anteilen (Animus und Anima) und um die Erstellung einer „Ich-Selbst-Achse" (Erich Neumann).[2] In diesem prozeßhaften Aspekt verdankt die Initiatische Therapie viele ihrer Konzepte der Jungschen Psychotherapie.

Ziel der Initiatischen Therapie ist die Verwirklichung eines dauerhaften Bezuges zur Transzendenz.[3]

Das therapeutische Angebot in Einzel- und Gruppentherapie wird aus diesem Grund in Rütte mit „Exercitiae ad integrum" ergänzt, wie z. B. Aikido, Tai-Chi, Yogaübungen, Übungen mit dem Schwert, Kultisches Nähen, Arbeit an der Töpferscheibe, Weben und die Meditation, um im Tun die Rückbindung an die eigene Tiefe einzuverleiben. Außerdem wird die Übung im Alltag angeregt, d. h., der gesamte Alltag, aber vor allem immerwiederkehrende

Handlungen werden genutzt im oben beschriebenen Sinn.

In der Begleitung wird außerdem die Lebensgestaltung explizit mit einbezogen. Wenn in diesem Bereich entscheidende Änderungen, häufig eingegeben durch die „Stimme des Selbst", nicht gewagt werden, kann der gesamte Prozeß der Verinnerlichung stagnieren. Gäste und Schüler bleiben unterschiedlich lange in Rütte. Zum Teil werden die Prozesse, wie auch die Ausbildung zum Therapeuten, in Zweigstellen und in an der Rütte-Arbeit orientierten Zentren im In- und Ausland fortgesetzt.

„Rütte" hat zur Gründung vieler Zentren inspiriert, die zum größten Teil unabhängig und mit eigenem Profil arbeiten. Der Verfasser dieses Beitrags z. B. leitet das „Rütte-Forum". Dieses Seminarhaus war bis 1992 in der „Existentialpsychologischen Bildungs- und Begegnungstätte Rütte" integriert, bevor es mit einem eigenen Seminar- und Ausbildungsprogramm selbständig wurde.

Die Medien der initiatischen Therapie

Die Leibtherapie, das Geführte Zeichnen, das Gestalten mit Tonerde, die Traumarbeit und in gewisser Hinsicht die Meditation sind wohl die wichtigsten Medien der IT. Üblicherweise nehmen die Gäste Einzelstunden in den unterschiedlichen Medien bei mehreren Therapeuten/innen. Die Wirkung der einzelnen Arbeitsweisen ist dabei konvergierend, dasselbe (im Hinblick auf die Individuation aktuelle) Thema wird aus mehreren Einfallswinkeln beleuchtet und bewußt gemacht.

Wenn sich in den verschiedenen Therapien kein einheitlicher roter Faden ergibt, ist dies ein Anlaß zur Supervision oder Intervision der Therapeuten/innen, vorausgesetzt, das Einverständnis des Klienten liegt vor, daß über seinen „Fall" gesprochen werden kann.

In allen Medien sind eine a) vorbereitende, b) prozeßhafte und c) Phase der Transzendenz zu unterscheiden:

1. Die initiatische Leibtherapie

a) Zentrierung

Die vorbereitende Phase in der Leibarbeit bewirkt die Optimalisierung des „Leibbezuges". Graf Dürckheim, der die Leibtherapie entwickelt hat, unterschied bekanntlich zwischen dem Körper, den man hat, und dem Leib, der man ist. Die Überwindung eines nur pragmatischen Bezuges zum eigenen Körper zu Gunsten einer Durchlässigkeit im Leib für die „immanente Transzendenz"[4] war sein Anliegen: die erfahrbare Einheit von Leib, Seele und Geist. Diese erste Phase der Behandlung ist unterschiedlich lang und davon abhängig, wie stark der Betreffende in seinen Leib hineinzuspüren geübt ist. Die Dauer variiert zwischen ein paar Berührungen und vielen Stunden bis hin zu Monaten. Wichtig ist auch die Frage, ob der/die Behandelte(r) tiefer in einen Prozeß einsteigen möchte oder mit einer eher vordergründigen Harmonisierung zufrieden ist. Die Behandlung von Kindern wird sich häufig auf die Zentrierung beschränken. Auch in der Begleitung von Psychosegefährdeten wird, wenn aufdeckende Arbeit nicht angezeigt ist, vorbereitend „strukturierend" behandelt.

In dieser ersten Phase wird vor allem das Hara-Zentrum (4–5 cm unterhalb des Nabels in der Bauchmitte) berücksichtigt, die dort ihren Ursprung findende Ki-Kraft wird evoziert und „weitergelenkt" hin zu Beinen und Füßen. Bei fast allen Menschen (unabhängig vom kulturellen Hintergrund) ist die Zentrierung im Hara nicht ausreichend und der Kontakt zu Beinen und Füßen mangelhaft.

Ebenfalls werden auch schon in dieser ersten Phase die Chakren miteinbezogen und eine Harmonisierung der Energien angestrebt, bis eine gewisse Tiefe und innere Stille erreicht sind. Diese vorbereitende Behandlung läuft bei den meisten Gästen (in der IT wird in der Regel von Gästen, nur selten von Klienten oder Patienten gesprochen) ungefähr gleich ab und kann als Technik ziemlich leicht vermittelt werden.

b) Prozeßarbeit
Sobald die Person genügend Kontakt mit sich und ihrem Leib aufgenommen hat, versucht der Leibtherapeut den für diese Person wichtigen Stellen auf die Spur zu kommen und zu berühren. Es sind jene Regionen, wo die zum Bewußtsein drängende Thematik – die in den Träumen vorliegt oder in Zeichnungen sichtbar wird – sich im Leib manifestiert. Über längere Berührungen kann die Thematik evoziert und in Form von z. B. Erinnerungen oder Bildern erkennbar werden. Auch emotionale Ausbrüche, tiefe Gefühle, Bewegungsimpulse, spontane Laute oder Töne werden dabei zugelassen, wobei zu beachten ist, daß die Tiefe des Erlebens nicht verloren geht. Schattenbereinigung, Anima-Animus-Integration und die Erstellung einer „Ich-Selbst-Achse" (die Aufgabe der Vorherrschaft des „Ichs" zu Gunsten des „Selbst") sind, wie vorhin erwähnt, die wichtigsten Prozeßetappen.[5, 6]

Ein Beispiel, wie Zeichnungen in der Leibtherapie miteinbezogen werden können:

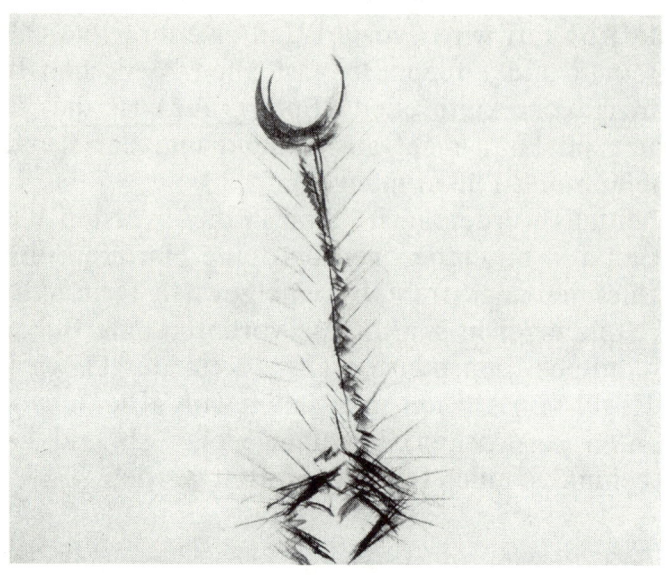

Mit verschlossenen Augen zeichnet ein ungefähr 30jähriger Mann seine Wirbelsäule. Angedeutet sind vermutlich auch der Kehlkopf sowie der Beckenbodenbereich.

In der nächsten, gleich danach entstehenden Zeichnung, gewinnt er mehr Bezug zum Becken und zu seinen Beinen. Die Füße sind dabei noch kaum im Leibgespür miteinbezogen. (Sie sollten in der ersten Phase der Behandlung gut behandelt werden.) In der Wirbelsäule ist jetzt mehr Kraft zugelassen.

In der letzten Zeichnung dieser Serie wird deutlich, daß sein Kopf zwar ins Leibgespür miteinbezogen wird, aber trotzdem noch eine erhebliche Blockade im Kehlkopfbereich existiert (eine mögliche Ursache könnte die Nabelschnur sein, die bei seiner Geburt um seinen Hals gewickelt gewesen war. Sein Vater, ein Arzt, hatte ihn durch Mund-zu-Mund-Beatmung gerettet).

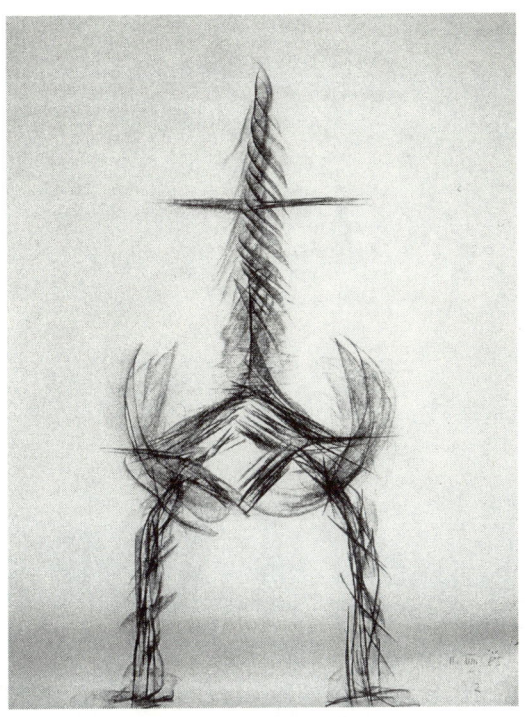

Diese Stelle nun ist in der prozeßhaften Phase der
Behandlung vor allem zu berücksichtigen.

Das geführte Zeichnen ist – nachher mehr zur Methode – manchmal wie eine „Selbstbehandlung" für
den Gast. Die Zeichnungen haben häufig, wie auch
hier, einen diagnostischen, therapeutischen und pro-
gnostischen Wert.

c) Die Phase der Transzendenz
In einer dritten Phase der Behandlung geht es um das
Erleben des Kristalleibes. Eine kristalline Schicht
leuchtet auf, wenn sich die feinstofflichen Ebenen und
der grobstoffliche Leib miteinander im Einklang befinden. Ein Gefühl der Glückseligkeit, tiefer Freude und

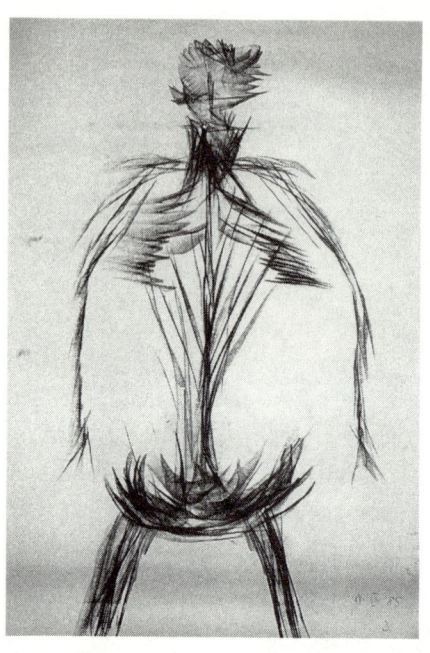

Lebendigkeit entsteht. Interessanterweise bleibt der Atem „innen". Ein „Perlen" um die Haut herum wird wahrgenommen. Der Atemfluß ist nicht mehr sichtbar. Es entsteht der Eindruck, daß mit der Haut geatmet wird. Diese Transzendenzerfahrung hält unterschiedlich lange an[7].

In dieser Phase der Behandlung ist es nicht mehr wichtig, welche Stelle am Leib berührt wird. Wo immer berührt wird, entsteht beim Behandelten der Eindruck, überall im Leib die Resonanz zu verspüren, ja, als ganzer Mensch berührt zu sein. Der Behandler versucht, diesen Zustand zu würdigen und nicht zu stören. Das Wesen des Menschen, die „Tiefenperson", ist nun angesprochen und kann sich entfalten.

Natürlich geht diese Ebene wieder verloren, und es werden wieder Schattenaspekte zu bewältigen sein, oder die Zentrierung ist verloren gegangen. Je nach aktueller Phase ändert der Behandler die Vorgehensweise.

2. Das geführte Zeichnen

Auch in diesem Medium sind die drei obengenannten Phasen zu unterscheiden:

a) In der Zentrierungsphase werden gezielt Zeichenübungen der „Urformen" als Vorbereitung der Prozeßarbeit angeboten. Durch das wiederholte Zeichnen (mit geschlossenen Augen) einer Schale z. B. wird der Beckenbezug gefördert, oder durch das ständige Üben einer „Senkrechten" entsteht mehr Gespür für die Wirbelsäule, das „innere Aufrichten" (Aufgerichtetsein) wird eingeübt.

b) Wenn der Leibbezug so verbessert ist, wird plötzlich wie „von Selbst" beim Zeichner das Bedürfnis entstehen, von vorgegebenen Formen abzuweichen und eigenen inneren Bewegungen und Regungen auf individuelle Weise Ausdruck zu verleihen. Eine innere Instanz („das Selbst") übernimmt die Führung, und die psychische Thematik wird – nicht intentional – auf das leere Blatt projiziert, so, wie sie auch im Leib wahrgenommen wird. Jenes unbewußte Material, das „bewußtseinsreif" ist, drängt über die Bewußtseinsschwelle und wird „sichtbar" und interpretierbar.

Der oder die Zeichnende benennt das Bild und seine Aspekte nicht primär rational, sondern intuitiv erfassend. Der Therapeut versucht, nichts hineinzuinterpretieren, sondern, wenn möglich, aus einer transpersonalen Ebene heraus Rückmeldungen zu geben. Er oder sie orientiert sich am Faden des Individuationsprozesses des Gastes und versucht, während des Zeichnens durch eine Zen-mäßige Aufmerksamkeit den Prozeß zu katalysieren. Ein „Tun im Nicht-Tun" (Wu-Wei). Diese Absichtslosigkeit ist wesentlich in der Begleitung.

In den Zeichnungen werden Schattenaspekte, biographische, archetypische und karmische Inhalte sichtbar und dadurch verarbeitbar. Sie sind an der unterschiedlichen Strichqualität zu erkennen, genau so, wie die einzelnen Schichten in der Leibtherapie an den verschiedenen Schwingungen, die von einem Menschen während der Behandlung ausgehen, erkennbar sind.

Die Integration von triebhaften, animalischen Kräften wird in der folgenden Zeichnung einer 35jährigen Frau deutlich, die zu der Zeit als Assistentin in der Therapie tätig war.

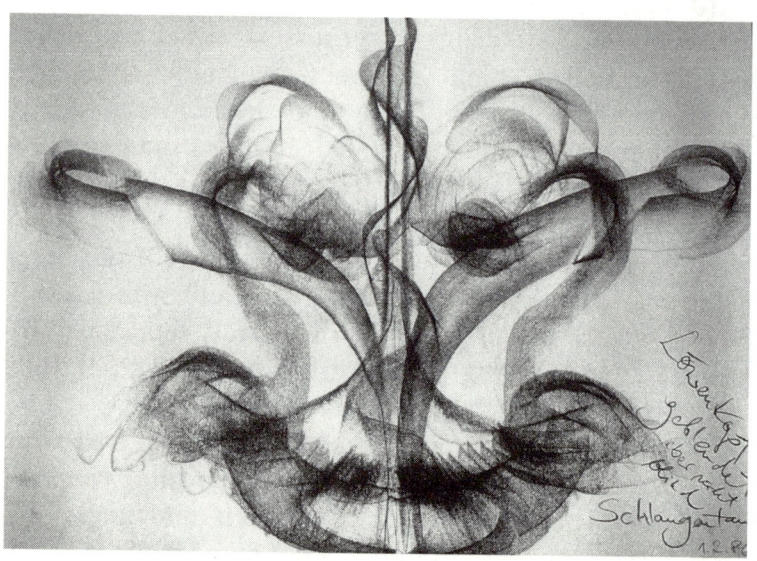

c) Kristallines wird durch eine kristallklare Strichführung sichtbar. Sobald sich jemand in der Transzendenz aufgehoben fühlt, macht sich dies in der Zeichnung bemerkbar. Wenn solche Bilder meditativ angeschaut werden, können sie Gleiches ebenso beim Betrachter wecken.

In diesen beiden Zeichnungen einer Therapeutin wird sichtbar, wie die Kundaliniernergie (die Schlangenkraft) den ganzen Leib durchflutet und Heilkraft auch in den Händen zur Verfügung stellt:

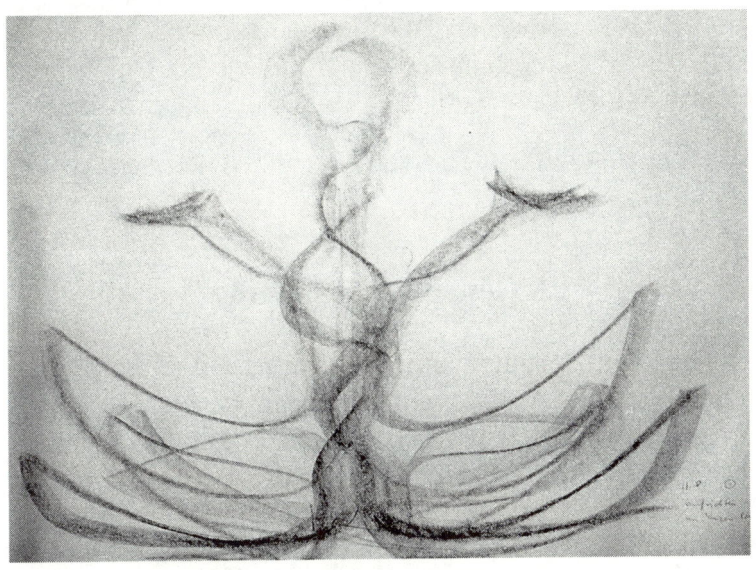

Während des Zeichnens dieses Bildes von derselben Frau wurde der Leib als „Klangkörper" empfunden, Feinstoffliches und Grobstoffliches sind hier zum Einklang gekommen.

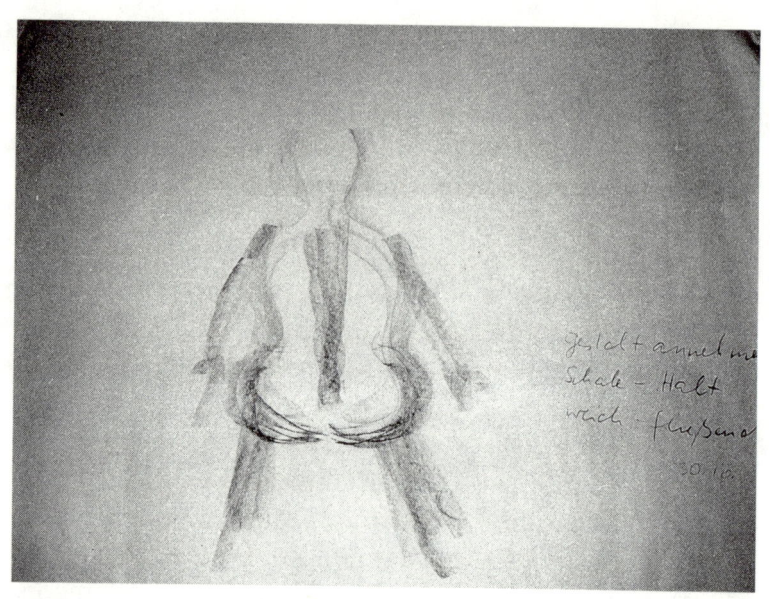

3. Gestalten mit Tonerde

a) Die Zentrierung kann am besten auf einer Dreh-
scheibe erfolgen, indem der Gast z. B. ein Gefäß zu
formen versucht. Er verspürt sich ebenfalls als „Gefäß". Die äußere Form spiegelt die innere „Gefaßt-
heit" wider.

b) Wenn aus einem Tonklumpen mit verschlossenen
Augen, wiederum „von innen" geführt, erkennbare
Gestalten entstehen, werden auch hier Inhalte des Unbewußten nach außen gebracht wie in der zweiten
Phase des Geführten Zeichnens. Ein Sich-Verhalten
zu diesen „Entdeckungen" wird möglich. Die verdrängten oder noch nicht bewußten Aspekte des Unbewußten werden so „hantierbar" – auch hier gibt es
wieder eine Entelechie: Die Reihenfolge, in der bio-

graphische, archetypische und karmische Inhalte auftauchen, ist zwar individuell, folgt aber den Gesetzmäßigkeiten des Individuationsprozesses.
c) Kristallines wird in Tongestalten nicht nur sichtbar
durch die Haltung, den Inhalt und die Form des Ge-
stalteten, sondern es ist auch, als ob das Material eine
andere Schwingung angenommen hätte, wie eine Art
„Durchgeistigung".

4. Träume

Die unterschiedlichen Stufen und die jeweiligen Übergänge sind ebenfalls deutlich in Träumen zu erkennen:
a) Wenn der oder die Träumende einer Herausforderung – z. B. ein Wasser zu überqueren, oder alleine einen Berg zu besteigen, oder sich von einer vorherr-
schenden Meinung zu distanzieren – (noch) nicht
gewachsen ist und sich der Aufgabe noch nicht stellt,
können das Indizien sein, daß die Vorbedingungen,
um in sich einen Individuationsprozeß sich vollziehen
zu lassen, noch nicht (ganz) erfüllt sind. Ein solches
Zögern ist von dem Begleiter ernst zu nehmen. Ein Begleiter sollte den Gast niemals zwingen, einen Weg zu
gehen, für den er oder sie noch nicht bereit ist, denn
dieser führt erst einmal in die Vereinzelung, und es
braucht eine Umorientierung der Werte und ein Hin-
horchen auf eine innere Stimme (der Stimme des
Selbst), wozu sicherlich nicht jeder bereit ist. Auch ist
die mühsame und zu schmerzhaften Selbsterkenntnis-
sen führende Schattenbereinigung nicht jedermanns
Sache.
Wie erwähnt, besteht die Begleitung bei Kindern
primär in der ersten Phase. Zwar sind auch hier pro-

zeßhafte Aspekte sowie Transzendenzerfahrung erkennbar, jedoch eher auf einer vorbewußten als auf einer bewußten Ebene, wobei das jeweilige Alter eine Rolle spielt. Auch bei sehr kleinen Kindern sind Erfolge in der Arbeit mit Ton, geführtem Zeichnen und Leibarbeit sichtbar.

Bei Psychosegefährdeten ist aufdeckende Arbeit in der Regel zu vermeiden. In der Therapie wird die erste, strukturbildende Phase betont. Träume können andeuten, daß das unbewußte Material, das durchzubrechen droht, seine „Kanäle" finden wird (vgl. den Traum einer Patientin von Marie-Louise von Franz).[8] In dem Fall ist prozeßhafte Arbeit angezeigt.

Der Traum eines ca. 55jährigen Mannes zeigt die Grenzen der Integrationsfähigkeit auf: Er befand sich mit seinen beiden Unterschenkeln im Wasser eines Teiches. Plötzlich erkannte er, daß Krokodile im Wasser waren. Sie bissen seine Füße blutig. Gelähmt vor Schreck war es ihm nicht möglich, seine Beine zurückzuziehen. Ein Mann half ihm aus dem Wasser heraus.

Wichtig war seine Bemerkung, nachdem er den Traum erzählt hatte, daß dieser Helfer in der Wirklichkeit gelähmt ist und sich im Rollstuhl fortbewegt. Meine Vermutung aufgrund des Traumes, daß dieser Bekannte seine Behinderung ziemlich gut verarbeitet hat, wurde vom Träumer bestätigt.

Wichtig in diesem Traum ist, daß der Mann nur oberflächlich verletzt wurde und mit Hilfe seines Bekannten (auch eine rettende *innere* Instanz) der Gefahr entkam. Trotzdem ist zu berücksichtigen, daß das Traum-Ich wie gefesselt und der Gefahr voll ausgesetzt war.

Aufgrund seiner Reaktionen in der Leibarbeit – er hatte Schwindelgefühle und alles wurde schwarz vor seinen Augen, als ich ihn länger an einer bestimmten

Stelle am Rücken berührte, wo Energien freikamen, die ihre „Kanäle" nicht fanden – beschloß ich, mich vor allem auf die erste Phase der Behandlung zu konzentrieren; auch vermutete ich, daß Kriegserfahrungen aus seinen ersten Kindheitsjahren noch nicht bewältigt waren. Der Traum bestärkte mich dann in der Auffassung, daß ein behutsames und prozeßvorbereitendes Vorgehen angezeigt war. Allerdings ist es natürlich hilfreich, wenn eine ganze Traumserie für die Diagnose zur Verfügung steht.

b) Wenn aber nun tatsächlich heldenhafte Ansätze in den Träumen beim Traum-Ich vorhanden sind, fängt der „Drachenkampf" an. Allmählich wird eine Brücke zum Unbewußten gebildet (Animaentfaltung), indem ungeliebte, verdrängte, z. T. minderwertige Seiten angeschaut, ausgehalten und transformiert werden. Der gesamte Prozeß der „Selbst"werdung wird in Träumen dargestellt, indem die Rückschritte und Fortschritte, die Stolpersteine und Wegzeichen symbolisiert (und z. T. personifiziert) werden.[6] Die Träume enthalten den für die betreffende Person roten Faden seines Prozesses.

Sich wiederholende Träume zeigen, daß ein bestimmtes Problem noch nicht gelöst ist. Fluchtreaktionen im Traum zeigen meistens einen Widerstand gegen die Integration an, und in der Regel enden solche Träume mit noch größeren Gefahren als am Traumanfang. Wenn der Träumer sich allerdings einer Herausforderung im Traum stellt, können sich interessante Wandlungen im Traum ergeben, und häufig reicht schon der Mut zur Konfrontation aus, um eine Situation im Traum (so wie häufig auch in der Realität) zu bewältigen und zu einem befriedigenden Ende zu führen. (Wenn es z. B. im Traum um einen Kampf geht, erübrigt sich dieser häufig, sobald das Traum-Ich den Mut aufbringt, sich ihm zu stellen.)

c) Träume, in denen der Träumer in der Lage ist
- unter Wasser zu atmen, ohne in Atemnot zu kommen, oder
- über das Wasser zu gehen, oder
- sich in die Luft zu erheben (ohne den Leib zu verlassen) deuten auf die Möglichkeit der Erfahrung des Kristalleibes hin – allerdings nur, wenn sie von einem befreienden und beglückenden, ja glückseligen Gefühl begleitet sind.

Ein Beispiel:
Ein ungefähr 30jähriger Familienvater träumt, er gehe einen Weg entlang. Er überquert ein Wasser und schaut von einer Brücke nach unten: Es befinden sich Krokodile in dem Teich. Er wirft eine Angel aus, an die Schnur klammert sich eine kleine Fee, die er aus dem Wasser herauszieht. Er streichelt ihre Flügel voller Bewunderung. Sie ermutigt ihn, ihre Flügel weniger zaghaft zu berühren, sie sei nicht so zerbrechlich. Dann fordert sie ihn auf, ins Wasser zu tauchen. Er folgt dieser Aufforderung. Zu seiner Überraschung sind in dem Teich keine Krokodile mehr. Sie haben sich in Delphine verwandelt! Er setzt sich auf den Rücken eines Delphins, schlingt seine Arme um seinen Hals und läßt sich von dem fröhlichen Tier fortziehen. Eine beglückende Reise mit vielen Kapriolen und schnellen Wendungen folgt. Eine üppige Unterwasserlandschaft entfaltet sich vor seinen Augen, mit vielen Pflanzen und fremdartigen Fischen.

Sein Begleittier bringt ihn zum Eingang einer Höhle ohne Wasser, in der es stockfinster ist. Am Hinterausgang der Höhle sind Stufen, die glitschig aussehen, es aber nicht sind, wider Erwarten kann er gut auf ihnen gehen.

Hier endet der Traum. Alle Entwicklungsetappen sind angedeutet:

ad a) Hätte er sich entschieden, seinen Weg einfach weiter zu verfolgen, und die Krokodile gar nicht zu beachten oder in Anbetracht dieser Untiere schnell weiterzulaufen, wäre die Schlußfolgerung wohl gewesen, daß ein gefahrvoller Initiationsweg nicht seine Sache sei.

Natürlich darf ein Begleiter eine solche Diagnose nicht bloß aufgrund eines Traumes stellen, sondern sollte Traumserien abwarten und die darin ersichtlichen Progressionen, Regressionen oder Stagnationen mit einbeziehen. Ebenfalls sei hier allerdings davor gewarnt, den ganzen Prozeß zu kausal, linear, hierarchisch und wertend zu betrachten. Die Konzepte Stufenweg, Phasen, Ebenen, Schichten etc. verführen geradezu dazu.[9]

Nein, diese Einteilungen entsprechen zwar den Bedürfnissen einer rationalen Betrachtungsweise, sind aber aus integraler Perspektive[10] relativiert. Aus dieser Bewußtseinsperspektive heraus ist nicht das unterscheidende, einteilende, differenzierende, dualistische Betrachten primär, sondern das Erkennen tieferer Sinnzusammenhänge und Erahnen der Ganzheit hinter den vordergründigen Gegensätzen. Auch Grof betonte dies in einer Diskussion mit Rütte-Mitarbeitern. Für Charles Tart ist die Gültigkeit wissenschaftlicher Aussagen ebenfalls von den Bewußtseinsebenen abhängig, von denen aus und über die Aussagen gemacht werden (state specific science).

Der Mann geht also nicht schnell weiter, sondern angelt in dem Teich. Ein Zeichen dafür, daß er daran interessiert ist, Inhalte aus dem Unbewußten „hochzuholen". Die kleine Fee, die ihn auffordert, ins Wasser zu springen, erfüllt die typische Animafunktion: Verbindung (Brücke) zwischen Bewußtsein und Unterbewußtem.

ad c) Vermutlich – auch hier-, weil er den Mut hat, hineinzutauchen, ist die Gefahr erst einmal gewichen. Eine Erfahrung der Transzendenz erfolgt, als er sich mit den Delphinen vergnügt (er verweilt unter Wasser, ohne in Atemnot zu geraten).

ad b) Aber dann wird er am Eingang eines dunklen Tunnels abgesetzt: Hier fängt der Prozeß an, die „Nachtmeerfahrt". Wie so häufig steht die Seinserfahrung hier im Traum am Anfang des angedeuteten Weges. Damit ist die Zielrichtung vorgegeben und die Motivation für die Verinnerlichung geweckt.

Zum Schluß der Traum eines jungen Arztes, der den Übergang von einer rationalen zu einer transpersonalen Betrachtungsweise illustriert. Die Begleitung wird sich deswegen abwechselnd auf die prozeßhafte und auf die Transzendenzphase konzentrieren.

„Ich gehe eine Straße entlang, die neben der meiner ehemaligen Schule liegt. Die Straße ist ruhig, so daß ich mitten auf dem Pflaster gehen kann. In einiger Entfernung sehe ich eine alte Frau mit einem kleinen, etwa 4jährigen Mädchen auf mich zukommen. Die Frau führt das Kind an der Hand und muß es immer wieder ein bißchen mit sich mitziehen, denn es schaut wie geistesabwesend in die Hecken und auf die Rasenanlagen vor dem Schulgebäude. Je mehr ich mich den beiden nähere, um so deutlicher höre ich eine wunderbare Musik, wie Orgelmusik, von einer übernatürlichen Harmonie und Schönheit.

Ich sehe mich um, um herauszufinden, aus welchem

Haus, aus welchem offenen Fenster die Musik kommt. Doch zu meinem großen Erstaunen stelle ich fest, daß das kleine Mädchen die Musik spielt! Ich erkenne, wie es mit seinen kleinen Fingerchen in der Hand der Großmutter spielt und damit die Töne hervorruft! Ich bin überwaltigt. Schnell nähere ich mich den beiden, und stelle mich vor sie hin.

Zuerst kann ich gar nichts sagen und bin unsicher, ob ich die beiden überhaupt ansprechen soll. Die Großmutter schaut mich fragend, fast etwas feindselig an, als wolle sie wissen, was ich denn eigentlich von ihr wolle. So frage ich stammelnd: „Wie macht die Kleine das denn?"

Die Großmutter schaut verständnislos, während das Kind immer noch geistesabwesend zur Seite blickt. „Ja, mit der Musik, sie macht doch diese Musik." Die Großmutter schaut mich an. Ich erkläre ihr, die sie offensichtlich diese Töne gar nicht hört, was das kleine Mädchen macht.

„So?", wendet sich die alte Frau an die Kleine, „mach das nochmal, zeig mal, was du da machst!"

Das Mädchen erwacht aus seinem Zustand und die Musik bricht ab. „Zeig mal wie du Musik machst! Komm, spiel mal die Musik." Die Großmutter bedrängt das Kind, es kommt mir so vor, als wolle sie es „vorführen"; zeigen, was es alles kann.

Das Kind blickt die Großmutter verständnislos und traurig an, als wolle es sagen: „Du weißt doch, das geht so nicht!" Schließlich bewegt es erneut die kleinen Fingerchen in der Hand der Alten. Doch die Bewegungen sind ungelenk, nicht mehr so verspielt wie zuvor. Die Töne, die sie damit hervorruft, sind schräg und disharmonisch."

Es ist bedrückend zu sehen, wie das fixierende Bewußtsein das numinos geladene Wirklichkeitserleben des Kindes stört (vom Traum-Ich) oder zerstört (von der Großmutter), und das Kind aus dieser Wunderwelt herausfällt. Ähnlich ist es ihm in seiner Kindheit ergangen. Nur sehr mühsam und meistens nur in seltenen Augenblicken wird in der Regel dieses Einheitserleben auf bewußter Ebene wieder erreicht, als Frucht der Überwindung des Egos.

Ob diese Rückbindung an eine andere Dimension notwendigerweise wieder verloren gehen muß, um ein gesundes und tatkräftiges Ich zu entwickeln, das sich in der Welt behaupten kann, ist eine wichtige Frage mit pädagogischen Implikationen.

Bei einigen jungen Erwachsenen habe ich festgestellt, daß die Möglichkeit, die Welt in ihrem wundersamen Licht wahrzunehmen, nie ganz verlorengegangen ist. Das Aushaltenkönnen des Numinosen hat die Entwicklung überdauert.

Bei jenen Menschen sind z. B. die Flugträume (s.o.) nie ganz verschwunden. Diese Träume werden vielfach fälschlich als ein mangelnder Kontakt zur Erde gedeutet. Meiner Meinung nach ist eine gute „Erdung" Voraussetzung für solche befreiende Träume.

Dieses „Hinüberretten"-können jener „Rückbindung" kann häufig nicht als narzißtische Tendenz, als Regression in ozeanische Gefühle, als Weltflucht oder Realitätsvermeidung gedeutet werden. Auch ist es kein Ausweichen vor einer Schattenbegegnung in ein einseitiges „Himmeln". Diese Zugänglichkeit zu einer transzendenten Ebene motiviert geradezu zur Prozeßarbeit.

Der Traum zeigt, wie die Möglichkeit der Erfahrung einer kristallinen Wirklichkeit diesem Mann näher kommt, wenn er negative Aspekte der „Großen Mutter"[11] und eine zu rationale Haltung überwindet. Übrigens hat er vermutlich – so deutet der Traum an – nicht nur eine musische sodern auch eine leibtherapeutische Begabung.

5. Die Meditation

Die Meditation ist, strikt genommen, kein therapeutisches Medium, sondern ein Exercitium. Auch in der Meditation gibt es am Anfang eine Zentrierungsphase: die Konzentration auf den Bauch-Beckenraum (Hara) und die Beachtung des Atems.

Wenn dann die Aufmerksamkeit, geführt durch das „Selbst", zu anderen Stellen im Leib hinwandert, sind das jene Stellen, die idealerweise auch in der Leibtherapie behandelt werden. Auch die Themen, die in Zeichnungen und Träumen manifestiert werden, drängen ans Bewußtsein.

Wenn es nicht mehr notwendig ist, sich auf etwas Bestimmtes zu konzentrieren, ist das gegenständliche Bewußtsein transzendiert und der Meditierende geht ein in eine „reine Leere", die gleichzeitig als Fülle erlebt wird.

Literatur

1) *Karlfried Graf Dürckheim*, Von der Erfahrung der Transzendenz, Freiburg 1984.
2) *Erich Neumann*, Ursprungsgeschichte des Bewußtseins, München 1974.
3) Nachwort von Karlfried Graf Dürckheim in: *Erika Albrecht*, Meister Eckharts Sieben Grade des Schauenden Lebens, Aachen 1987, S. 89.
4) *Karlfried Graf Dürckheim*, Meditieren wozu und wie, Freiburg 1976.
5) *Rüdiger Müller*, Wandlung zur Ganzheit, Freiburg 1981.
6) *Jolande Jacobi*, Die Psychologie von C. G. Jung, Olten 1971.
7) *Pieter Loomans* (Hrsg.), Opus Magnum, Stuttgart 1991, S. 162–181.
8) *Marie-Louise von Franz*, Die heilende Funktion der transpersonalen Psyche nach C. G. Jung, in: *Edith Zundel, Bernd Fittkau* (Hrsg.), Spirituelle Wege und Transpersonale Psychotherapie, Paderborn 1989, S. 270.
9) *Ken Wilber*, Halbzeit der Evolution, München 1984.
10) *Jean Paul Gebser*, Ursprung und Gegenwart, Teil 2, Schaffhausen 1978.
11) *Erich Neumann*, Die große Mutter, Olten 1983.

Stanislav Grof

Das Heilungspotential außergewöhnlicher Bewußtseinszustände. Beobachtungen aus der psychedelischen und holotropen Therapie

Dieser Artikel faßt Erfahrungen und Beobachtungen über die Natur der menschlichen Psyche und ihr Heilungspotential zusammen, die ich in fünfunddreißig Jahren der Erforschung außer-gewöhnlicher Bewußtseinszustände gesammelt habe.*
Diese Zustände werden charakterisiert durch auffallende veränderte Sinneswahrnehmungen, intensive und oft ungewöhnliche Emotionen, tiefgreifende Veränderungen in den Denkprozessen, sowie durch eine Vielfalt psychosomatischer Manifestationen des Verhaltens. In dieser Darstellung werde ich meinen Focus etwas verengen und eine große und wichtige Untergruppe von NOSC erörtern, die ich *holotrop* nennen werde (wörtlich „ganzheitlich orientiert", aus dem griechischen *holos* = ganz und *trepein* = „sich bewegen in Richtung ...") (Grof, 1992).

---

* Anm. d. Übers.: Der Autor verwendet für diese Zustände die englischsprachige Kürzel NOSC „non-ordinary states of consciousness", die der Einfachheit halber im deutschen Text beibehalten wird.

Holotrope Bewußtseinszustände

Bei holotropen Bewußtseinszuständen wandelt sich das Bewußtsein qualitativ auf fundamentale Weise, ist jedoch nicht erheblich beeinträchtigt. Das unterscheidet sie von trivialen Delirien, die Traumata, Vergiftungen durch allerlei Substanzen, Infektionen oder degenerative und vom Blutkreislauf bestimmte Prozesse im Gehirn begleiten. Menschen, die an deliriösen Zuständen leiden, sind auf typische Weise desorientiert, wissen nicht, wer und wo sie sind und welches Jahr es ist. Sie erleiden eine Störung intellektueller Funktionen und eine damit zusammenhängende Amnesie.

In holotropen Bewußtseinszuständen sind alle diese Funktionen intakt. Außerdem ist der Inhalt holotroper Erfahrungen oft spiritueller oder mystischer Art. Dazu gehören Sequenzen von psychischem Tod und Wiedergeburt sowie ein breites Spektrum transpersonaler Phänomene, darunter Gefühle des Einsseins mit anderen Menschen, mit der Natur, dem Universum und Gott, auch Erfahrungen aus vergangenen Leben und Visionen archetypischer Wesen und mythologischer Landschaften, wie sie von C. G. Jung beschrieben wurden.

Holotrope Bewußtseinszustände haben viele unterschiedliche Formen und entstehen unter sehr unterschiedlichen Umständen. Alte und ursprüngliche Kulturen haben bewußtseinsverändernde Techniken entwickelt, die auf verschiedenartige Weise Gesänge, Atmung, Trommeln, rhythmische Tänze, Fasten, soziale und sensorische Isolierung, extremen körperlichen Schmerz und sonstige Elemente kombinieren. Sie wurden im Kontext schamanischer Prozeduren verwendet, bei Heilungszeremonien und Sterberitualen, machtvollen Ritualen anläßlich bedeutungsvoller biologischer und sozialer Übergangsstadien wie Beschneidung, Pubertät, Heirat oder Geburt eines Kindes. Viele Kulturen haben für diese Zwecke psychedelische Pflanzen verwendet. Die bekanntesten sind verschiedene Hanfarten, der mexikanische Peyote-Kaktus und Psilocybe-Pilze, der Yagé-Lianensaft aus dem Regenwald des Amazonas und der afrikanische Eboga-Strauch.

Weitere wichtige Auslöser holotroper Erfahrungen sind verschiedene Formen systematischer spiritueller Praktiken, darunter Meditation, Konzentration, Atemtechniken und Bewegungsübungen, wie sie bei verschiedenen Systemen von Yoga, Vipassana oder Zen Buddhismus, tibetischem Vajrayana, Taoismus, christlicher Mystik, Sufismus oder Kabbala verwendet werden. Hierher gehören auch Techniken, die in uralten Mysterien von Tod und Wiedergeburt praktiziert wurden, beispielsweise bei den ägyptischen Tempelinitiationen von Isis und Osiris und den griechischen Bacchanalien, den Riten von Attis und Adonis oder den eleusischen Mysterien. Die spezifischen Einzelheiten dieser geheimen Riten sind überwiegend unbekannt, jeodch spielten psychedelische Präparate dabei wahrscheinlich eine wichtige Rolle. (Wasson, Hofmann und Ruck, 1978).

Zu den modernen Mitteln, die holotrope Bewußtseinszustände auslösen, gehören psychedelische Substanzen, die aus Pflanzen isoliert oder in Labors synthetisch hergestellt werden, ferner starke experimentelle Formen der Psychotherapie wie etwa Hypnose, Primärtherapie, Rebirthing oder Holotropes Atmen. Es gibt auch sehr wirksame Labortechniken zur Bewußtseinsveränderung. Eine davon ist die sensorische Isolation.

Diese extreme Form beraubt das Individuum der Einwirkung von Sinneseinflüssen durch Eintauchen in einen dunklen und schalldichten Tank, der mit körperwarmem Wasser gefüllt ist. Eine andere wohlbekannte Labormethode ist Biofeedback. Dabei wird die betreffende Person mit Hilfe elektronischer feedback-Signale in außergewöhnliche Bewußtseinszustände versetzt, bei denen spezielle Frequenzen von Gehirnwellen überwiegen.

Wichtig ist, daß Episoden von NOSC unterschiedlicher Dauer auch spontan auftreten können, ohne speziell identifizierbare Ursache und oft gegen den Willen der Betroffenen. Da die moderne Psychiatrie nicht zwischen mystischen oder spirituellen Zuständen und Geisteskrankheiten differenziert, werden Personen, die diese Zustände erleben, oft als geisteskrank bezeichnet, in Sanatorien gesteckt und dort routinemäßig mit Psychopharmaka behandelt, die diese Symptome unterdrücken. Meine Frau und ich bezeichnen diese Zustände als *spirituelle Notfälle oder psychospirituelle Krisen* und glauben, daß sie bei angemessener Behandlung und Unterstützung zu emotionaler und psychosomatischer Heilung, zu positiver Persönlichkeitswandlung und Bewußtseinsevolution führen können (Grof und Grof, 1989, 1990).

Obwohl ich an allen erwähnten Kategorien von NOSC sehr interessiert bin, habe ich vor allem mit psychedelischer Therapie, holotropen und spirituellen Notfällen gearbeitet. Dieser Artikel beruht überwiegend auf meinen Beobachtungen auf diesen drei Gebieten, auf denen ich die meisten persönlichen Erfahrungen habe. Doch sind meine allgemeinen Schlußfolgerungen auf alle Situationen anwendbar, in denen holotrope Zustände auftreten.

162

Holotrope Zustände in der Geschichte der Psychiatrie

Es ist erwähnenswert, daß die Geschichte der Tiefenpsychologie und Psychotherapie aufs engste mit dem
Studium der NOSC-Experimente von Franz Mesmer
mit „animalem Magnetismus" verknüpft sind, mit
Hypnosesitzungen, die Jean Martin Charcot in Paris
mit hysterischen Patienten abhielt, sowie mit der Hyp-
noseforschung, die in Nancy von Hippolyte Bernheim
und Ambroise Auguste Liébault betrieben wurde. Sigmund Freuds Frühwerk wurde von seiner Arbeit mit
einer Klientin (Frl. Anna O.) inspiriert, die spontane
Episoden außergewöhnlicher Bewußtseinszustände erlebte. Freud bediente sich anfangs auch der Hypnose,
um Zugang zum Unbewußten seiner Patienten zu erhalten, bevor er seine Strategien radikal änderte.
Rückblickend ist zu bedauern, daß er die Schwerpunkte von der unmittelbaren Erfahrung zur freien
Assoziation, vom aktuellen Trauma zu ödipalen
Phantasien und vom bewußten Wiedererleben und
emotionalen Abreagieren unbewußten Materials zu
Übertragungsdynamiken verlagerte. Das lenkte die
westliche Psychotherapie für die nächsten fünfzig
Jahre in die falsche Richtung (Ross, 1989).

Als Ergebnis dieser Entwicklung war die Psychotherapie in der ersten Hälfte unseres Jahrhunderts praktisch synonym mit Gesprächen unter vier Augen,
freien Assoziationen auf der Couch und mit behavioris-
tischem Entkonditionieren. Aus dem gleichen Grunde
assoziiert man NOSC mit Pathologie statt mit Heilen.
Diese Situation begann sich in den 1950er Jahren zu
ändern, mit dem Aufkommen der psychedelischen
Therapie und neuen Entwicklungen in der Psychologie. Eine von Abraham Maslow angeführte Gruppe

amerikanischer Psychologen, unzufrieden mit dem Behaviorismus und der freudschen Psychoanalyse, setzte eine revolutionäre Bewegung in Gang – die humanistische Psychologie. Sie wurde innerhalb kurzer Zeit sehr populär und lieferte den Kontext für ein breites Spektrum neuer Therapien.

Während die traditionellen Psychotherapien sich hauptsächlich verbaler Mittel und intellektueller Analyse bedienten, betonten diese neuen, sogenannten empirischen Therapien die unmittelbare Erfahrung und das Ausdrücken von Gefühlen und nutzten verschiedene Formen von Körperarbeit als einen integralen Teil des Prozesses. Der vermutlich repräsentativste dieser neuen Wege ist Fritz Perls Gestalttherapie. Doch verlassen sich die meisten empirischen Therapien noch großenteils auf verbale Kommunikation und verlangen, daß der Klient seinen normalen Bewußtseinszustand beibehält. Die radikalsten Erneuerungen im therapeutischen Bereich sind also Methoden, die so kraftvoll sind, daß sie den Bewußtseinszustand zutiefst verändern, beispielsweise psychedelische Therapie, holotropes Atmen, Primärtherapie, Wiedergeburtserfahrung und andere mehr. Diese letztgenannte Kategorie von Psychotherapien ist es, die uns in diesem Kontext interessiert.

Lassen wir einmal die kurze Periode um die Jahrhundertwende außer Betracht, dann stellt die therapeutische Nutzung von NOSC die neueste Entwicklung in der westlichen Psychotherapie dar. Paradoxerweise ist sie jedoch auch die älteste Form des Heilens und läßt sich bis in die Frühzeit der menschlichen Geschichte zurückverfolgen. Genau genommen ist es eine Wiederentdeckung und moderne Umformulierung von Elementen und Prinzipien, die von Historikern und Anthropologen dokumentiert wurde, welche die geheiligten Mysterien von Tod und Wiedergeburt, Sterberiten und alten und urzeitlichen Formen von Geistheilung studiert haben, vor allem verschiedene schamanische Verfahren.

Der Schamanismus ist die älteste Religion und Heilkunst der Menschheit, mit Wurzeln, die bis in die Steinzeit zurückreichen. Unter den wunderschönen Abbildungen von Urtieren, die an die Wände der großen Höhlen in Südfrankreich und Nordspanien gemalt oder eingeritzt wurden, etwa in Lascaux, Font de Gaume, Les Trois Frères und Altamira, befinden sich auch Gestalten, die zweifellos einstige Schamanen darstellen. In einigen Höhlen fand man kreisförmig angeordnete Fußspuren, aus denen man schließen kann, daß die Höhlenbewohner dort Tänze vollführt haben, die denen ähneln, die noch heute von einigen urtümlichen Kulturen zur Einleitung von Trance genutzt werden. Der Schamanismus ist nicht nur uralt, sondern auch universal. Man trifft ihn in Nord- und Südamerika, in Europa, Afrika, Asien, Australien und Polynesien an.

Die Tatsache, daß so viele unterschiedliche Kulturen im Verlauf der Menschheitsgeschichte schamanische Techniken für nützlich und relevant gehalten haben, läßt vermuten, daß diese sich an den ‚Urgeist' wenden, einen grundlegenden und primordialen Aspekt der menschlichen Psyche, der Rasse, Kultur und Zeit transzendiert. Mit Ausnahme der westlichen industriellen Zivilisation haben alle Kulturen NOSC hoch geschätzt und viel Zeit und Mühe zur Entwicklung verschiedener Wege verwandt, diesen Zustand auszulösen. Sie nutzten ihn zur Kontaktaufnahme mit Gottheiten, anderen Dimensionen der Wirklichkeit und den Kräften der Natur zum Heilen, zum Kultivieren außersinnlicher

Wahrnehmungen und für künstlerische Inspirationen. Vorindustrielle Kulturen verknüpften Heilen stets mit NOSC entweder beim Klienten, beim Heiler oder beiden gleichzeitig. In vielen Fällen tritt eine große Gruppe oder sogar ein ganzer Stamm in einen NOSC ein. Das ist zum Beispiel bei den Kung-Buschmännern in der afrikanischen Kalahari-Wüste der Fall.

In der Vergangenheit haben die westliche Psychiatrie und Psychologie NOSC (Träume ausgenommen) nicht als potentielle Quellen des Heilens oder als wertvolle Informationen über die menschliche Psyche angesehen, sondern grundsätzlich als pathologische Phänomene. Die traditionelle Psychiatrie neigt dazu, unterschiedslos „pathologische Etiketten" anzuheften und Medikamente zu verschreiben, die die Symptome unterdrücken, wann immer diese Zustände spontan auftreten. Michael Harner, ein Anthropologe von hohem akademischem Ansehen, hat während seiner Feldarbeit im Regenwald des Amazonas auch eine schamanische Initiation erhalten. Er ist der Ansicht, die westliche Psychiatrie sei mindestens zwei bedeutsamen Vorurteilen verhaftet:

Sie ist *ethnozentrisch*, weil sie ihre eigene Sicht der menschlichen Psyche und der Wirklichkeit für die einzig richtige und allen anderen überlegene hält. Und sie ist *kognizentrisch* (besser wäre wohl der Ausdruck ‚pragmazentrisch'), weil sie nur Erfahrungen und Beobachtungen im gewöhnlichen Bewußtseinszustand berücksichtigt (Harner, 1980). Ihr Desinteresse an holotropen Zuständen und deren Nichtbeachtung hat zu einer kulturell unsensiblen Methode und der Neigung geführt, alle Aktivitäten für pathologisch zu halten, die nicht aus ihrem eigenen engen Kontext verstanden werden können. Dazu gehören auch das rituelle und spirituelle Leben der alten und vorindustriellen Kulturen sowie die gesamte spirituelle Menschheitsgeschichte.

Implikationen der modernen Bewußtseinsforschung für die Psychiatrie

Das systematische Studium der mit NOSC oder, spezifischer gesagt, mit holotropen Zuständen verbundenen Erfahrungen und Beobachtungen führt unweigerlich zu einer radikalen Revision unserer grundlegenden Ideen über das Bewußtsein und die menschliche Psyche sowie zu einer völlig neuen Psychiatrie, Psychologie und Psychotherapie. Die Veränderungen, die wir in unserem Denken vornehmen müßten, gliedern sich in mehrere große Kategorien:

1. *Die Natur der menschlichen Psyche und die Dimensionen des Bewußtseins.* Die traditionelle akademische Psychiatrie und Psychologie verwendet ein Modell, das auf Biologie, postnatale Biographie und das Freudsche individuelle Unbewußte beschränkt ist. Es muß erheblich ausgeweitet und eine neue Kartographie der Psyche geschaffen werden, um alle bei NOSC auftretenden Phänomene beschreiben zu können.

2. *Natur und Architektur emotionaler und psychosomatischer Störungen* (oder was traditionell als psychogene Psychopathologie bezeichnet wird). Die traditionelle Psychiatrie bedient sich eines Erklärungsmodells, das auf Biologie und biographische Traumata aus der Zeit des Kleinkindes, der Kindheit und des späteren Lebens beschränkt ist. Nach dem neuen Verständnis müssen zusätzliche Bereiche der Psyche als potentielle Quellen emotionaler Probleme einbezogen wer-

den. Sie sind transbiographischer und transpersonaler Natur.

3. *Therapeutische Mechanismen und der Heilungsprozeß.* Die traditionelle Psychotherapie kennt nur therapeutische Mechanismen, die auf der Ebene biographischen Materials funktionieren – Erinnerung an vergessene Geschehnisse, Aufhebung von Verdrängung, Rekonstruktion der Vergangenheit aus Träumen, Wiedererleben traumatischer Erinnerungen, Analyse von Übertragungen, usw. Die Arbeit mit NOSC offenbart viele wichtige zusätzliche Mechanismen des Heilens und der Persönlichkeitsumwandlung, die in Bereichen jenseits der Biographie wirksam sind.

4. *Strategie von Psychotherapie und Selbsterforschung.* Ziel der traditionellen Psychotherapien ist es, intellektuell zu begreifen, wie die Psyche funktioniert und warum Symptome sich entwickeln. Aus diesem Verständnis soll dann eine Strategie abgeleitet werden, wie die Patienten in Ordnung gebracht werden können. Ein ernsthaftes Problem dieser Strategie ist der verblüffende Mangel an Übereinstimmung zwischen Psychologen und Psychiatern über diese fundamentalen Fragen, was zu einer erstaunlichen Anzahl miteinander konkurrierender Schulen der Psychotherapie führt. Die Arbeit mit holotropen Zuständen zeigt eine überraschende Alternative und einen Ausweg aus dieser Konfusion, den ich später erörtern werde.

5. *Die Rolle der Spiritualität im menschlichen Leben.* Die westliche materialistische Naturwissenschaft hat keinen Platz für irgendwelche Formen von Spiritualität und hält sie für unvereinbar mit der naturwissenschaftlichen Weltanschauung. Die moderne Bewußtseinsforschung zeigt, daß Spiritualität eine natürliche und legitime Dimension der menschlichen Psyche und

des universalen Schemas allen Seins ist. In diesem Kontext ist es wichtig, Spiritualität von Religion zu unterscheiden.

6. *Die Natur der Wirklichkeit.* Die von mir bisher erörterten Veränderungen bezogen sich auf Theorie und Praxis von Psychiatrie, Psychologie und Psychotherapie. Doch stellt uns die Arbeit mit NOSC vor Herausforderungen von viel fundamentalerer Natur. Viele Erfahrungen und Beobachtungen im Rahmen dieser Arbeit sind so außergewöhnlich, daß sie nicht im Kontext des materialistischen Paradigmas von Newton und Descartes verstanden werden können und die grundlegendsten Annahmen des gesamten Gebäudes westlicher Naturwissenschaft unterminieren.

Die Natur der menschlichen Psyche und die Dimensionen des Bewußtseins

Die bei der modernen Bewußtseinsforschung beobachteten Phänomene lassen sich nicht aus einem Modell erklären, das auf postnatale Biographie und das Freudsche individuelle Unbewußte beschränkt ist. Die Dimensionen der menschlichen Psyche sind unendlich umfassender als die akademische Psychologie uns glauben machen will. Bei den Bemühungen, die Erfahrungen und Beobachtungen aus NOSC zu erklären, habe ich selbst eine Kartographie oder ein Modell der Psyche vorgeschlagen, das zusätzlich zur üblichen biographischen Ebene zwei transbiographische Bereiche einbezieht:

Den *perinatalen Bereich*, der sich auf das Trauma der biologischen Geburt bezieht, und den *transpersonalen Bereich*, der folgende Phänomene erklärt: erfahrungs-

169

mäßige Identifizierung mit anderen Menschen oder mit Tieren, Visionen archetypischer und mythologischer Wesen und Bereiche, aus Urzeiten ererbte rassische und karmische Erlebnisse, sowie Identifizierung mit dem Universalen GEIST oder der LEERE. Solche Erfahrungen wurden zu allen Zeiten in der religiösen, mystischen und okkulten Literatur beschrieben.

Postnatale Biographie und das individuelle Unbewußte
Die biographische Ebene der Psyche bedarf keiner großen Diskussion, da sie aus der traditionellen Psychologie und Psychotherapie gut bekannt ist. Tatsächlich ist es das, womit sich die traditionelle dynamische Psychotherapie insgesamt befaßt. Doch bestehen zwei wichtige Unterschiede zwischen der Erforschung dieses Bereiches durch verbale Psychotherapie und den Methoden, die sich der NOSC bedienen. Der erste ist der, daß man emotional bedeutsame Geschehnisse nicht einfach erinnert oder sie aus Träumen, Versprechern oder verzerrten Übertragungen rekonstruiert, sondern daß man die ursprünglichen Emotionen, physischen Empfindungen und sogar sinnlichen Wahrnehmungen in voller Altersregression erlebt.

Das bedeutet, daß man beim Wiedererleben eines wichtigen Traumas aus der Zeit als Kleinkind oder der Kindheit tatsächlich die körperliche Erscheinung, die naive Wahrnehmung der Welt, die Empfindungen und Gefühle so erlebt, wie im damaligen Alter. Die Authentizität dieser Regression wird noch durch die Tatsache unterstützt, daß die Falten in den Gesichtern jener Menschen vorübergehend verschwinden, was ihnen einen infantilen Ausdruck verleiht. Ihre Körperhaltung und Gesten werden kindlich, und ihre neurologischen

Reflexe sind charakteristisch für Kinder (z. B. Daumenlutschen und der Babinski-Reflex).

Der zweite Unterschied zwischen der Arbeit mit dem biographischen Material bei NOSC und der verbalen Psychotherapie besteht darin, daß man die Patienten nicht mit den aus den Handbüchern der Psychologie bekannten Psychotraumata konfrontiert, sondern daß sie Traumata wiedererleben und integrieren müssen, die primär physischer Natur waren. Viele Menschen müssen Erfahrungen verarbeiten, wie sie beinahe ertrinken, operiert werden, Unfälle und Kinderkrankheiten erleiden, vor allem solche, die mit Erstickung assoziiert werden wie bei Diphterie, Keuchhusten oder Einatmen fremder Objekte.

Dieses Material taucht ganz spontan und unprogrammiert auf. Sobald es an die Oberfläche gelangt, erkennen die Menschen, daß diese Traumata tatsächlich eine bedeutsame Rolle bei der Psychogenese ihrer emotionalen und psychosomatischen Probleme gespielt haben – beispielsweise Asthma, migräneartigen Kopfschmerzen, eine Vielzahl psychosomatischer Schmerzen, Phobien, sadomasochistische Neigungen oder Depressionen und Suizidanfälligkeit. Das Wiedererleben solcher traumatischer Erinnerungen und ihre Integration können sehr weitreichende therapeutische Konsequenzen haben. Hier besteht ein scharfer Gegensatz zur Haltung der akademischen Psychiatrie und Psychologie, die beide die unmittelbaren psychotraumatischen Auswirkungen physischer Traumata nicht anerkennen.

Es scheint angebracht, in diesem Kontext ein sehr wichtiges und verblüffendes Charakteristikum der NOSC zu betonen, das für die Psychotherapie von unschätzbarem Wert ist. Diese Zustände neigen dazu, so etwas wie ein ‚inneres Radar' in Gang zu setzen, das automatisch alle jene Inhalte aus dem Unbewußten ins Bewußtsein holt, die am stärksten gefühlsgeladen und in dem Augenblick psychodynamisch am bedeutungsvollsten sind. Im Vergleich mit der verbalen Psychotherapie, bei der der Klient ein breites Spektrum von Informationen verschiedener Art präsentiert und der Therapeut entscheiden muß, was davon wichtig oder irrelevant ist, wo der Klient blockiert usw., stellt dies einen erheblichen Vorteil dar.

Da zwischen den verschiedenen Schulen keine allgemeine Übereinstimmung über grundlegende theoretische Fragen besteht, werden solche Schlußfolgerungen stets die persönliche Vorliebe des Therapeuten wie auch die spezifischen Anschauungen seiner/ihrer Schule reflektieren. Der NOSC bewahrt den Therapeuten vor solchen schwierigen Entscheidungen und eliminiert die Subjektivität und professionelle Idiosynkrasie der verbalen Methoden. Beim oben genannten Beispiel entdeckt das ‚innere Radar' auf biographischer Ebene oft stark gefühlsgeladene Erinnerungen an physische Traumata und holt sie zur bewußten Integration an die Oberfläche. Diese automatische Selektion relevanter Themen lenkt den Prozeß auch spontan zu den perinatalen und transpersonalen Ebenen der Psyche. Diese beiden transbiographischen Ebenen werden von der akademischen Psychiatrie und Psychologie nicht anerkannt.

Die perinatale Ebene des Unbewußten
Das unmittelbar jenseits des erinnerbaren biographischen Bereichs liegende Feld der Psyche scheint enge Verbindungen zum Beginn und zum Ende des Lebens, zu Geburt und Tod zu haben. Viele Menschen identifi-

zieren Erfahrungen, die in dieser Ebene wurzeln, als Wiedererleben des biologischen Geburtstraumas. Das wird im Begriff *perinatal* reflektiert, den ich für diese Ebene der Psyche vorgeschlagen habe. Es ist ein griechisch-lateinisch zusammengesetztes Wort, bei dem die Vorsilbe *peri* die Bedeutung ‚nahe‘ oder ‚um ... herum‘ hat und die Wurzel *natalis* so viel heißt wie ‚mit der Geburt eines Kindes zusammenhängend‘.

Dieses Wort beschreibt gemeinhin in der medizinischen Wissenschaft verschiedene biologische Vorgänge, die kurz vor, während und unmittelbar nach der Geburt geschehen. So spricht zum Beispiel der Geburtshelfer von perinatalen Blutungen, Infektionen oder perinataler Gehirnschädigung. Da die traditionelle Medizin jedoch leugnet, daß das Kind die Geburt bewußt erleben kann, und behauptet, dieses Geschehen werde vom Gedächtnis nicht aufgezeichnet, hat man noch nie etwas von perinatalen Erfahrungen gehört. Daher reflektiert der Gebrauch des Begriffs perinatal in Verbindung mit Bewußtsein meine eigenen Forschungsergebnisse und ist völlig neu (Grof, 1975).

Menschen, die bei ihrer eigenen inneren Erkundung diese Ebene erreichen, erlangen Emotionen und physische Empfindungen von extremer Intensität, die oft alles übertreffen, was für menschlich möglich gehalten wird. Wie ich schon erwähnt habe, repräsentieren diese Erfahrungen eine recht seltsame Mischung und Kombination zweier kritischer Aspekte des menschlichen Lebens – Geburt und Tod. Sie enthalten ein Gespür für eine ernsthafte lebensbedrohende Beschränkung und ein verzweifeltes und entschlossenes Ringen, sich davon zu befreien und zu überleben. Die intime Verbindung zwischen Geburt und Tod auf perinataler Ebene reflektiert die Tatsache, daß die Geburt potentiell ein lebensgefährliches Geschehen ist. Im Laufe dieses Prozesses können Kind und Mutter tatsächlich ihr Leben verlieren. Kinder können blau vor Atemnot oder sogar tot geboren werden.

Wie der Name besagt, ist das Wiedererleben verschiedener Aspekte des biologischen Geburtsvorganges ein wichtiger Kern perinataler Erfahrungen. Dazu gehören oft fotografisch genaue Einzelheiten, selbst bei Menschen, die kein intellektuelles Wissen von den Umständen ihrer Geburt haben. Das Wiedererleben der ursprünglichen Geburtssituation kann sehr überzeugend sein. So können wir zum Beispiel durch unmittelbare Erfahrung herausfinden, daß wir eine Steißgeburt hatten, daß während der Entbindung eine Geburtszange benutzt wurde, oder daß wir mit der Nabelschnur um den Hals geboren wurden. Wir können die Angst spüren, die biologische Wut, den körperlichen Schmerz und die mit diesem erschreckenden Geschehen verbundene Erstickungsnot. Ja, wir können sogar die bei der Geburt angewendete Art der Anästhesie genau erkennen.

Das wird oft von verschiedenartigen physischen Manifestationen begleitet, die ein Außenstehender beobachten kann. Die Haltung und Bewegungen des Körpers, der Arme und Beine sowie die Drehungen, Neigungen und Beugungen des Kopfes können haargenau die Mechanik einer besonderen Art des Gebärens wiedererschaffen, selbst bei Menschen ohne elementare Kenntnis der Geburtshilfe. Beulen, Schwellungen und sonstige Veränderungen der Gefäße können unerwartet an den Stellen der Haut auftreten, an denen die Geburtszange angesetzt worden war, wo die Wand des Geburtskanals auf den Kopf drückte oder die Nabelschnur die Kehle verengte. Alle diese Einzelheiten lassen sich bestätigen, wenn gute Aufzeichnungen über die Geburt oder zuverlässige persönliche Zeugen zur Verfügung stehen.

Das Spektrum perinataler Erfahrungen ist jedoch nicht auf Elemente beschränkt, die aus den mit der Geburt zusammenhängenden biologischen Vorgängen abgeleitet werden können. Die perinatale Domaine der Psyche repräsentiert auch einen wichtigen Zugang zum kollektiven Unbewußten im Sinne von Jung. Die Identifizierung mit dem Baby, das die Qual des Pressens durch den Geburtskanal erleiden muß, scheint Zugang zu Erfahrungen zu gestatten, in die Menschen aus anderen Zeiten und Kulturen, verschiedene Tiere und sogar mythologische Gestalten einbezogen sind. Es ist so, als erreiche man durch die Verbindung mit dem um sein Geborenwerden ringenden Fötus eine intime, nahezu mystische Verbindung mit anderen fühlenden Wesen, die sich in ähnlich schwieriger Lage befinden.

Die erfahrene Konfrontation mit Geburt und Tod scheint automatisch zu einer spirituellen Öffnung und zur Entdeckung der mystischen Dimensionen der Psyche und des Seins zu führen. Es scheint keinen Unterschied auszumachen, ob das symbolisch geschieht, wie bei psychedelischen und holotropen Sitzungen und im Verlauf spontaner psychospiritueller Krisen (‚spirituelle Notfälle‘), oder in aktuellen Lebenssituationen gebärender Frauen oder im Kontext von Nah-Todes Erfahrungen (Ring, 1984). Die spezifische Symbolik dieser Erfahrungen stammt aus dem Jungschen kollektiven Unbewußten und nicht aus individuellen Gedächtnisspeichern. Sie kann daher jede spirituelle Überlieferung der Welt „anzapfen“, ganz unabhängig vom rassischen, kulturellen oder religiösen Hintergrund der betreffenden Person.

Die Phänomenologie perinataler Erfahrungen und die spezifischen Verbindungen zwischen ihren symbolischen Vorstellungsbildern und den Phasen der biologischen Geburt (grundlegende perinatale Matrizen) sind in anderen Zusammenhängen detailliert beschrieben worden (Grof 1975, 1988). Der perinatale Bereich des Unbewußten spielt eine wichtige Rolle bei der Entwicklung der Psychopathologie, und seine Anerkennung ist entscheidend für das Verständnis und die Therapie emotionaler und psychosomatischer Störungen (Grof, 1985).

Der transpersonale Bereich der Psyche
Der zweite größere Bereich, der bei der Arbeit mit NOSC zu der Kartographie der menschlichen Psyche hinzukommen muß, ist heute unter der Bezeichnung *transpersonal* bekannt, was wörtlich ‚jenseits des Personalen' oder ‚das Personale transzendierend' bedeutet. Die aus dieser Ebene auftauchenden Erfahrungen involvieren die Transzendenz der gewöhnlichen Grenzen des Individuums (sein Körper und sein Ich) und der Begrenzungen des dreidimensionalen Raums und der linearen Zeit, die unsere Wahrnehmung der Welt im gewöhnlichen Bewußtseinszustand einengen. Transpersonale Psychologie ist also eine wissenschaftliche Disziplin, die die spirituelle Dimension des Seins erkennt und achtet und die gesamte Bandbreite der menschlichen Erfahrung studiert, einschließlich verschiedene außergewöhnliche Zustände und Bewußtseinsebenen.

Transpersonale Erfahrungen definiert man am besten durch Gegenüberstellung mit unseren eigenen alltäglichen Erfahrungen von uns selbst und der Welt, das heißt mit der Art, wie wir uns selbst und die Umwelt

erfahren, wenn wir nach den Normen der newtonschen-kartesianischen Psychiatrie als ‚normal' gelten
wollen. Im gewöhnlichen oder ‚normalen' Bewußtseinszustand erfahren wir uns selbst als newtonsche
Objekte, die innerhalb der Begrenzungen durch unsere Haut existieren. Der amerikanische Schriftsteller
und Philosoph Alan Watts bezeichnete diese Art von
Selbsterfahrung als Identifizierung mit dem ‚in der
Haut verkapselten Ich'. In diesem Sinne wird unsere
Wahrnehmung der Umwelt durch die physiologischen
Einschränkungen unserer Sinnesorgane und durch physische Eigenheiten der Umwelt beschränkt.

Im gewöhnlichen Bewußtseinszustand können wir
keine Objekte sehen, von denen wir durch eine feste
Mauer getrennt sind, keine Schiffe jenseits des Hori-
zonts und keine Dinge auf der anderen Seite des Mon-
des. In Paris können wir nicht hören, was unsere
Freunde in San Francisco reden. Wir können nicht die
Sanftheit des Lammfells spüren, wenn die Oberfläche
unseres Körpers nicht unmittelbaren Kontakt mit ihm
hat. Außerdem können wir nur solche Geschehnisse
lebhaft und mit allen unseren Sinnen erfahren, die im
jeweiligen Augenblick geschehen. Wir können uns der
Vergangenheit erinnern und künftige Geschehnisse an-
tizipieren oder über sie phantasieren. Doch sind das
sehr unterschiedliche Erfahrungen gegenüber einer so-
fortigen und unmittelbaren Erfahrung des gegenwärtigen Augenblicks.

Wir alle sind aus unserer alltäglichen Existenz mit
diesen Beschränkungen vertraut, die zweifellos prag-
matisch relevant sind. Nach dem von Newton und Descartes geschaffenen Paradigma der westlichen Naturwissenschaft sind diese Beschränkungen und Grenzen
absolut zwingend und definitiv, da sie sich aus der ma-

teriellen Natur der Welt ergeben und durch physiologische Gesetze der Wahrnehmung determiniert werden. Doch hat die moderne Bewußtseinsforschung eindeutig aufgezeigt, daß diese Begrenzungen nicht für transpersonale Erfahrungen gelten und transzendiert werden können.

Transpersonale Erfahrung läßt sich in drei große Kategorien einteilen. Zur ersten gehört vor allem die Transzendenz der gewöhnlichen räumlichen Schranken oder die Begrenzung des ‚in der Haut verkapselten Ich‘. Hierher gehören Erfahrungen des Verschmelzens mit einer anderen Person in einem Zustand ‚dualer Einheit‘, das Annehmen der Identität einer anderen Person, das Identifizieren mit dem Bewußtsein einer ganzen Menschengruppe (etwa mit allen Müttern der Welt, der gesamten Bevölkerung Indiens oder allen Insassen eines Konzentrationslagers). Es gehört dazu die Erfahrung einer Bewußtseinserweiterung, die die gesamte Menschheit zu umfangen scheint. Erfahrungen dieser Art wurden wiederholt in der spirituellen Literatur der Welt beschrieben.

Auf ähnliche Weise kann man die Grenzen der spezifisch menschlichen Erfahrung transzendieren und sich mit dem Bewußtsein verschiedener Pflanzen, Tiere oder sogar nicht-organischer Objekte und Vorgänge identifizieren. In Extremfällen ist es möglich, das Bewußtsein der gesamten Biosphäre unseres Planeten oder des gesamten materiellen Universums zu erfahren. Einem abendländischen Intellektuellen, der sich ganz der newtonschen-kartesianischen Naturwissenschaft verschrieben hat, mag es unglaublich und absurd erscheinen: Diese Erfahrungen legen den Gedanken nahe, daß alles, was wir im alltäglichen Bewußtseinszustand als Objekt erfahren können, eine entsprechende subjektive Repräsentation im NOSC hat. Es ist so, als habe das Universum einen subjektiven und einen objektiven Aspekt, so wie es in den großen spirituellen Philosophien des Ostens beschrieben wird. So betrachtet zum Beispiel der Hinduismus alles, was existiert, als eine Manifestation von Brahma, und der Taoismus alles als eine Transformation des Tao.

Die zweite Kategorie transpersonaler Erfahrungen wird eher durch die Überwindung der zeitlichen als der räumlichen Grenzen charakterisiert, das heißt durch Transzendenz der linearen Zeit. Wir haben bereits die Möglichkeit erwähnt, wichtige Erinnerungen aus der Zeit als Kleinkind und/oder des Geburtstraumas neu zu erleben. Diese historische Regression läßt sich fortsetzen und authentische fötale und embryonale Erinnerungen an verschiedene Perioden des Lebens im Mutterleib einbeziehen. Es ist nicht ungewöhnlich, auf der Ebene des zellularen Bewußtseins die volle Identifizierung mit dem Sperma und dem Ei im Augenblick der Empfängnis zu erfahren. Die historische Regression macht nicht einmal hier Halt. Es ist möglich, Erfahrungen aus dem Leben der eigenen menschlichen oder animalischen Vorfahren zu erlangen, selbst solche, die aus dem von C. G. Jung beschriebenen rassischen und kollektiven Unbewußten stammen. Erfahrungen, die in anderen Kulturen oder historischen Perioden zu geschehen scheinen, sind häufig mit einem Gefühl persönlicher Erinnerung verbunden. Dann sprechen die Menschen davon, sie hätten Erinnerungen an frühere Leben, aus früheren Inkarnationen neu erlebt.

Die bisher beschriebenen transpersonalen Erfahrungen schildern verschiedenartige Phänomene, die in

Raum-Zeit existieren. Dazu gehören Elemente der alltäglichen familiären Wirklichkeit – andere Menschen, Tiere, Pflanzen, Materialien und verschiedene Geschehnisse in der Vergangenheit. Das Überraschende ist hier nicht der Inhalt dieser Erfahrungen, sondern die Tatsache, daß wir etwas erleben oder uns völlig mit etwas identifizieren können, was normalerweise unserer Erfahrung nicht zugänglich ist. Wir wissen, daß es in der Welt schwangere Wale gibt, doch wären wir nicht der authentischen Erfahrung fähig, selbst einer zu sein. Die Tatsache, daß es einmal eine französische Revolution gegeben hat, ist ohne weiteres akzeptabel, doch dürften wir keine lebendige Erfahrung haben, dabei zu sein und verwundet auf den Barrikaden von Paris zu liegen. Wir wissen, daß vieles an Orten in der Welt passiert, an denen wir nicht präsent sind. Doch gilt es gewöhnlich als unmöglich, etwas zu erleben, was in fernen Gegenden und anderen Zeitperioden geschieht (ohne Vermittlung des Fernsehens und eines Satelliten, eines Films oder eines Videobandes). Wir wären vielleicht auch von der Erkenntnis überrascht, daß das Bewußtsein mit niederen Tieren, Pflanzen und sogar mit der nicht-organischen Natur assoziiert ist.

Die dritte Kategorie transpersonaler Erfahrungen ist jedoch noch seltsamer, da das Bewußtsein sich dabei in Bereiche und Dimensionen auszuweiten scheint, die in der westlichen industriellen Welt nicht als ‚real‘ angesehen werden. Hierzu gehören zahlreiche Visionen archetypischer Wesen und mythologischer Landschaften, Begegnungen oder sogar Identifizierungen mit Gottheiten und Dämonen verschiedener Kulturen, ferner die Kommunikation mit körperlosen Wesen, Geistführern, übermenschlichen Entitäten, mit Außerirdischen und Bewohnern paralleler Universen. Weitere Beispiele für diese Kategorie sind Visionen und intuitives Verstehen universaler Symbole wie das Kreuz, das Doppelkreuz, Hakenkreuz, der Davidstern, der sechseckige Stern oder das Zeichen für Yin und Yang.

Im weitesten Bereich kann das individuelle Bewußtsein sich mit dem kosmischen Bewußtsein identifizieren oder mit dem Universalen GEIST, der unter vielen Namen bekannt ist – Brahman, Satchiananda, Buddha, Allah, das Tao, der kosmische Christus, der Große Geist, usw. Die allerhöchste aller Erfahrungen scheint die Identifizierung mit der Suprakosmischen und Metakosmischen LEERE zu sein, der geheimnisvollen und primordialen NICHTSHEIT, die ihrer selbst bewußt und die allerhöchste Wiege aller Existenz ist. Sie hat keinen konkreten Inhalt und scheint doch alles in einer keimhaften und potentiellen Form zu enthalten. In dieser Erfahrung wird der Unterschied zwischen Form und Leere auf paradoxe Weise transzendiert und eliminiert.

Transpersonale Erfahrungen haben viele seltsame Eigenarten, die unsere fundamentalsten metaphysischen Auffassungen des newton-kartesianischen Paradigmas und der materialistischen Weltanschauung erschüttern. Forscher, die diese faszinierenden Phänomene studiert oder persönlich erfahren haben, sind sich darüber klar, daß die Versuche der klassischen Naturwissenschaft, sie als irrelevante Produkte der menschlichen Phantasie und Einbildung oder als Halluzinationen abzutun – als erratische Erzeugnisse pathologischer Vorgänge im Gehirn – naiv und unangemessen sind. Jedes unvoreingenommene Studium des transpersonalen Bereichs der Psyche ist zu der Schlußfolgerung gelangt, daß die Beobachtungen eine kritische Herausforderung nicht nur für die Psychiatrie und Psychologie darstellen, sondern für die gesamte westliche naturwissenschaftliche Philosophie.

Obwohl transpersonale Erfahrungen im Prozeß tiefer individueller Selbsterforschung vorkommen, lassen sie sich nicht einfach als intrapsychische Phänomene im konventionellen Sinne deuten. Einerseits erscheinen sie auf demselben Erfahrungskontinuum wie die biographischen und perinatalen Erfahrungen und stammen also aus dem Innern der individuellen Psyche. Andererseits scheinen sie ohne die Vermittlung der Sinne unmittelbare Informationsquellen anzuzapfen, die eindeutig jenseits der konventionellen-Reichweite des Individuums liegen. Irgendwo auf der perinatalen Ebene der Psyche scheint es einen plötzlichen Ruck zu geben, und das, was eben noch tiefes intrapsychisches Sondieren war, wird plötzlich zur Erfahrung des weiten Universums durch außersinnliche Mittel. Einige Wissenschaftler haben das mit einem ‚Möbius-Streifen der Erfahrung' verglichen, da es nicht mehr möglich ist zu sagen, was innen und was außen ist.

Diese Beobachtungen weisen darauf hin, daß wir Informationen über das Universum auf zwei radikal unterschiedliche Weisen erlangen können. Neben der konventionellen Möglichkeit des Lernens durch sinnliche Wahrnehmung, durch Analyse und Synthese von Daten, können wir über verschiedene Aspekte der Welt auch etwas durch unmittelbare Identifizierung mit ihnen im NOSC herausfinden. Jeder einzelne Mensch scheint ein Mikrokosmos zu sein, der auf holographische Weise Informationen über den Makrokosmos erhält. In den esoterischen Überlieferungen wurde das durch Sätze ausgedrückt wie „Wie oben, so unten" oder „Wie außen, so innen".

Es gibt Personen, die Episoden embryonaler Existenz, den Augenblick der Empfängnis und Elemente zellularer, gewebemäßiger und organischer Bewußtheit erfahren haben. Ihre Berichte enthalten eine Fülle von medizinisch präzisen Erkenntnissen der anatomischen, physiologischen und biochemischen Aspekte der darin involvierten Vorgänge. Auf ähnliche Weise liefern aus Urzeiten ererbte rassische und kollektive Erinnerungen sowie Erlebnisse früherer Inkarnationen oft sehr spezifische Informationen über Architektur, Kleidung, Waffen, Kunstformen, soziale Strukturen und religiöse und rituelle Praktiken der jeweiligen Kulturen und historischen Perioden, ja sogar konkreter historischer Ereignisse.

Menschen mit phylogenetischen Erfahrungen oder mit Identifizierung mit bestehenden Lebensformen haben diese nicht nur ungewöhnlich authentisch und überzeugend gefunden, sondern während dieser Prozesse außergewöhnliche Einsichten in Tierpsychologie, Ätiologie, spezifische Gewohnheiten oder ungewöhnliche Fruchtbarkeitszyklen gewonnen. In einigen Fällen traten dabei archaische muskuläre Nervenreize auf, die für Menschen nicht charakteristisch sind, oder sogar so komplexe Verhaltensweisen wie etwa den Paarungstanz einer ganz bestimmten Spezies.

An sich ist die mit den bereits beschriebenen Beobachtungen assoziierte weltanschauliche Herausforderung schon als solche unerhört. Das wird jedoch noch durch die Tatsache gesteigert, daß transpersonale Erfahrungen, die unsere materielle Welt korrekt reflektieren, oft im selben Kontinuum auftreten und aufs engste mit ihm verwoben sind, wie andere, die von der westlichen industriellen Welt nicht als real angesehene Elemente enthalten. Hierher gehören zum Beispiel Erfahrungen, in denen Gottheiten und Dämonen aus verschiedenen Kulturen vorkommen, mythologische Bereiche wie Himmel und Paradies, sowie legendäre oder zum Märchenbereich gehörende Sequenzen.

Dabei kann man eine lebendige Erfahrung vom Himmel Shivas haben, vom Paradies des aztekischen Regengottes Tlaloc, von der sumerischen Unterwelt oder einer der buddhistischen heißen Höllen. Es ist auch möglich, mit Jesus zu kommunizieren, ein erschütterndes Zusammentreffen mit der Hindu-Göttin Kali zu erleben, oder sich mit dem tanzenden Gott Shiva zu identifizieren. Selbst diese Episoden können zutreffende neue Informationen über archetypische Wesen, religiöse Symbolik und mythische Motive liefern, die der betroffenen Person bis zu diesem Augenblick unbekannt waren. Beobachtungen dieser Art bestätigen C. G. Jungs Idee, daß neben dem Freudschen individuellen Unbewußten auch das kollektive Unbewußte existiert, das das kulturelle Erbe der gesamten Menschheit enthält (Jung 1959).

Die Existenz und Natur transpersonaler Erfahrungen verletzt einige grundlegende Annahmen der mechanistischen Naturwissenschaft. Sie impliziert scheinbar so absurde Begriffe wie die Relativität und willkürliche Natur aller physikalischen Grenzen, die Existenz nicht-lokaler Vernetzungen im Universum, die Kommunikation über unbekannte Mittel und Kanäle, ein Gedächtnis ohne ein materielles Substrat, nicht-lineare Zeit, sowie ein mit allen lebenden Organismen oder sogar mit nicht-organischer Materie assoziiertes Bewußtsein. Viele transpersonale Erfahrungen involvieren Geschehnisse aus dem Mikro- und dem Makrokosmos, die normalerweise von menschlichen Sinnen ohne Hilfsmittel nicht erlebt werden können.

184

Andere beschreiben historische Perioden, die dem Ursprung des Sonnensystems vorangehen, das Entstehen des Planeten Erde, das erste Auftreten lebender Organismen, die Entwicklung des Nervensystems und das Auftauchen des homo sapiens.

Die Erforschung des NOSC offenbart somit ein erstaunliches Paradoxon betreffend die Natur menschlicher Wesen. Sie zeigt eindeutig, daß jeder einzelne von uns auf geheimnisvolle und immer noch unerklärte Weise Informationen über das gesamte Universum und die gesamte Existenz erhält, potentiellen Erfahrungszugang zu all seinen Teilen hat und in gewisser Weise das gesamte kosmische Netzwerk ebenso wie ein unendlich kleiner Teil desselben ist, eine unbedeutende biologische Entität. Die neue Kartographie reflektiert diese Tatsache und beschreibt die individuelle menschliche Psyche als im wesentlichen in Einklang mit dem gesamten Kosmos und der Totalität der Existenz. Die Entdeckung holographischer Prinzipien, die im Universum und im menschlichen Gehirn tätig sind, kann uns bei der Vorstellung helfen, wie so etwas möglich sein könnte (Talbot, 1991).

Schlußfolgerungen aus täglichen Beobachtungen während einer fünfunddreißigjährigen Erforschung des NOSC lassen sich schwer in einigen Sätzen zusammenfassen. Ebenso schwer fällt es, sie dem Leser plausibel und glaubhaft zu machen, der das, was beschrieben wird, nicht mit seiner persönlichen Erfahrung in Beziehung bringen kann. Obwohl ich selbst das Privileg vieler tiefer persönlicher Erfahrungen und enger Beobachtungen einer Vielzahl anderer Personen hatte, brauchte ich Jahre, um die Wirkung des dabei eingetretenen kognitiven Schocks zu absorbieren. Da ich aus Platzgründen keine spezifischen Beispiele bringen kann, möchte ich die Leser, die mehr über diesen Bereich wissen wollen, auf meine anderen Bücher verweisen (Grof 1988, 1992). Dort erörtere ich im Detail die verschiedenen Typen transpersonaler Erfahrung und gebe viele Beispiele von Situationen, in denen sie ungewöhnlich neue Informationen über verschiedene Aspekte des Universums lieferten.

Ich glaube fest daran, daß meine erweiterte Kartographie von entscheidender Bedeutung ist für jeglichen ernstgemeinten Zugang zu Phänomenen wie Schamanismus, Sterberiten, Mystik, Religion, Mythologie, Parapsychologie, Erfahrungen am Rande des Todes und psychedelische Zustände. Dieses neue Modell der Psyche ist nicht bloß eine Angelegenheit von akademischem Interesse. Auf den restlichen Seiten dieses Artikels versuche ich, seine tiefen und revolutionären Implikationen für das Verständnis emotionaler und psychosomatischer Störungen, Psychosen einbezogen, zu beschreiben, desgleichen daraus entstehende neue und revolutionäre therapeutische Möglichkeiten.

Natur und Architektur emotionaler und psychosomatischer Störungen

Die traditionelle Psychiatrie bedient sich des medizinischen Modells und des Krankheitsbegriffs nicht nur bei eindeutig organischen, sondern auch bei emotionalen und psychosomatischen Störungen, für die noch keine biologische Ursache gefunden wurde. Psychiater sprechen ziemlich leichthin von geistiger oder „psychischer Krankheit" und versuchen, einzelne Störungen spezifischen diagnostischen Kategorien zuzuordnen, vergleichbar denen der Allgemeinmedizin.

Ganz allgemein gilt der Augenblick des Einsetzens der Symptome als Beginn der „Krankheit" und die Intensität der Symptome gilt als Maßstab der Ernsthaftigkeit des pathologischen Prozesses. Das Abflauen der Symptome wird als „klinische Besserung" und ihre Intensivierung als „Verschlechterung des klinischen Zustandes" gewertet.

Die Beobachtungen während des Studiums des NOSC lassen erkennen, daß das Denken in Begriffen von Krankheit, Diagnose und allopathischer Therapie den meisten psychiatrischen Problemen nicht angemessen ist, die nicht eindeutig organischer Natur sind. Dazu gehören auch einige Zustände, die man heute als Psychosen bezeichnet. In materieller Form zu existieren, die embryonale Entwicklung, Geburt, Kleinkindzeit und Kindheit erfahren zu haben – das hat bei uns allen traumatische Spuren hinterlassen, obwohl wir uns sicherlich hinsichtlich der Intensität, Extensität und auch Verfügbarkeit des traumatischen Materials für bewußte Erfahrungen unterscheiden. Jede einzelne Person trägt eine Vielfalt mehr oder weniger latenter emotionaler und bioenergetischer Sperren in sich, die mit dem vollen physiologischen und psychologischen Funktionieren in Widerstreit stehen.

Die Manifestation psychischer und psychosomatischer Symptome markiert den Beginn des Heilungsprozesses, durch den der Organismus sich von traumatischen Spuren zu befreien und sein Funktionieren zu vereinfachen sucht. Der einzige Weg, über den das geschehen kann, ist das Auftauchen des traumatischen Materials im Bewußtsein sowie seine volle Erfahrung und sein emotionaler wie motorischer Ausdruck. Hat das gerade verarbeitete Trauma größere Ausmaße, etwa eine schwere Geburt, die viele Stunden dauerte

187

und das Überleben ernsthaft bedrohte, dann können die Emotionen und das manifestierte Verhalten äußerst dramatisch sein. Unter diesen Umständen mag es plausibler sein, dies für das Ergebnis irgendeiner exotischen Pathologie zu halten, als einzugestehen, daß es sich um eine potentiell segensreiche Entwicklung handelt. Richtig verstanden und unterstützt, kann dieser Prozeß jedoch zur Heilung führen, zu spiritueller Öffnung, persönlicher Transformation und zur Bewußtseinsevolution.

Das Auftreten von Symptomen stellt also nicht nur ein Problem sondern auch eine therapeutische Chance dar. Diese Erkenntnis ist die Grundlage der meisten Erfahrungstherapien. Die Symptome manifestieren sich in dem Bereich, in dem das Abwehrsystem am schwächsten ist, und ermöglichen dabei den Beginn des Heilungsprozesses. Unserer Erfahrung nach gilt das nicht nur für Neurosen und psychosomatische Störungen, sondern auch für gewisse Zustände, die traditionell als psychotisch angesehen werden (psychospirituelle Krisen oder ,spirituelle Notfälle‘). In diesem Kontext ist die Feststellung interessant, daß das chinesische Piktogramm für ,Krise‘ aus zwei anderen zusammengesetzt ist, von denen das eine ,Gefahr‘ und das andere ,Chance‘ bedeutet. Den Gedanken, daß Symptome nicht Manifestationen der Krankheit sondern auch Ausdruck eines Heilungsprozesses sind und unterstützt werden sollten, finden wir auch im therapeutischen System der Homöopathie.

In der traditionellen Psychotherapie gelten psychischer und psychosomatische Symptome, die nicht organischer, sondern psychogener Natur sind, als Ergebnis postnataler biographischer Traumata. Das gilt vor allem für solche, die in der Zeit als Kleinkind oder der

Kindheit geschehen sind. Die therapeutische Arbeit auf der Basis des NOSC zeigt auf, daß sie tatsächlich eine multidimensionale Struktur haben, mit zusätzlichen Wurzeln auf perinataler und transpersonaler Ebene. So kann beispielsweise jemand, der an psychogenem Asthma leidet, dabei entdecken, daß das zugrundeliegende biographische Material aus Kindheitserinnerungen an Erstickungszustände während eines fast zum Ertrinken führenden Unfalls in der Kindheit oder einer Diphterie als Kleinkind besteht. Auf tieferer Ebene ist dasselbe Problem auch verbunden mit Erstickungserscheinungen im Geburtskanal. Und die tiefste Wurzel kann eine Erfahrung aus einem früheren Leben sein, wo man gewürgt oder gehenkt wurde. Zur Lösung dieses Problems muß man sich erlauben, alle damit assoziierten Problemschichten zu erleben. Die neuen Erkenntnisse aus dem Studium des NOSC hinsichtlich der aus verschiedenen Ebenen bestehenden dynamischen Struktur der Hauptformen emotionaler und psychosomatischer Störungen wurden an anderer Stelle beschrieben (Grof, 1985).

Therapeutische Mechanismen und der Heilungsprozeß

Die Arbeit mit NOSC hat also ergeben, daß psychische und psychosomatische Probleme viel komplexer sind als gewöhnlich angenommen, und daß ihre Wurzeln sehr viel tiefer in die Psyche hineinreichen. Dabei wurde jedoch auch die Existenz tieferer und wirksamerer therapeutischer Mechanismen aufgezeigt. Die traditionelle Psychotherapie zur Behandlung psychogener Störungen kennt nur therapeutische Mechanismen im Zusammenhang mit verschiedenen Manipulationen des biographischen Materials. Hierzu gehört zum Beispiel das Auflösen psychischer Verdrängungen und die Erinnerung an oder die Rekonstruktion von Geschehnissen aus der Zeit des Kleinkindes oder der Kindheit, ferner emotionale oder intellektuelle Einsichten in die eigene Lebensgeschichte oder Übertragungsneurosen und die Analyse von Übertragung. Die neuen Beobachtungen zeigen, daß eine solche Methode es versäumt, das erstaunliche Heilungspotential der tieferen Dynamik der Psyche zu erkennen und zu würdigen.

So kann beispielsweise das Wiedererleben der Geburt, die Erfahrung des Ich-Todes und der spirituellen Wiedergeburt weitreichende therapeutische Auswirkungen auf ein breites Spektrum psychischer Störungen haben. Ähnlich segensreiche Ergebnisse sind oft mit verschiedenen Formen transpersonaler Phänomene verknüpft, zum Beispiel mit Erfahrungen aus früheren Leben und der Identifizierung mit verschiedenen Tieren oder archetypischen Gestalten und Energien. In diesem Sinne sind von besonderer Bedeutung ekstatische Gefühle kosmischen Einsseins, die – wenn richtig integriert – einen Heilungsmechanismus von ungewöhnlicher Kraft darstellen.

Diese Beobachtungen zeigen, daß der begriffliche Rahmen der Psychotherapie erheblich ausgedehnt werden muß, bis in die Kartographie des Unbewußten hinein. Freud hat einmal die menschliche Psyche mit einem Eisberg verglichen, von dem nur ein Zehntel über der durch den bewußten Geist repräsentierten Wasseroberfläche sichtbar ist, während die untergetauchten neun Zehntel die von der Psychoanalyse studierten unbewußten Bereiche sind. Im Lichte der modernen Bewußtseinsforschung (und der uralten Weisheit der *philosophia perennis*) können wir diesen

Vergleich korrigieren und sagen, alles, was die Freudsche Psychoanalyse über die menschliche Psyche entdeckt hat, stellt bestenfalls den sichtbaren Teil des Eisbergs dar, während riesige zusätzliche Bereiche unter Wasser verborgen bleiben. Um es mit den Worten von Joseph Campbell auszudrücken: Freud fischte, während er auf einem Wal saß.

Die Strategie von Psychotherapie und Selbsterforschung

Die moderne Psychotherapie leidet unter einem erstaunlichen Mangel an Übereinstimmung ihrer verschiedenen Schulen über die fundamentalsten Fragen des Funktionierens der menschlichen Psyche, die Natur und Dynamik von Symptomen und die Strategie und Technik der Psychotherapie. Das gilt nicht nur für die Schulen, die auf völlig anderen philosophischen Annahmen aufbauen, etwa den Behaviorismus, die Psychoanalyse und die existentielle Therapie, aber auch für die verschiedenen Zweige der Tiefenpsychologie, die historisch aus derselben Quelle entstanden sind, nämlich dem ursprünglichen Werk von Sigmund Freud, den Schulen von Adler, Rank, Jung, Klein, Reich und Lacan, der Ich-Psychologie und vielen anderen.

Die Welt der modernen Psychotherapie ähnelt einem riesigen belebten Marktplatz, auf dem man sich nur schwer orientieren kann und auf dem man leicht verloren geht. Leiden wir an einem emotionalen Problem, etwa an Phobie, Depressionen oder Zwangsneurosen, dann können wir eine Münze in die Luft werfen und irgendeine der Schulen wählen. Und von jeder erhalten wir eine unterschiedliche Erklärung für unser Problem sowie eine unterschiedliche therapeutische Technik. In jedem einzelnen Fall pflegt das mit der Zusicherung verbunden zu sein, genau das sei die richtige wissenschaftliche Methode zur Behandlung unseres Zustandes, oder die „Methode der Wahl". Man kann sich kaum eine ähnliche Situation in einer der harten Wissenschaften vorstellen. Gäbe es in der Chemie fünfzig konkurrierende Schulen und würden ihre Repräsentanten völlig verschiedene Versionen darüber vorlegen, was geschieht, wenn zwei Substanzen in einem Reagenzglas zusammengebracht werden, dann würden diese Herren gewiß große Probleme haben, als Wissenschaftler bezeichnet und akzeptiert zu werden. Und doch haben wir es in der Psychologie irgendwie gelernt, mit dieser Situation zu leben, und gewöhnlich stellen wir sie nicht einmal in Frage oder betrachten wir sie als seltsam.

Es gibt keine überzeugenden statistischen Studien, aus denen hervorgeht, daß eine bestimmte Form der Psychotherapie anderen überlegen ist. Die Psychotherapie ist im allgemeinen so gut wie der Psychotherapeut. Gute Therapeuten aller Schulen erzielen gewöhnlich gute Ergebnisse, und schlechte Therapeuten aller Richtungen haben schlechte. Natürlich haben die Ergebnisse der Psychotherapie wenig mit den theoretischen Ansichten einer bestimmten Schule und mit dem zu tun, was der Therapeut zu tun glaubt – strategischer Einsatz des Schweigens, Inhalt und richtiges timing der Deutungen, Analyse der Übertragung, usw. Nach Ansicht einiger Forscher könnten die entscheidenden Faktoren völlig anderer Natur sein, etwa die Qualität der menschlichen Begegnung zwischen dem Therapeuten und seinem Klienten, das Gefühl des Klienten, verstanden und bedingungslos akzeptiert zu werden, oder sogar eine so unmeßbare Dimension wie Liebe.

Entscheiden wir uns als Fachleute unter diesen Umständen für eine bestimmte Schule der Psychotherapie, etwa im Stile von Freud, Reich oder Sullivan, dann deswegen, weil wir uns aus sehr persönlichen Gründen von ihr angezogen fühlen. Es ist eine rein subjektive Wahl, die unsere eigene Persönlichkeitsstruktur reflektiert, und das hat wenig zu tun mit dem objektiven Wert und der wissenschaftlichen Genauigkeit dieser besonderen Methode. Die Arbeit mit NOSC legt eine radikale Alternative nahe: Wenn die Experten sich nicht einigen können, warum sollte man dann nicht der eigenen Heilungsintelligenz, dem eigenen inneren Heiler trauen?

Diese Methode wurde zuerst von C. G. Jung vorgeschlagen. Er war sich der Tatsache bewußt, daß es unmöglich ist, intellektuell zu begreifen, wie die Psyche funktioniert und warum die Symptome sich entwikkeln, um daraus eine Technik abzuleiten, mit der wir das psychische Funktionieren eines Klienten kontrollieren und korrigieren können. Seiner Ansicht nach ist der Intellekt nur ein kleiner Bruchteil der Psyche, während die Psyche selbst kosmische Dimensionen hat *(anima mundi)*. Jung sah die Aufgabe des Therapeuten darin, am Zustandekommen einer dynamischen Interaktion zwischen dem Ich des Klienten und dem, was Jung das Selbst nannte, mitzuwirken. Das nimmt die Form eines dialektischen Austausches in der Sprache von Symbolen an. Die Heilung kommt dann aus dem kollektiven Unbewußten und wird angeleitet durch eine innere Intelligenz, die jede Intelligenz eines individuellen Therapeuten oder einer therapeutischen Schule übertrifft.

Die therapeutische Arbeit mit dem NOSC, wie sie durch eine psychedelische oder holotrope Therapie praktiziert wird, unterstützt im allgemeinen Jungs Verständnis des therapeutischen Prozesses. Sie involviert jedoch Mechanismen, die erheblich kraftvoller sind als die von Jung benutzten Methoden, etwa Traumanalyse und aktive Imagination. NOSC neigen zur Aktivierung des spontanen Heilungspotentials der Psyche und des Körpers und initiieren einen von tiefer innerer Intelligenz gelenkten Umwandlungsprozeß. In diesem Prozeß wird automatisch stark emotional geladenes und relevantes unbewußtes Material im Bewußtsein auftauchen und für sein volles Erleben und seine Integration verfügbar werden.

Die Aufgabe des Therapeuten besteht einfach darin, eine Methode anzubieten, die einen NOSC auslöst (beispielsweise eine psychedelische Substanz oder schnelleres Atmen und evokative Musik), ein sicheres Umfeld zu schaffen, sowie bedingungslos und voller Vertrauen die spontane Entfaltung des Prozesses zu unterstützen. Dieses Vertrauen muß selbst für Situationen gelten, in denen der Therapeut intellektuell nicht versteht, was gerade geschieht. Heilung und Lösung des Problems können auf Wegen eintreten, die jedes rationale Verstehen transzendieren. Bei dieser Form der Therapie ist der Therapeut also nicht der Macher, nicht der für den Heilungsprozeß instrumentale Vermittler, sondern ein einfühlsamer Unterstützer und Abenteuergefährte. Es ist interessant, daß diese Haltung der ursprünglichen Bedeutung des griechischen Wortes *therapeutes* entspricht, das soviel bedeutet wie ,den Heilungsprozeß begleiten oder an ihm mitwirken'.

Die Rolle der Spiritualität im menschlichen Leben

Psychologie und Psychiatrie werden traditionell von materialistischer Philosophie beherrscht und erkennen Spiritualität in keiner Form an. Aus der Sicht der abendländischen Naturwissenschaft stellt die materielle Welt die einzige Wirklichkeit dar, und jede Form spirituellen Glaubens gilt als Reflektion eines Mangels an Bildung, als primitiver Aberglaube, magisches Denken, als Regression zu infantilen Funktionsmustern. Unmittelbare Erfahrungen spiritueller Wirklichkeiten werden also in die Welt grober Psychopathologie verwiesen. Die westliche Psychiatrie unterscheidet nicht zwischen einer mystischen und einer psychotischen Erfahrung und betrachtet beide als Manifestationen von Geisteskrankheiten. Mit der Ablehnung von Religion differenziert sie nicht zwischen primitivem Volksglauben oder fundamentalistischem Beharren auf wörtlicher Interpretation heiliger Schriften und komplizierten mystischen Überlieferungen einerseits und östlicher spiritueller Philosophie auf der Basis von Jahrhunderten systematischer introspektiver Erforschung der Psyche andererseits.

Der Hauptstrom der psychiatrischen Literatur enthält viele Artikel und Bücher, in denen diskutiert wird, was wohl die beste klinische Diagnose für die Begründer verschiedener Religionen und deren Heilige und Propheten wäre. Der hl. Johannes vom Kreuz wurde ein ‚erblich Degenerierter‘ genannt, die hl. Teresa von Avila als schwere Hysterikerin abqualifiziert, während man die Erlebnisse des Mohammed einer Epilepsie zuschrieb. Andere religiöse und spirituelle Persönlichkeiten wie etwa Zarathustra, Buddha, Jesus, Ramakrishna und Sri Ramana Maharishi wurden in den Bereich der Psychosen verbannt. Klassisch ausgebildete Anthropologen diskutieren, ob Schamanen als ambulante Schizophrene, Epileptiker oder Hysteriker betrachtet werden sollten. Der berühmte Psychoanalytiker Franz Alexander, bekannt als einer der Begründer der psychosomatischen Medizin, verfaßte eine Arbeit, in der selbst buddhistische Meditation als ‚künstliche Katatonie' beschrieben wird (Alexander).

Im Gegensatz zur obigen Haltung, welche die gesamte spirituelle Geschichte der Menschheit pathologisch erklärt, studiert und respektiert die transpersonale Psychologie ernsthaft den ganzen Bereich menschlicher Erfahrung, einschließlich der perinatalen und transpersonalen Phänomene. Damit ist sie kulturell empfänglicher und bietet einen Weg zum Verständnis der Psyche, der für jede menschliche Gruppe und historische Periode universal und anwendbar ist. Er beachtet auch die spirituellen Dimensionen der Existenz und erkennt das tiefe menschliche Bedürfnis nach transzendentalen Erfahrungen an. In diesem Kontext erscheint spirituelle Forschung als verständliche und legitime menschliche Aktivität.

Beobachtungen beim Studium des NOSC bestätigen eine wichtige Erkenntnis von C. G. Jung. Für ihn haben die auf tieferen Ebenen der Psyche beruhenden Erfahrungen (in meiner Sprache perinatale und transpersonale) eine bestimmte Qualität, die er (nach Rudolph Otto) *Numinosität* nannte. Sie sind mit dem Gefühl assoziiert, hier einer Dimension zu begegnen, die sakral, heilig und vom Alltagsleben radikal verschieden ist, und die zu einer höheren Ordnung der Wirklichkeit gehört. Der Ausdruck numinos ist relativ neutral und daher anderen Begriffen vorzuziehen, etwa religiös, mystisch, magisch, unantastbar oder heilig.

Das alles sind Ausdrücke, die oft ungenau benutzt werden und leicht irreführend sein können.

Personen mit Erfahrungen dieser Art öffnen sich der in mystischen Zweigen der großen Religionen oder in ihren Mönchsorden anzutreffenden Spiritualität, jedoch nicht zwangsläufig den der jeweiligen Lehre folgenden Organisationen. Nehmen solche Erfahrungen christliche Form an, dann fühlt der (die) Betroffene sich Persönlichkeiten nahe wie der heiligen Teresa von Avila oder der heiligen Hildegard von Bingen, dem Johannes vom Kreuz oder Meister Eckhart. Eine spirituelle Erfahrung der islamischen Art würde die betreffende Person den Lehren der verschiedenen Sufi-Orden nahe bringen, aber nicht Khomeini, Saddam Hussein oder dem Konzept des Jihad, des Heiligen Krieges gegen die Ungläubigen. Auf ähnliche Weise würde die judaische Form eine Verbindung herstellen zur chassidischen oder kabbalistischen Überlieferung und nicht zum fundamentalistischen Judaismus oder Zionismus. Es ist eine Spiritualität, die universal und allumfassend ist, die mehr auf persönlicher Erfahrung als auf Dogmen oder religiösen heiligen Schriften beruht.

Um Verwirrung und Mißverständnisse zu vermeiden, die in der Vergangenheit viele ähnliche Diskussionen in Verruf gebracht haben, kommt es ganz entscheidend darauf an, klar zwischen Spiritualität und Religion zu unterscheiden. Spiritualität beruht auf der unmittelbaren Erfahrung anderer Wirklichkeiten. Sie erfordert nicht unbedingt einen anderen Ort oder eine andere Person zur Vermittlung eines Kontakts mit dem Göttlichen, obwohl Mystiker gewiß Nutzen aus spiritueller Anleitung und einer Gemeinschaft von Mitsuchenden ziehen können. Spiritualität involviert also eine spezielle Beziehung zwischen dem Individuum und dem Kosmos und ist im wesentlichen eine ganz persönliche oder private Angelegenheit. An der Wiege aller großen Religionen stehen visionäre (perinatale und/oder transpersonale) Erlebnisse ihrer Gründer, Propheten, Heiligen und selbst gewöhnlicher Anhänger. Alle bedeutenden spirituellen Schriften – die Veden, der buddhistische Pali Kanon, die Bibel, der Koran, das Buch der Mormonen und viele andere, beruhen auf Offenbarungen in holotropen Bewußtseinszuständen.

Grundlage jeder organisierten Religion dagegen ist eine institutionalisierte Gruppenaktivität an festliegenden Orten (Kirchen, Tempel) und ein System ernannter Vermittler. Aus idealer Sicht sollten Religionen ihren Angehörigen Zugang zu unmittelbarer spiritueller Erfahrung geben und sie unterstützen. Oft jedoch verliert eine Religion die Verbindung zu ihrer spirituellen Quelle und wird zu einer säkularen Organisation, die menschliche spirituelle Bedürfnisse ausbeutet, ohne sie zu befriedigen. Stattdessen schafft sie ein hierarchisches System, das sich auf Streben nach Macht, Kontrolle über Menschen, Politik, Geld und andere Besitztümer konzentriert. Unter diesen Umständen neigt die religiöse Hierarchie dazu, unmittelbare Erfahrungen ihrer Untergebenen zu unterbinden und unterdrücken, weil diese Unabhängigkeit fördern und nicht mehr wirksam kontrolliert werden können. Geschieht das, dann existiert spirituelles Leben nur noch in mystischen Zweigen und klösterlichen Orden.

Aus wissenschaftlicher Sicht bleibt die Hauptfrage hier die nach dem ontologischen Status transpersonaler Erfahrungen. Während die Hauptströme von Psychiatrie und Psychologie sie als Anzeichen von Pa-

198

thologie werten, betrachtet die transpersonale Psychologie sie als wichtige Phänomene sui generis von großem heuristischem und therapeutischem Wert, die ein ernsthaftes Studium verdienen. Vieles vom Inhalt der Hauptreligionen und ihrer Theologien steht gewiß in ernstem Widerspruch zur Naturwissenschaft. Für auf unmittelbarer transpersonaler Erfahrung beruhende Spiritualität jedoch trifft das nicht zu. Die Ergebnisse der modernen Bewußtseinsforschung zeigen vielmehr eine bemerkenswerte Konvergenz mit vielen revolutionären Entwicklungen in der abendländischen Naturwissenschaft, die man als neu entstehendes Paradigma bezeichnet. Wie Ken Wilber festgestellt hat, kann es keinen möglichen Konflikt zwischen echter Naturwissenschaft und echter Religion geben. Wo er doch enstanden scheint, haben wir es vermutlich mit „Scheinwissenschaft" und „Scheinreligion" zu tun, wobei jede der beiden Seiten die Position der anderen ernsthaft mißversteht und sehr wahrscheinlich eine falsche oder verfälschte Version der eigenen Disziplin repräsentiert (Wilber 1982).

Die Natur der Wirklichkeit

Wie aufgezeigt, stellen die Beobachtungen bei der Erforschung des NOSC eine ernsthafte Herausforderung für die zeitgenössische Psychiatrie und Psychologie dar und erfordern eine gründliche Überprüfung unseres Denkens in diesen Bereichen. Viele von ihnen sind jedoch so fundamentaler Natur, daß sie den engen Rahmen dieser Disziplinen transzendieren und grundlegende philosophische Annahmen der westlichen Naturwissenschaft und ihres auf Newton und Descartes beruhenden Paradigmas in Frage stellen. Das habe ich kurz während der Erörterung transpersonaler Erfahrungen angesprochen. Dieses Thema würde eine eigene Publikation erfordern und kann in diesem Zusammenhang hier nicht angemessen abgehandelt werden. Doch möchte ich zumindest ein extremes Beispiel der Probleme geben, denen wir täglich bei der Erforschung holotroper Zustände und spezifischer transpersonaler Erfahrungen begegnen.

Ich will hier eine Beobachtung aus der Thanatologie anführen, einer jungen wissenschaftlichen Disziplin, deren Gegenstand Tod und Sterben ist. Es gibt viele gut dokumentierte Fälle von Personen, die Todesnähe erfahren haben, beispielsweise als Folge von Herzstillstand während einer Operation. Bei dieser Gelegenheit erlebten sie, daß ihr Bewußtsein sich vom Körper löste, frei über ihm schwebte und ihn mit unvoreingenommenem Interesse beobachtete. Diese Personen waren in der Lage, alle Bemühungen des Ärzteteams um ihre Wiederbelebung zu beobachten und nach der Rückkehr zur Bewußtheit rückblickend genau zu schildern.

Sie konnten genau beschreiben, wieviele Personen dabei mitwirkten, wer durch die Tür eintrat, welche Instrumente herein- und herausgetragen wurden und wie sie eingesetzt wurden. Michael Sabom, ein Herzchirurg, der die Nahtods-Erfahrungen seiner Patienten genau studiert hat, faßte seine Beobachtungen in seinem Buch *Recollections of Death* (Erinnerungen an den Tod) (Sabom, 1982) zusammen. Seine Patienten, die mit geschlossenen Augen und im Zustand tiefen Komas auf dem Operationstisch lagen, konnten rückblickend die Geschehnisse im Operationssaal in allen Einzelheiten beschreiben, einschließlich der Handhabung der Zuleitungen der medizinischen Apparate während verschiedener Phasen der Wiederbelebungsbemühungen.

Unter diesen Umständen konnten viele Patienten auch genau beschreiben, was in anderen Räumen des Gebäudes geschah, selbst in weit abgelegenen. Es gibt auch gut dokumentierte Fälle von Personen, die als Folge von organischen Schäden an ihrem optischen System medizinisch blind waren und dennoch im Augenblick ihres klinischen Todes ihre Umgebung visuell und in vollen Farben wahrnehmen konnten. Bei Wiedererlangung des Bewußtseins verloren sie ihre Sehkraft wieder, konnten jedoch genau beschreiben, was sie gesehen hatten. Es gibt viele andere Formen transpersonaler Erfahrungen, die unsere traditionelle Naturwissenschaft vor ähnliche wesentliche Herausforderungen stellen. Ich hoffe jedoch, daß die oben geschilderten Beispiele aus der Erforschung von Nahtodes-Erfahrungen ausreichen, Natur und Ernsthaftigkeit der fraglichen Probleme zu illustrieren.

Bei der Konfrontation mit derart herausfordernden Beobachtungen haben wir eine zweifache Wahl. Erstens können wir die neuen Beobachtungen mit der Begründung zurückweisen, sie seien mit dem überlieferten naturwissenschaftlichen Glaubenssystem unvereinbar. Das bedeutet die arrogante Annahme, wir wüßten bereits alles über unser Universum und könnten mit Sicherheit sagen, was möglich und was unmöglich ist. Diese Methode läßt keinen Raum für Überraschungen, aber auch kaum für echte Fortschritte. In diesem Kontext wird jeder, der kritische herausfordernde Daten vorträgt, beschuldigt, er sei ein schlechter Wissenschaftler, ein Betrüger oder geistig gestört. Diese Methode ist charakteristisch für Pseudowissenschaft oder wissenschaftlichen Fundamentalismus und

hat mit echter Wissenschaft wenig gemein. Für sie gibt
es viele historische Beispiele: Menschen, die sich wei-
gerten, durch Galileo Galileis Teleskop zu blicken,
weil sie ‚wußten‘, daß es auf dem Mond keine Krater
geben könne. Andere kämpften gegen die Atomtheo-
rie der chemischen Wissenschaft an und verteidigten
das Konzept einer nicht existierenden Substanz na-
mens Flogiston. Wieder andere bezeichneten Einstein
als geisteskrank, als er seine Spezielle Relativitäts-
theorie vortrug.

Die zweite Reaktion auf solche Beobachtungen ist
typisch für wahre Naturwissenschaft. Sie zeigt innere
Erregung und intensives Interesse für solche Anoma-
lien, verbunden mit gesunder kritischer Skepsis. Größere wissenschaftliche Fortschritte wurden immer
dann erzielt, wenn das jeweils führende Paradigma in
Frage gestellt wurde und einige bedeutsame wissenschaftliche Ergebnisse nicht erklären konnte. Typisch
für die Geschichte der Naturwissenschaft ist, daß Para-
digmen aufkommen, das Feld für einige Zeit beherrschen und dann durch neue ersetzt werden. Würden
wir, statt neue Beobachtungen einfach abzulehnen und
lächerlich zu machen, sie als interessante Chance ansehen und mit eigenen Studien testen, dann würde sich
vermutlich herausstellen, daß sie richtig waren.

In dem Augenblick würden wir dann erkennen, daß
wir sehr verschieden von dem sind, was uns gelehrt
wurde, und von dem, was die westliche Industriekultur
glaubt. Es würde uns auch klar werden, daß die materialistische Naturwissenschaft ein unvollständiges und
unzureichendes Bild der Wirklichkeit hat, und daß
ihre Vorstellungen von der Natur des Bewußtseins
und den Beziehungen zwischen Bewußtsein und Materie (vor allem das Gehirn) gründlich revidiert werden

müssen. Wir würden uns buchstäblich in einem anderen Universum finden.

Ich hoffe, daß ich in diesem Artikel in der Lage war, ausreichend nachzuweisen, daß NOSC ein bemerkenswertes therapeutisches Potential besitzen, das es verdient, systematisch erforscht zu werden, und daß die Arbeit mit diesen Zuständen eine reiche Quelle neuer Informationen über die Psyche, die menschliche Natur und die Natur der Wirklichkeit ist. Trotz einiger neuer ermutigender Entwicklungen in der Schweiz und in den Vereinigten Staaten ist die Zukunft der klinischen Arbeit mit psychedelischen Substanzen, den kraftvollsten Mitteln zum Auslösen eines NOSC, höchst ungewiß. Jedoch bleiben die bisherigen Entdeckungen in diesem Bereich von dauerhaftem Wert, ganz gleich, ob diese bemerkenswerten Werkzeuge wieder in das psychiatrische Rüstzeug aufgenommen werden oder nicht.

Es gibt wirkungsvolle, nicht auf Drogen basierende Methoden, die ähnliche Bewußtseinszustände induzieren können und ein bemerkenswertes therapeutisches Potential haben. Die Zukunft der Arbeit mit NOSC ist also von der Zukunft psychedelischer Forschung weitgehend unabhängig.

Man kann sich schwer vorstellen, daß die abendländische akademische Naturwissenschaft für alle Zeit alle jene herausfordernden Beweise ignorieren wird, die beim Studium holotroper Zustände bereits akkumuliert wurden, desgleichen das Hinzukommen neuer Daten. Ich glaube fest daran, daß wir uns schnell einem Punkt nähern, an dem die transpersonale Psychologie und die Psychotherapie zu einem integralen Teil eines neuen naturwissenschaftlichen Zukunftparadigmas werden.

Literatur

Alexander, F., Buddhist Training As Artificial Catatonia. Psycho-analyt. Rev., 18:129, 1931.

Grof, C. and Grof, S., The Stormy Search for the Self. J. P. Tarcher, Los Angeles, 1990.

Grof, S., Topographie des Unbewußten, Stuttgart 1978.

Grof, S., Beyond the Brain. SUNY Press, Albany, N.Y., 1985.

Grof, S., Das Abenteuer der Selbstentdeckung, München 1987.

Grof, S. and Grof, C. (eds.), Spiritual Emergencies. J. P. Tarcher, Los Angeles, 1989.

Grof, S., The Holotropic Mind. Harper, San Francisco, CA, 1992.

Harner, M., Der Weg des Schamanen, München 1983. Harper and Row, New York, 1980.

Jung, C. G., Die Archetypen und das kollektive Unbewußte. Gesammelte Werke, Olten.

Ring, K., Heading Toward Omega. William Morrow and Co., New York, 1984.

Sabom, M., Recollections of Death. Simon and Schuster, New York, 1982.

Wasson, G., Hofmann, A., and Ruck, C. A. P., The Road to Eleusis: Unveiling the Secret of the Mysteries. Harcourt, Brace, and Jovanovitch, New York, 1978.

Wilber, K., Der glaubende Mensch, München 1988.

Ingo Jahrsetz

Vom Hunger nach Leben. Falldarstellung zum holotropen Atmen nach Grof

Der Fall wird in Form eines Gesprächs zwischen dem Therapeuten und der Klientin geschildert, das mit einem Tonbandgerät aufgenommen wurde. In diesem Interview geht es um die längerfristige therapeutische Arbeit mit dem holotropen Atmen. Es handelt von der Entwicklung im Leben von einer Frau, einer „Mitvierzigerin" und zeigt das Zusammenspiel von dem, was sie beim holotropen Atmen erlebt, mit ihrem Alltagsleben. Dieses Interview behandelt also auch die Frage, wie die Tiefenerfahrungen veränderten Bewußtseins mit dem Alltag zusammenspielen und in ihn integriert werden können. Außerdem läßt sich an diesem Bericht ablesen, wie fließend sich die Übergänge vom (personalen) Leben einer Erwachsenen zu biographischen und transpersonalen Erfahrungen gestalten, wie das Spirituelle natürlich aus einer intensiven Auseinandersetzung mit dem persönlichen Leben hervorgeht.

Ich befrage hier Elsa F. (Name geändert). Sie ist Mitte vierzig, verheiratet, hat eine Tochter von 20 Jahren und arbeitet als Masseurin. Ich kenne sie seit vier Jahren. E. hatte ungefähr 30 Atemsitzungen in der Gruppe über einen Zeitraum von ca. drei Jahren; sie begann ihre Selbsterforschung bei mir vor vier Jahren als Teilnehmerin einer Psychodramagruppe.

Später kam sie zum holotropen Atmen. Es wurde zentral für ihre Entwicklung.

Als sie kam, drehte sich sehr viel ums Essen. Ihre Arbeit in vielen Sitzungen holotropen Atmens zeigten ihren Hunger. Bald entdeckte E., daß es der Hunger nach dem Leben war, der sie dieses Abenteuer von vielen Atemsitzungen eingehen ließ. Und Hunger nach dem Leben prägte auch den Stil ihrer Atemsitzungen ... diese Sehnsucht nach neuen Erfahrungen, diese Lust, alte Fesseln zu sprengen, dieser Mut, durch große Angst hindurchzugehen, auf die andere Seite von Verrücktsein und Todesangst zu schauen.

Während dieser Zeit veränderte sich sehr viel in E.s Leben: E.s mehr traditionelles Eingebundensein zerbrach ... in die röm. katholische Kirche, in die versorgende Institution Ehe, in einen Freundeskreis, der Zerstreuung bieten sollte und Schutz vor dem Alleinsein. Aus einer eher traditionellen Ehe wurde nun ein gemeinsames Suchen nach Lebendigsein, ihrer erwachsenen Tochter gegenüber lebt sie als wirkliches Vorbild, an dessen Kanten sie sich reiben kann. Freunde sind diejenigen für sie geworden, mit denen sie sich wirklich austauschen kann; das ehemals etwas frömmelnde kirchliche Gemeindeleben wurde abgelöst von einer echten spirituellen Suche. E. hat während dieser Zeit authentische Erfahrungen mit Gott machen dürfen, mit der Freiheit und mit der Liebe, mit dem was Gottes Wesen ausmacht und was jeder Mensch in sich trägt. Sie hat Erfahrungen über Zusammenhänge menschlichen, emotionalen und spirituellen Wachstums gemacht, Einsichten gewonnen in den Aufbau unserer Welt in der Art, wie wir sie auch bei den alten Mystikern nachlesen können.

Elsa beschreibt im folgenden Interview zwei Atemsitzungen, in denen sie sich mit ihrer Sexualität, mit ihrer Weiblichkeit auseinandersetzt. Die beiden Atemsitzungen liegen ca. 4 Monate auseinander.

I.: Das wesentliche Thema deiner Selbsterforschung in den letzten vier Jahren scheint deine große Sehnsucht nach dem Leben zu sein. Diese läßt sich in unterschiedlichen Phasen einer Entwicklung verschieden spüren z. B. als Sehnsuchtsgefühl, als Suche oder auch als Depression oder in der Form einer totalen Blockierung. Die Sehnsucht wird dann darin deutlich, daß gar nichts mehr geht, was die Bewegung der inneren Suche anregt, an welchem Punkt bist du denn im Augenblick?

E.: Also, ich hab mich noch nie so lebendig, kraftvoll, voller Energie gefühlt wie zur Zeit. Jeden Tag hab ich so viel Gefühl – gut ich hab auch meine depressive Phase, wo ich mich sehr schwach und sehr phlegmatisch fühle und nur noch rumhänge. Diese Zeiten habe ich auch immer wieder. Doch momentan steh' ich wieder in meiner Kraft und fühle eine solche Lebendigkeit ... es ist einfach toll.

Also da hat sich vieles verändert. Früher war es immer so gleichbleibend. Also irgendwie ist das für mich auch langweilig. Es ist kein Hoch und kein Tief; es war halt immer so normaler Alltag. Gut, ich muß auch erst lernen, mit den Tiefs umzugehen; und es ist manchmal unheimlich schwierig. Vor der letzten Atemsitzung war es ja so: daß ich wirklich vierzehn Tage total am Boden war. Mir hat nichts mehr Spaß gemacht, auch mein Beruf nicht; ich hatte keine Lust mehr, zu nichts mehr Lust. Dann nach der Atemsitzung erleb' ich gerade das Gegenteile ..., daß ich wieder ein ganz großes Bedürf-

nis habe nach viel Meditation und Tanz und kreativ zu sein und zu arbeiten.

Vor der letzten Atemsitzung warst du in diesem Tief und danach bist du rausgekommen?
Hm, das ist schwierig zu sagen; denn eigentlich gehört die letzte Atemsitzung im Mai noch dazu.

Was war dir da wichtig?
In dieser Atemsitzung ging es hauptsächlich um Sexualität. Nach der letzten Atemsitzung im Mai habe ich mit meinem Mann nicht mehr geschlafen. In der ersten Zeit habe ich das sehr befreiend erlebt; denn vorher hatte ich das Gefühl, dem allem nur ausgeliefert zu sein … nach der Zeit, wo ich ihn nah dem Tode auf der Intensivstation im Krankenhaus immer besucht hatte.

Hatte deine Depression mit dem Gefühl zu tun, in der Sexualität mit deinem Mann immer nur ausgeliefert zu sein?
Das kann sein. Ich weiß es jetzt nicht. Jedoch bin ich mit diesem Gefühl in die Atemsitzung reingegangen.
Ich wurde zum Tiger und habe mit der Schlange gekämpft. Dann habe ich die Schlange durchgebissen, und daraus entstand ein Baby. Dann habe ich das Baby ganz lange Zeit gehalten und dabei ganz lange geweint. Denn ich hatte das Gefühl, nie so lange gehalten worden zu sein. Da hab' ich dieses Ausgeliefertsein erlebt und gespürt, wie es die Babys sind. Und dann habe ich dem Baby alles gegeben, was es braucht. Zum Teil war ich dabei die Mutter und zum Teil das Baby – beides zur gleichen Zeit.
Ja, und das ging dann sehr, sehr lang. Dann habe ich mit dem Kind gesungen … ich wurde immer mehr Mut-

ter und habe das Kind einfach gehalten, habe dem Kind alles gegeben, was es braucht, es immer wieder gestreichelt und mit ihm gesungen.

Später habe ich mich dann in einem heiligen Tempel gesehen und war einfach voller Liebe und Dankbarkeit.

Und seit dieser Zeit habe ich, was ich schon vorhin sagte, nicht mehr mit meinem Mann geschlafen. Es ging einfach nicht. Ich glaube, ich war dann immer noch dieses Kind, das beschützt werden wollte. Wir haben uns in diesen drei Monaten lange Zeit immer nur gehalten und gestreichelt, und es war einfach auch schön, und es war auch für meinen Mann o.k. Denn ich habe keine Ansprüche mehr gehabt wie vorher, wo ich ihn überfordert habe. Und für mich war es eine Befreiung. Vorher stand die Sexualität so sehr im Mittelpunkt; und ich war froh, daß sie auf einmal keine Rolle mehr gespielt hatte.

Du meinst, sie hat keine Rolle mehr gespielt?
Früher war das Thema Sexualität. Ich wollte morgens, mittags, abends ... immer wieder Sexualität erleben. Sie war eine Macht, die mich in der Hand und in der Gewalt hatte. Nach dieser Atemsitzung war das weg. Ich habe mich so frei gefühlt, weil sie einfach nicht mehr da war, diese Macht.

Ich hatte dir doch mal einen Traum erzählt, in dem mich ein furchtbar gieriger Mann vergewaltigen wollte, ich geschrien habe ... Ich weiß nicht, ob du dich erinnern kannst. Jetzt ist mir klar geworden, daß ich dieser Mann bin. Heute ist mir ganz klar: Ich bin gierig und also, unersättlich, ja? Das wollte ich einfach nicht angucken. Es war furchtbar. Der Mann war auch so entstellt und so scheußlich ... und jetzt hab' ich das auch bei mir erkannt, daß das einfach auch vorhanden ist.

Das hattest du auch durch diese Atemsitzung erfahren?
*Das hatte mit ihr zu tun, und dann habe ich noch er-
kannt, daß ich auf viele Männer zugegangen bin und
am liebsten mit allen möglichen Männern geschlafen
hätte, um mich auf diese Weise in meiner Weiblichkeit
zu bestätigen ... daß ich nur als Frau akzeptiert werd'.
Ich wollte einfach von den Männern eine Bestätigung,
daß ich eine Frau bin. Und das hat damit zu tun, daß
mein Vater einen Sohn haben wollte und mich als Sohn
großgezogen hat. Ich war immer sein Sohn und habe
sehr lange gebraucht, um zu meiner Weiblichkeit zu finden. Das ist auch durch mehrere Atemsitzungen gekommen, daß ich das geschafft habe.*

*Nach dieser Atemsitzung ist es mir dann sehr lange –
drei Monate – bestens, gut gegangen. Dann ist es plötzlich umgeschlagen ...*

Kannst du dich an etwas erinnern, was den Umschlag
ausgelöst hat?
*Ich überlege jetzt gerade, was das Ausschlaggebende
war, daß ich dann so ... in eine totale Depression rein-
gefallen bin. Ich habe auch in dieser Zeit ein Buch gelesen über Eßsucht; denn ich habe ja immer wieder
Schwierigkeiten mit meinem Körpergewicht. In dem
Buch stand etwas von „Eßsucht – oder die Scheu vor
dem Leben". Wahrscheinlich hat mich das Thema sehr
beschäftigt.*

*Es geht mir manchmal so, daß ich nicht weiß, was das
ausgelöst hat. Ich merke nur, daß ich in die Küche renne
und wieder etwas zum Essen brauche. Ich denke, eigentlich geht es mir doch gut. Aber an meinem Eßverhalten
erkenne ich, daß irgendetwas nicht stimmt. Und dann
zerbrech ich mir den Kopf, was eigentlich abläuft, und
ich blick's dann oft nicht.*

210

Vielleicht erzählst du einfach einmal, wie du dich vor der letzten Atemsitzung gefühlt hast?
Mhm. So zehn Tage vor der Atemsitzung kam ich in diese depressive Phase, wo ich zu nichts, aber auch zu gar nichts Lust hatte. Ich wollte weder gehalten werden noch arbeiten, gar nichts. Das einzige, wozu ich Lust hatte, war Essen. Das war das einzige; und das hab' ich gemerkt, daß ich alles in mich reinstopfe. Ich habe mich überhaupt nicht mehr ausstehen und mich leiden mögen. Es war eine schlimme Zeit, und ich war froh, daß das Atmen da vor der Tür stand.

Was ereignete sich dann in der Atemsitzung?
Ich wurde sofort wieder zum Tiger, und auch die Schlange war wieder da. Dieses mal habe ich nicht mit der Schlange gekämpft, sondern es gab eine wunderschöne Vereinigung. Also wir haben miteinander geschlafen. Ich hatte total erotische Gefühle; es war ganz viel Zärtlichkeit und Hingabe dabei. Es war großartig und ... dann, ja da ist dann das, wenn ich dann schneller atme, total in den Rhythmus hineingehe, dann erlebe ich eine sexuelle Ekstase.

Mir wurde ganz leicht und gleichzeitig jedoch auch schlecht. Durch die Bewegung, durch dieses Hin- und Herdrehen wurde mir ganz schwindlig. Dann wurde mir schlecht, du hast mir auf den Bauch gedrückt, ich bekam Erstickungsangst ... und ich weiß gar nicht ... habe ich dann „stop" geschrien oder – ich habe dann einfach aufgehört.

Ich weiß nur, daß mich dann die Maria (Maria Staib, zweite Gruppenleiterin) *eine Zeitlang gehalten hat, und es dann gut war. Und während die Maria mich eben so gehalten hat, da hatte ich das Gefühl, zum erstenmal hält mich eine Mutter. Ich habe lange weinen müssen;*

denn ich hatte die Eingebung: es ist zum ersten Mal und gleichzeitig zum letzten Mal. Ich erlebte dabei einen starken Abschiedsschmerz. Ich war dann ziemlich erschöpft und lag dann eine ganz lange Zeit ruhig. Dann kam wieder so rhythmische Musik, die mich genauso wieder in eine sexuelle Bewegung hineinbrachte. Ich habe es dann wieder so erlebt: Ich bin voll in den Rhythmus hineingegangen, dann wurde mir genauso übel durch dieses Hin und Her. Ich hatte Angst, daß ich die Kontrolle verliere; ich hatte Angst, wahnsinnig zu werden.

Wie ist es dann weitergegangen?
Ich hatte furchtbare Angst, da ganz reinzugehen. Irgendwann hörte ich dann auf mit der Bewegung, weil dann so ein Punkt kam, an dem ich wirklich Todesangst hatte und die Angst wahnsinnig zu werden.

Wie ging es dann weiter?
Ja, ich stoppte. Dann habe ich mir eine Windel anziehen lassen, weil ich pinkeln mußte. Dann habe ich einfach aufgehört, in dem Moment, als ich fürchtete, die Kontrolle zu verlieren und wahnsinnig zu werden. Ich habe einfach aufgehört in der Bewegung, aufgehört zu atmen.

Du hast einfach gestoppt, jede Bewegung, jedes Leben, alles abgestoppt, weil du befürchtetest, der nächste Schritt könnte für dich einen Kontrollverlust bedeuten? ... Und du hast eine Windel angezogen.
Dann habe ich die Windel angezogen, weil ich aufs Klo mußte. Doch es ging nicht, obwohl ich mich wirklich entspannte. Dann dachte ich, jetzt geh' ich mit der Windel auf die Toilette. Doch auf dem Weg dorthin, im Freien, auf der Wiese bin ich einfach stehengeblieben ... und dann lief es, und dann lief das und lief das (Lachen).

Ich habe so dabei lachen müssen, weil es so befreiend war, weil ich das Gefühl hatte, ganze Zentner fallen von meiner Schulter. Ich habe mir noch gedacht, so groß kann doch meine Blase gar nicht sein. Die Windel hat gar nicht ausgereicht. Es war die Beine runtergelaufen, die Hose naß, alles naß, und ich habe mich sowas von frei nachher gefühlt.

Danach habe ich mich erstmal geduscht und mich frisch umgezogen. Ich dachte zuerst, jetzt müßte die Sitzung fertig sein. Doch dann wurde mir nochmal schlecht, und ich bekam noch ein bißchen Kopfweh.

Ich habe mich dann wieder auf die Matratze gelegt und Dich zu mir gebeten.

Dann haben wir über das Sterben gesprochen, eigentlich über meine Todessehnsucht, die ich spürte ... wo ich doch eigentlich erstmal richtig leben wollte. Und du hast gesagtg: Ja, richtig leben geht erst, wenn man vorher gestorben ist.

Dann hast du noch einmal die Anfangspunkte gedrückt (Anfangspunkte vom Blasenmeridian an den Augenbrauen I.J.), *die linke Seite hat so unheimlich weh getan. Ich hatte das Gefühl, du reißt mir ein Auge aus. Dann ging alles mögliche ab. Ich habe wieder um mich geschlagen, und wieder dachte ich, verrückt zu werden.*

Dann plötzlich hatte ich Schmerzen oberhalb vom Nabel selbst bei der leichtesten Berührung. Solche Schmerzen hatte ich mein Leben noch nie. Es war schmerzhafter als damals, als ich mein Kind geboren habe.

Der Schmerz war noch größer als bei der Geburt deiner Tochter?
Ja, ich hatte das Gefühl, mein Bauch ist eine offene Wunde, und darin sind die Schmerzen von allen Verletzungen, die ich in meiner ganzen Kindheit bis zum heuti-

gen Zeitpunkt von meinen Eltern vor allem erlitten
habe ... dann habe ich immer wieder meinen Bauch geschützt.

Du hattest das Gefühl, daß du in deinem Bauch alle
Verletzungen fühlst, die du je erlitten hattest?
*Ja. Und deshalb durfte auch keiner – du durftest ja auch
nicht – meinen Bauch berühren. Ich habe meinen Bauch
mit beiden Händen geschützt – so, als sei er ganz offen.
Und ich mußte ihn auch schützen, daß ja keine Verlet-
zung jetzt neu dazukommen könnte. Dann kam mir
plötzlich die Idee, daß ich mir so einen Panzer drum-
rum gegessen habe, daß ich einen Panzer mit Essen um
mich gebildet habe, um mich zu schützen ... daß keine
Verletzungen mehr an mich rankommen können ...*
*Ja, und dann hab' ich meinen ganzen Schmerz raus-
geweint und immer ganz liebevoll meinen Bauch gestreichelt und liebkost. Ich brauchte ganz lange Zeit,
bis ich mich mit meinem Bauch versöhnt habe.*
*In diesem Augenblick wurde er auf einmal wie heilig.
Ich habe mich dann noch ein wenig von meinem Sitter
halten lassen. Dann ging die Atemsitzung so richtig
schön aus. Ich hatte mich mit meinem Bauch versöhnt.*

Nach dieser Erfahrung glaubte E., daß sie nun wieder
mit ihrem Mann sexuell zusammensein könnte. Doch
zu ihrer Überraschung stellten sich ihre Lustgefühle
nicht ein. Erst nachdem sie selbst eine andere Frau
(als Sitterin) in deren Erwachsenheit begleitet hatte,
spürte sie ihre sexuelle Lust. Sie bedurfte offensichtlich noch der Bestätigung, vielleicht auch der Erlaub-
nis, erwachsene Frau zu sein.
*E.: Dann war's großartig, wunderschön; und jetzt ist die
Gier noch größer als vorher.*

I.: Die sexuelle Gier?
Mhm.

Gibt es darin für dich nun einen Unterschied zwischen
damals und heute?
Ja, einen großen. Vorher war es eine Befreiung, von die-
ser Gier loszukommen, weil sie eine solche Macht über
mich hatte. Doch dann hatte ich erstmal gar keine sexu-
elle Lust mehr. Ich wollte immer nur noch wie ein Baby
gehalten werden.
Jetzt weiß ich, daß ich wirklich unheimlich gierig bin.
Ich könnte mit jedem Mann jetzt schlafen. Aber ich
brauch' ihn mir nicht mehr sofort zu schnappen und
mit mir ins Bett schleifen. Meine Gier kommt mir nicht
mehr so entsetzlich vor; ich kann sie mir einfach anguk-
ken und sagen, es ist nun halt mal so. Ich kann diese
Seite jetzt in mir akzeptieren. Ich lebe sie aus mit mei-
nem Mann, soweit ich das kann ... ich möcht' ihn wirk-
lich nicht mehr verletzen. Ich bin nicht mehr darauf an-
gewiesen, irgendwo Männer anzumachen, nur um mich
in meiner Weiblichkeit zu bestätigen. Ich kann jetzt
wirklich viel leichter damit umgehen.

Der Wegabschnitt E.s, den ich sie begleiten durfte, begann, als E.s Hunger nach neuen Erfahrungen erwachte. Gleichzeitig kämpfte sie damals vor allem
mit ihrer fast erwachsenen Tochter, daß ihr das Essen
der Mutter schmecken sollte. E. versorgte damals
viele Menschen, ihre Freunde, die sie dafür lieben
sollten und nie allein lassen durften. In ihrer Ehe
wußte E. damals nicht recht, ob sie mit ihrem Mann
zusammen war, weil sie ihn liebte, oder weil sie ihn
brauchte.
Als E. sich zugestand, daß in ihrem Leben etwas

fehlte, bemerkte sie, wie wenig sie ihren Körper als Frau annehmen konnte. Sie verliebte sich in verschiedene Männer, manchmal schlief sie mit ihnen. E.s Freundeskreis veränderte sich dabei sehr. Die konventionellen unter ihren ehemaligen Freunden wandten sich erschrocken von ihr ab.

Höhepunkt dieser Entwicklung war E.s Traum (s.o.) von einem gierigen, häßlichen Mann, der sie verfolgte. E. entdeckte, daß sie selbst *der Gierige* war. Sie benutzte zu dieser Zeit ihre Sexualität, um Macht über Männer, im weitesten Sinne auch um Macht über ihren Vater zu haben und sich an ihm dafür zu rächen, weil dieser sie lieber als Jungen und nicht als Mädchen annehmen konnte.

Endlich konnte E. das bedürftige kleine Kind in sich selbst spüren, das eigentlich gar keinen Sex wollte, nur gehalten und zärtlich liebkost werden wollte. An diesem Punkt gab es plötzlich ein „Erkennen" zwischen ihr und ihrem Ehemann, der diese Bedürftigkeit schon länger offen in der Beziehung lebte. Vorher hatte E., wie sie sagte, ihn durch ihre sexuellen Ansprüche ständig überfordert. Doch über die Erfüllung und das Erleben ihrer kindlichen Bedürfnisse gemeinsam mit ihrem Mann gerät E. in eine zwar nur kurz anhaltende, jedoch sehr intensive Depression: Sollte das alles gewesen sein? Hört mit der Sättigung der kindlichen Bedürftigkeit auch der Hunger nach dem Leben auf?

Und so durchschreitet E. noch einmal das Tor, das rechts und links durch die Wächter Todesangst und Wahnsinn gehütet wird. E. erkennt ihre Todessehnsucht und nun wirklich ihren Hunger nach Leben, eine Sehnsucht, die jenseits jeder oral-narzißtischen Bedürftigkeit liegt. An diesem Punkt gelingt es ihr auch, ihre sexuelle Gier als einen Teil ihrer Suche nach Lebendigkeit in die Persönlichkeit zu integrieren. Oft ist das auch der Moment, in dem sich die Kundalini zu entfalten anfängt, das sexuelle und das kindlich Bedürftige, das Lebendige mit dem Göttlichen zu verschmelzen beginnt. In diesen letzten beiden Atemsitzungen wird deutlich, wie E. von ihrem persönlichen Erleben zur transpersonalen Erfahrung gelangt: ihr inneres Kind wird geboren und sie entdeckt Mütterlichkeit in einem heiligen Tempel. Sie erlebt die größte Wunde ihres bisherigen Lebens, alle Schmerzen, die sie je erlitt und erfährt dann ihren „heiligen Bauch". Noch ein weiterer Schritt könnte die Erfahrung des Leidens aller Kreatur z. B. sein, die das Herz öffnen kann für das Mitgefühl und die Liebe Gottes.

Ich befrage E., die aus einem traditionellen kirchlichen Rahmen kommt, noch über die Veränderung ihres Weltbildes.

E.: Die wertvollste Erfahrung, die ich beim Atmen machen konnte, hat mit dem Religiösen zu tun. Früher habe ich in der Kirche Predigten gehört oder in der Bibel gelesen, so wie man das kennt. Ich habe aber nie erfahren, was da eigentlich gemeint ist. Der Pfarrer hat es mir auch nicht sagen können. Ich bin dabei einfach nicht gesättigt worden.

Dann in Prag, da hatte ich eine Atemsitzung, in der ich mit Gott kämpfte. Ich wollte mich seinem Willen einfach nicht unterwerfen. Und dann habe ich angefangen, ganz vorsichtig „ja" zu sagen, und das wurde immer kräftiger. Und als ich klar „ja" gesagt hatte, folgte ein unbeschreibliches Erlebnis. Es war eine totale Befreiung, und mir wurde klar, daß ich gar nicht alles bringen, leisten, tun usw. muß. Ich wußte, daß er mich an der Hand hat und mich leitet und viel besser weiß, was

*für mich richtig ist. Wenn ich mich ihm überlassen kann,
so hat er das Ganze für mich im Blickwinkel. Das war
ganz befreiend, eine tolle Erfahrung, doch ich merke,
daß sie im Alltag schwierig zu leben ist. Im täglichen
Leben habe ich immer wieder mein Ego. Ich will nach
der einen Seite; und er will vielleicht mit mir ganz woan-
ders hin, und ich höre es gar nicht genügend. Was sich
bei mir immer stärker entwickelt, ist diese innere Sehnsucht nach ihm und das Bedürfnis, jeden Tag zu meditieren und mich ihm zu überlassen. Aber ich habe noch
nicht so etwas Geregeltes drin. Irgendwo   're ich mich
da. Vielleicht habe ich noch Angst, mich wirklich ihm
ganz zu überlassen, ich weiß ja gar nicht, was er von
mir verlangt.*

I.: Dies scheint ein weiterer Schritt zu sein, der vielen
Menschen nochmal Angst macht: auf die mühsam erreichte Selbst-Bestimmung über das eigene Leben zu
verzichten und sich ganz der Führung Gottes zu überlassen. Das ist etwas, was oft in unserem (westlichen)
Lebenshorizont gar nicht enthalten ist.
*Mhm. Wobei ich gerade bei dieser Atemerfahrung das
Gefühl hatte, daß ich gerade dadurch die Freiheit be-
komme, die endgültige Freiheit, daß ich ihn bestimmen
lasse.*

War das dein Gefühl?
*Ja, ich glaube. Nur weiß ich, daß ich es im Alltag nur
schrittweise leben kann. Ich weiß, daß ich nichts glauben und nichts erzwingen muß, indem ich z. B. jeden
Morgen meditieren muß. Irgendwann ist es reif... ich
mache es schon immer mehr...
Ich spüre einfach so eine Lebendigkeit in mir und
merke, daß sie mir niemand mehr verbieten kann.*

218

Joseph Goodbread und Arnold Mindell

Prozeßorientierte Psychotherapie. Auf den Spuren des verborgenen Tao des Individuums und der Welt

So wie sie von einem der Autoren (Mindell) entwickelt wurde, ist prozeßorientierte Psychotherapie ein sich entfaltender Zugang zur menschlichen Erfahrung. Weil diese Methode noch dabei ist, sich zu entwickeln und zu entfalten, sollte man die von uns in diesem Artikel dargelegte Anschauung am besten als eine Augenblicksaufnahme von der augenblicklichen Identität der prozeßorientierten Psychotherapie auffassen.

Prozeßorientierte Psychotherapie ist der Versuch, dem Tao auf der Spur zu bleiben, jenem vermischten Fluß von Natur und menschlicher Bewußtheit, das Lao Tse so poetisch und geheimnisvoll in seinem großartigen klassischen Werk Tao Te King dargestellt hat.

Die Taoisten glaubten, man könne dieses Prinzip erkennen und sich nach ihm richten. In ihren Malereien portraitieren sie es als Kraftlinien und ein die ganze Natur durchdringendes Fließen. Dem Tao zu folgen erfordert zweierlei: einmal einen Akt der Wahrnehmung, um den Weg herauszufinden, den das Tao eingeschlagen hat; zum andern einen Akt des Mutes, denn das Befolgen des Tao bedeutete oft, mit einer auf dem allgemeinen Menschenverstand beruhenden Haltung gegenüber dem Leben und der Pflicht zu brechen, die zu vorhersehbaren und oft unbefriedigenden Ergebnissen führte. Dem Tao folgen, das bedeutete oft, den Zorn und Spott der Mitmenschen riskieren. Es war viel leichter, den Anschauungen und inneren Dialogen zu folgen, die die Welt in ihrer statischen Form bewahren wollten. Dem Tao folgen bedeutete, dem Geheimnis des Lebens nachzuspüren, statt den vorhersehbaren und leicht sichtbaren Pfaden der Konvention.

So abstrakt das Tao in den alten Schriften auch erscheinen mag – es hat doch einen sehr praktischen und greifbaren Aspekt. Es dient als eine Metapher für den Fluß menschlicher Erfahrung, der bewußten wie der unbewußten. Die Menschen haben stets ein Gespür dafür gehabt, daß es noch einen Erfahrungsaspekt gibt, der von ihrem Willen unabhängig ist. Dieser wird oft einer allwissenden, allmächtigen Gottheit zugeschrieben. In moderneren Zeiten wurde dieser Aspekt der Erfahrung in C. G. Jungs Vorstellung vom kollektiven Unbewußten begrifflich formuliert. Solange wir des kollektiven Unbewußten nicht gewahr sind, besitzt sein Inhalt eine Autonomie, die sich als mächtiger und wirksamer erweist als der menschliche Wille. Diese Verkörperung des Tao ist es, mit der die prozeßorientierte Psychotherapie sich beschäftigt.

Solange die Welt sich nach unserem Willen und unseren Erwartungen verhält, werden wir im allgemeinen des Tao und unserer eigenen Natur nicht gewahr. Wo der Fluß des Geschehens von dem abweicht, was wir wünschen und erwarten, werden wir uns dessen bewußt, daß die Welt von unserem Willen unabhängig ist. Dann stehen wir vor einem Dilemma: Entweder müssen wir einen Teil unserer Identität opfern, um mit dem Strom der Ereignisse der Welt zu schwimmen, oder aber wir müssen unsere Haltung durch den Versuch erhärten, die frühere Ordnung wiederherzustellen, oft auf Kosten großer Mühe und Energie, sogar unseres Lebens. Offenbar haben die Erfahrungen, die wir als störend und pathologisch empfinden, dies gemeinsam: Sie sind eine Herausforderung für die Identität des Individuums, der Beziehung oder der Gruppe, auf die sie störend wirken. Das ist das Dilemma, mit dem prozeßorientierte Psychotherapie sich befaßt.

Prozeßorientierte Psychotherapie arbeitet nicht ausschließlich therapeutisch, solange dieser Begriff auf die Arbeit mit Einzelpersonen begrenzt wird. Sie befaßt sich vielmehr mit dem Unbekannten in allen Lebensbereichen. Der Begriff wird verwendet für die Arbeit mit kleinen und großen Gruppen, mit Organisationen, zur Konfliktlösung und, was besonders bemerkenswert ist, für die Arbeit mit körperlich Kranken. Dieser letzte Aspekt illustriert unserer Ansicht nach am deutlichsten die Grundsätze und Praktiken prozeßorientierter Psychotherapie, weil er der Alltagserfahrung des Lesers vielleicht am nächsten kommt. Wir wollen daher zunächst einmal zeigen, wie prozeßorientierte Psychotherapie einen Zugang zu Patienten mit physischen Krankheitssymptomen sucht.

Die prozeßorientierte Psychotherapie entstand aus der Traumkörperarbeit. Sie ist durch Mindells Entdeckung gekennzeichnet, daß physische Symptome und Krankheiten sich in den Träumen des Menschen spiegeln. Was oft im Traum reproduziert wird, ist nicht die medizinische Beschreibung, sondern das subjektive Erleben des Symptoms. Ein Beispiel dafür liefert eine junge Frau, die an ankyloser Spondilitis litt, einem arthritischen Zustand der Wirbelsäule, der im fortgeschrittenen Zustand zum Verwachsen von Wirbelsäule und Becken und zu einer allgemeinen Versteifung des Rückens führt.

Das ist die rein medizinische Beschreibung. Für uns hier ist das subjektive Erleben der Krankheit von größerem Interesse. Auf die Frage, wie sie ihr Symptom erlebt, demonstrierte die junge Frau das durch Körperbewegungen. Sie zeigte eine besondere Gehweise, bei der Becken und Rücken sich als Einheit bewegten, mit an den Seiten schwingenden Armen. Der Therapeut fragte nach Kindheitsträumen, da chronische Symptome und andere langfristige Prozesse sich offenbar in Träumen und anderen traumähnlichen Prozessen spiegeln, die aus der Kindheit erinnert werden.

Sie berichtete von einem Traum, in dem sie in ihrem Elternhaus von einem Bären verfolgt wurde. Beim Erzählen des Traums demonstrierte sie durch Körperbewegungen, wie sie als kleines Mädchen durch das Haus rannte, mit munteren Bewegungen voll kindlicher Gelenkigkeit. Und dann zeigte sie spontan, wie der Bär sich bewegt hatte: Jetzt war ihre Gehweise fast identisch mit der, mit der sie ihre Krankheit beschrieben hatte.

Eine der Hauptmethoden, sich mit störenden Erfahrungen zu beschäftigen, ist Amplifikation (Ausweitung). Da es den Anschein hat, als störten Erlebnisse in dem Ausmaß, in dem sie uns einfach zustoßen, statt daß wir sie unter Kontrolle haben, besteht ein Weg zur Verringerung des störenden Charakters einer Erfahrung darin, sie absichtlich zu reproduzieren, jedoch ganz aufmerksam. Das ähnelt der Methode der Amplifikation, deren Jung sich bei Traumbildern bedient. Da in diesem Fall jedoch das Erlebnis des Patienten durch Bewegungen ausgedrückt wird, dürfte die Amplifikation des Erlebens in der Bewegung wahrscheinlich die besten Ergebnisse bringen. Verbale Amplifikation, etwa durch einen inneren Dialog mit einem hauptsächlich in der Bewegung erlebten Symptom, wird vermutlich nur wohlbekannte Informationen bringen, weil solche Informationen das somatische Unbewußte meiden. Wie beim Tao, das unaussprechlich ist, wendet man sich nichtverbaler Erfahrung am besten in dem Kanal zu, in dem sie wahrgenommen wird. Andernfalls verstärkt sie nur eine bereits schwierige und blockierte Identität, statt daß unsere Wahrnehmung durch neue Informationen angereichert wird.

Der Therapeut, der bemerkt hatte, daß die junge Frau zweimal eine ähnliche Körperbewegung demonstriert hatte – zuerst bei der Beschreibung des Symptoms und dann bei der des Traumes – bat sie daher, diese Bewegung absichtlich zu wiederholen. Zum Unbehagen des Therapeuten antwortete die Klientin: „Das kann ich nicht", wobei sie sehr unglücklich aussah.

Ihre Unfähigkeit, die von ihr verlangte Bewegung zu reproduzieren, ist zunächst einmal eine geheimnisvolle Tatsache. Eben noch hatte sie fröhlich gezeigt, wie ihre Krankheit ihre Gehweise beeinflußte, danach, wie der Bär im Traum gelaufen war. Als sie jedoch gebeten wurde, dies ganz bewußt und absichtlich zu tun, war sie dazu nicht imstande. Der Therapeut redete ihr sanft zu, diese Bewegung zu versuchen, doch war die Reaktion darauf so negativ, daß der Therapeut sich genötigt sah, damit aufzuhören. In einem späteren Stadium der Arbeit, das an anderer Stelle beschrieben wird, erklärte die Klientin, ihr Vater und ihre Mutter hätten eine schlimme und verletzende Beziehung zueinander gehabt, gekennzeichnet durch Alkoholismus und physische Gewalt. Die Mutter hatte der Klientin stets gesagt, sie (die Klientin) müsse die Normalität im Familienleben aufrechterhalten. Doch war sie als Kind ziemlich wild gewesen. Sie paßte sich nicht gut dem Standard zarter Weiblichkeit an, den ihre Mutter ihr aufzwingen wollte. Ihr Kindheitstraum stellte immer wieder die bärenhafte Natur heraus, mit der sie sich nicht identifizieren konnte, die sie jedoch durch das Elternhaus verfolgte. Sie wurde von ihrer Mutter gezwungen, von einem wichtigen Element ihres Wesens abzuweichen. Diese Seite ihres Wesens zeigte sich später als das Symptom, das sie daran hinderte, die stilisierte Version von Weiblichkeit anzunehmen, die zunächst ihre Mutter und später ihre persönliche Kultur von ihr forderten.

Die Traumgestalt des Bären kann man als Personifizierung der Stärke und Kraft ihres Wesens ansehen, die in der Kindheit verdrängt werden mußte. Es war ihr verboten, sich mit dieser Seite ihrer Persönlichkeit zu identifizieren. Wir könnten sagen, der Bär markiere die Grenze ihrer Identität. Ihre Identität mußte gegen die bärenhaften Neigungen verteidigt werden, die zunächst in ihrem Traum und später in ihrer Körperhaltung und Gehweise in Erscheinung traten.

Diese Identität ist daher ein Prozeß. Er wird aufrechterhalten durch die Verdrängung der Stärke und Kraft ihres Charakters und Körpers. Dieses aktive Aufrechthalten der persönlichen Identität bezeichnen wir als den primären Prozeß des Individuums. Auch Paare, Familien, Gruppen, Organisationen und sogar Nationen haben primäre Prozesse. Obwohl ihr bärenhaftes Wesen während ihrer Kindheit als Neigung zur Wildheit und in ihrem Traum vom Bären in Erscheinung trat, später dann im Erwachsenenleben als die ihr von ihrem Symptom aufgezwungene Körperhaltung und Gehweise, erlebt sie dies als etwas, was ihrer Natur fremd ist. Solche Erfahrungsprozesse nennen wir sekundäre Prozesse, um hervorzuheben, daß sie gewissermaßen im Hintergrund vorhanden sind, und um sie den primären Prozessen gegenüberzustellen, die die Menschen gerne in den Vordergrund ihrer normalen Bewußtheit stellen.

Von gleicher Bedeutung wie die primären und sekundären Prozesse ist die Grenze zwischen diesen beiden Aspekten menschlicher Erfahrungen. Wir nennen diese Grenze den äußeren Rand (edge), um hervorzuheben, daß sie so abrupt und definitiv ist wie der äußere Rand eines physischen Gegenstandes. Und ähnlich wie wir in der Schule gelernt haben, daß frühere Seefahrer Angst hätten, zu weit zu segeln und über den äußeren Rand der Welt abzustürzen, haben die Erforscher des Tao Angst, über den äußeren Rand ihrer persönlichen Identität ins mögliche Chaos des Unbekannten zu stürzen. Im Falle der oben erwähnten Klientin war ihr Versuch, auf konventionelle Weise weiblich zu sein, primär, ihre bärenhaft starke und kraftvolle Natur dagegen sekundär. Wir würden sagen, es gab für sie einen äußeren Rand gegenüber dem sekundären, bärenhaften Teil ihrer Erfahrung. Sie besaß dafür kein anderes Muster als ihren furchterregenden Kindheitstraum und ihr sehr unangenehmes und schmerzhaftes Symptom.

Äußere Ränder (edges) sind nicht einfach strukturelle Begriffe. Sie manifestieren sich in spezifischen Verhaltensweisen, wo immer wir uns ihnen nähern. Die junge Frau in unserem Beispiel wies ein sehr typisches Verhalten für jemanden auf, der sich am äußeren Rand bewegt. Einerseits hatte sie ein mit der bärenhaften Seite ihrer Natur assoziiertes Verhalten in bezug auf ihren Traum und als Kommentar zu ihrem Symptom zur Schau gestellt. Andererseits war sie nicht imstande, dieselbe Bewegung auszuführen, als sie aufgefordert wurde, sich unmittelbar mit ihr zu identifizieren. Wer aufgefordert wird, sich mit sekundären Prozessen zu identifizieren, stellt oft ein äußerst unvereinbares Verhalten zur Schau, kinästhetisch gekennzeichnet durch repetitive und unvollständige Bewegungen, verbal durch unvollendete Sätze, Stottern, Pausen und abruptes Wechseln des Gesprächsthemas. Dies sind die mehr sichtbaren Zeichen dessen, was wir „Grenzverhalten" (edge behavior) nennen. Menschen, die an der Grenze am Rande des Erkundens eines sekundären Prozesses stehen, können auch akute physische Symptome entwikkeln. Für jemanden, der an einem sekundären Prozeß arbeitet, ist es nicht ungewöhnlich, daß er plötzlich Kopfschmerzen, einen Muskelkrampf oder Magenschmerzen bekommt.

Grenzerlebnisse haben für unser Leben unerhört praktische Konsequenzen. Da Erfahrungsprozesse ein eigenes Leben und ihren eigenen Schwung zu haben scheinen, neigen sie dazu, auch angesichts hemmender starker Grenzerscheinungen weiterzubestehen. Unser Versuch, abgelehnte Erlebnisse aus unserem Leben auszuschließen, zwingt diese in Kanäle, über die wir weniger Kontrolle haben. In unserer kosmopolitischen weißen Kultur, der einzigen, über die wir mit einiger Sachkunde sprechen können, sind die stärker körperorientierten Erlebniskanäle für verleugnete Erfahrungen am empfänglichsten. Erlebnisse, die wir in unsere Vordergrundpersönlichkeit nicht zulassen dürfen oder zuzulassen wagen, finden in der Welt der körperlichen Erfahrung ein offenes Haus. Die Klientin in unserem Beispiel konnte vielleicht die Kraft und Stärke ihrer Persönlichkeit aus ihrer Redeweise und ihrer äußeren Erscheinung sowie aus ihren Beziehungen zu anderen Menschen und zur Welt verbannen. Doch zeigt sich diese Stärke und Kraft weiterhin in ihren Bewegungen und den Empfindungen, die diese in ihren Gelenken hervorrufen.

Es würde der komplexen Natur der jeweiligen Grenze und unserer Beziehungen zu ihr nicht gerecht, würde man den Widerwillen der Klientin, sich mit diesem sekundären Prozeß zu identifizieren, als „Widerstandsphänomen" bezeichnen. Das würde implizieren, ihr Widerstand sei nur etwas, was man hinter sich lassen müsse, um einen heilenden Zustandswandel zu erzeugen. Wollten wir jedoch ihren Widerstand brechen, müßten wir den Reichtum und die Komplexität des äußeren Randbereiches außer acht lassen, der ihre bekannte Identität von der neuen, geheimnisvollen und sogar furchterregenden Welt ihrer sekundären bärenhaften Natur trennt. Untersuchen wir doch mal für einen Augenblick einige der Faktoren, die dazu beitragen, eine Identität angesichts eines sie in Frage stellenden sekundären Prozesses aufrechtzuerhalten.

Das Wesen der Grenzen und die Quellen persönlicher Identität

Die Abgrenzung unserer Klientin gegenüber ihrer bärenhaften Natur hat mehrere Komponenten:
1. Persönlich: Sie hat ihr Leben um eine Identität als eine konventionell feminine Frau aufgebaut. Eine Änderung dieser Identität könnte ihre Beziehung zu ihrem Ehemann, zu Freunden und Kollegen gefährden, die sie mit diesem Teil ihres Selbst identifiziert haben.
2. Familie: Obwohl sie als Kind auf dem Wege war, einen ganz persönlichen Geschmack an Spielen und

Aktivitäten zu entwickeln, zwang die Familie ihr als Regel auf, daß sie „normal" sein müsse. Sollte sie diese Regel nicht befolgen, bestand eine unausgesprochene Strafandrohung. Wir alle wissen, was solche Drohungen bewirken: Sie schaffen eine emotionale Atmosphäre, die auf unterdrückende Art alle Aspekte des Familienlebens durchdringt. Diese Atmosphäre definiert eine für die jeweilige Familie einzigartige Form von Kultur, auch wenn sie gewisse Merkmale aus dem umfassenderen kulturellen Rahmen entlehnt, in den sie eingebettet ist.

3. Kulturell: Die Identität, die ihre Familie von ihr forderte, war nicht nur für diese Familie spezifisch. Es war eine in der Zeit, dem Ort und der kulturellen Gruppe, in der sie aufgezogen wurde, weit verbreitete kulturelle Rolle. Das Überschreiten des äußeren Randes in Richtung des weniger konventionell femininen Teils ihrer Persönlichkeit bedeutete für sie das Risiko der Entfremdung von einer ganzen Gesellschaft. Darin erkennen wir auch ein allgemeineres Phänomen unserer Gesellschaft. Frauen, die die volle Kraft und Stärke ihrer Persönlichkeit in unsere Welt einbringen, riskieren es, von der Mehrheit der Männer und Frauen, die noch am archaischen Modell der Rolle der Frau in der Gesellschaft festhalten, verhöhnt und sogar geächtet zu werden.

Das sind die Hauptquellen persönlicher Identität. Einige davon sind in der Tat rein persönlich, andere jedoch aus gesellschaftlichen Strukturen vererbt, die stärker sind als das Individuum. Das verleiht äußeren Rändern einen transpersonalen Charakter. In gewissem Sinne sind sie Allgemeingut aller, die an den Erfahrungen teilhaben, von denen sie definiert werden. Am äußeren Rand zu arbeiten, erweitert nicht nur die eigene Identität. Es ist auch eine Form politischer Arbeit, da jede Person, die sich mit einer gesellschaftlich konstruierten Begrenzung der eigenen persönlichen Identität auseinandersetzt, das soziale System geringfügig ändert. Können diese Menschen außerdem ihre eigene Erfahrung anderen, ähnlich betroffenen Personen vermitteln, dann stellt dies eine Form sozialen Handelns dar, das auf Bewußtheit statt auf Zwang beruht. Doch eilen wir uns hier schon selbst voraus ...

Den Widerstand brechen oder dem Prozeß den Lauf lassen?

Nach der Identifizierung der äußeren Grenzen eines Klienten suchen wir nach Wegen, mit ihnen zu arbeiten.

Die klassische Art des Arbeitens mit Grenzen ist, sie zu überwinden. Freud begriff den Widerstand des Klienten gegenüber den Interpretationen des Psychoanalytikers als positives feedback, weil das ein Hinweis darauf war, daß der Analysand an wahrhaft unbewußtem Material arbeitete. Das ermutigte ihn, diese Linie weiterzuverfolgen, in der Hoffnung, die Widerstände des Klienten zu durchbrechen. Das Ziel war natürlich, dem Klienten Einsicht in Material zu vermitteln, das verdrängt worden war. Später, als die Therapie sich in stärker experimentelle Bereiche bewegte (Beginnend mit Wilhelm Reich, der es für notwendig hielt, die muskuläre Rüstung des Klienten zu durchbrechen, um einen Zustand von Mobilität wiederherzustellen), wurden Durchbruch und Befreiung stärker betont. Die

Klienten wurden ermutigt, Blockierungen zu überwinden. Die ganze Sprache der Therapie konzentrierte sich auf das Freisetzen von Energien und Zustandsveränderungen, statt auf das Gewahrwerden dessen, was der Klient tatsächlich erlebte.

Ein Durchbruch ist eine verlockende Aussicht für diejenigen unter uns, die zu lange in einem Zustand festgefahren sind. Aber es ist eine quälende Aussicht, nur auf Energie und Konzentration zu setzen, bis man zu einem anderen Seinszustand durchbrechen kann. Der Durchbruch hat in der Psychotherapie einen festen Platz, jedoch auch seine Grenzen.

Ist der Durchbruch eine natürliche Konsequenz des Prozesses, dann zeitigt er oft wohltuende und dauerhafte Wirkung. Die Gefahr besteht jedoch darin, daß der Therapeut, dem der Patient mit der Forderung nach schnellem Wandel in den Ohren liegt, über den Grad des Fortschritts des Patienten ungeduldig wird und einen Wandel zu erzwingen versucht. Das hat ernsthafte Nachteile, unter anderen:

1. Viele Patienten widerstehen einer Veränderung in der Therapie, weil die therapeutische Situation einen Konflikt wiederherstellt, den sie mit Autoritäten haben. Angesichts seiner autoritativen Position und seines Wissens, was für den Klienten richtig ist, kann der Therapeut zwar einen Durchbruch herbeiführen, jedoch mit dem Risiko, den Klienten in eine Verlierersituation zu bringen. Es kommt zu einem Durchbruch in einen erheblich veränderten Zustand. Der Klient mag zwar eine in hohem Maße numinose und sogar transpersonale Erfahrung haben, doch wird das zugrundeliegende Problem eher verstärkt als gelöst. Später kann es in einem Kampf mit dem Therapeuten wieder an die Oberfläche ge-

langen und dann sogar mit einem Gerichtsverfahren wegen falscher ärztlicher Behandlung enden.

2. Viele Klienten beginnen die Therapie, während sie noch unter den Auswirkungen irgendeiner Form von physischem oder psychischem Mißbrauch leiden. Drängt der Therapeut einen Klienten zur Überwindung seines Widerstandes, dann kann er erneut eine nachteilige Situation schaffen, in der der Klient verletzt wird, sich dagegen jedoch nicht wehren kann. Zwar mag der Klient sich dem fügen, doch fühlt er sich vielleicht subtil oder brutal vom Therapeuten mißbraucht. Das kann zu Trancezuständen, Furcht und Ängsten, physischen Symptomen oder sonstigen Manifestationen ungeklärter Kränkungen führen. In allen diesen Fällen ist es unwahrscheinlich, daß der Klient imstande ist, sein Dilemma angemessen darzustellen, so daß es für den Therapeuten schließlich notwendig wird, sich genauer auf die Anzeichen von Gekränktsein einzustellen, um zu vermeiden, selbst zu einem Teil des Problems statt der Lösung zu werden.

3. Beschließt der Therapeut, einen Klienten in Richtung einer Zustandsveränderung zu drängen, die sich nicht spontan aus dessen eigenen verbalen und nichtverbalen Signalen ergibt, dann drängt er ihm im Grunde eigene Wertvorstellungen auf. Das mag zwar in „normalen" psychotherapeutischen Situationen unverfänglich erscheinen, kann jedoch schnell rassistische, sexistische, menschenfeindliche oder sonstige diskriminierende Dimensionen in Bereichen entwickeln, in denen Patient und Therapeut keine gemeinsamen Wertvorstellungen teilen.

Einen Klienten zu einem Zustandswandel zu drängen, wirft daher ernsthafte ethische Fragen auf. Fügt sich

231

der Klient, dann riskiert es der Therapeut, zu einem weiteren Glied in einer langen Kette von Unterdrükkern zu werden, gegen die der Klient sich vielleicht in einem späteren Stadium auflehnen muß. Leistet der Klient jedoch Widerstand, dann kann sich ein Ringen mit dem Therapeuten entwickeln, das letztlich ernste Konsequenzen haben kann. Weniger schädlich könnte sein, daß der Therapeut irritiert und schlecht gelaunt wird. Schlimmstenfalls kann der Klient als Patient in einer psychiatrischen Klinik landen, mit einer vernichtenden Diagnose von Schizophrenie oder sonstiger Psychose.

Der beste Grund dafür, einem Prozeß seinen Lauf zu lassen, statt auf eine Zustandsveränderung hinzuarbeiten, ist vielleicht der, daß das Identifizieren einer Person mit irgendeinem ihrer besonderen Zustände, seien sie vorübergehender oder dauerhafter Natur, etwas Enthumanisierendes an sich hat. Keiner von uns mag gerne mit Momenten unserer Schwächen oder Wutausbrüche identifiziert werden. Wir wissen, daß mehr in uns steckt, und fühlen uns daher mißverstanden und geringschätzig behandelt, wenn wir nur wütend oder schwach beurteilt werden. Wir wandeln uns viel leichter, wenn wir merken, daß wir so akzeptiert werden, wie wir sind, als wenn wir spüren, daß wir uns ändern müssen, um unsere echte Menschlichkeit wiederzuerlangen.

Wir lassen dem Tao des Prozesses seinen Lauf

Kehren wir zu unserem Beispiel zurück, um zu sehen, wie ein prozeßorientierter Psychotherapeut versucht, dem Fluß des Prozesses seinen Lauf zu lassen. Wir wollen dieses Fallbeispiel benutzen, um einige spezifische Merkmale der prozeßorientierten therapeutischen Interventionen herauszustellen.

Der Prozeß des Klienten legt eine Intervention nahe

Wir verließen vorhin unseren Therapeuten in dem Augenblick, als er seiner Klientin nahelegte, sie solle versuchen sich so zu bewegen wie der Bär, der sie im Traum verfolgt hatte. Das zu tun, war sie nicht imstande. Und dennoch: Da sie bereits die Bewegungen beider Gestalten des Traums demonstriert hatte, scheint dies einen Weg aufzuzeigen, mit ihrem Traum zu arbeiten. In der Gestalttherapie von Fritz Perls bearbeitet man Träume, indem man den Patienten jede der Traumfiguren spielen läßt und einen Dialog zwischen ihnen konstruiert. Da die Klientin dies bereits getan hatte, vermutete der Therapeut, die Fortsetzung des Rollenspiels werde gute Ergebnisse bringen. Ein zentrales Prinzip prozeßorientierter Psychotherapie ist, daß die verbalen und nichtverbalen Signale des Klienten auf die Art von Intervention hindeuten, die funktionieren wird, da der Klient bereits begonnen hat, es selbst zu tun.

Daher versuchte der Therapeut eine gestalt-ähnliche Intervention auf der Grundlage eines Rollenspiels. Da die Klientin bereits demonstriert hatte, wie der Bär sich bewegte, selbst jedoch nicht imstande war, diese neue Identität auszuprobieren, schlug er eine Umkehr der Rollenverteilung vor. Er würde als Bär agieren, und die Klientin solle sich selbst spielen. Sie stimmte zu, und der Therapeut machte sich daran, die Bewegungen des Bären nachzuahmen, wobei er die Klientin hinsichtlich ihres feedback beobachtete. Während er dies tat, weiteten sich ihre Augen und sie begann zu weinen, wobei sie sich von ihm abwandte.

Arbeiten mit Feedback

War ihre Reaktion nützlich? Ist ihre intensive Gefühlsreaktion ein Signal, mit der Intervention fortzufahren, oder nicht? In diesem Fall hatte es den Anschein, als richte die Intervention mehr Schaden als Gutes an. Je bärenhafter der Therapeut sich gab, desto geringer schien die Kommunikation zwischen ihm und ihr. Statt ihr zu helfen, die bärenhafte Seite ihrer Persönlichkeit anzunehmen, schien er sie in die entgegengesetzte Richtung zu treiben. Das unterstreicht ein anderes zentrales Merkmal prozeßorientierter Arbeit: Jede Intervention ist mehr eine Art Hypothese als ein Programm. Der Prüfstein für eine Intervention ist, ob sie ein positives feedback des Klienten auslöst oder nicht. Die beste Intervention ist nutzlos, wenn sie zu einer noch stärkeren Ablehnung einer bereits ungeliebten Erfahrung führt, oder wenn sie Kommunikation und Vertrauen zwischen dem Therapeuten und dem Klienten zerstört.

Arbeit mit Gegenübertragung: Das Phänomen des Zusammenphantasierens

An diesem Punkt spürte der Therapeut, daß ihm die Ideen ausgegangen waren. Es war ihm unangenehm, das Befinden seiner Klientin verschlechtert statt verbessert zu haben, und er brauchte einen Augenblick der Ruhe, um sich zu sammeln. Also setzte er sich und verharrte eine Weile schweigend, während er hin und wieder an einem Glas Wasser nippte. Man kann sich seine Verblüffung vorstellen, als sie plötzlich zu weinen aufhörte und mit klarer, fester Stimme sagte: „Mutter, das tust du immer. Du trinkst, um den Schmerz zu vermeiden!"

Der Therapeut erkannte sofort, daß seine Klientin ganz spontan das Rollenspiel wieder aufgenommen hatte, wobei sie nunmehr ihrer eigenen Phantasie statt seinen Empfehlungen folgte. Der Prozeß war wieder in Gang gekommen, jedoch in eine Richtung, die vorherzusagen der Therapeut absolut nicht imstande gewesen war.

Das ist der entscheidende Augenblick bei prozeßorientierter Arbeit, wenn das wahre Tao sich durch spontane und unerwartete Geschehnisse im Fluß des therapeutischen Prozesses zeigt. Die große Herausforderung für den Therapeuten besteht darin, auf diese Geschehnisse zu reagieren und bereit zu sein, sofort auf sie einzugehen, auch in dem Kanal, in dem sie gerade ablaufen.

In diesem Fall begann das, was mit der Bewegung (des Bären) nicht funktioniert hatte, sich plötzlich in der Beziehung zwischen der Klientin und ihrem Therapeuten zu entfalten. Der Therapeut erkannte, daß sie ihre Mutter auf ihn projizierte. Er übernahm sofort diese Rolle und begann, sie dramatisch wegen ihrer übertrieben empfindlichen und auf unweibliche Weise groben Art zu kritisieren. Während er diese Rolle spielte, machte er ihr klar, daß er, der Therapeut, nicht mit der Mutterrolle identisch war, die er gerade spielte. In seiner Rolle als Therapeut unterstützte er die Stärke und Festigkeit ihrer Reaktion auf die Muttergestalt.

Das gab ihr zumindest vorübergehend Zugang zu der Stärke und Kraft, die in der Gestalt des Bären zum Ausdruck gekommen war und die sie in ihrer frühen Kindheit verleugnet hatte.

Diese Arbeit endete damit, daß sie die Bewegung übernahm, die ihr durch ihre Krankheit in Form eines sehr starken und schönen „Bärentanzes" aufgezwungen worden war. Während sie so tanzte, begann sie plötzlich zu weinen und dem Therapeuten zu erzählen, wie schmerzlich es gewesen war, im Gefühl ihrer starken und primitiven Natur aufzuwachsen und von ihrer Mutter damit zurückgewiesen zu werden. Zur Beschwichtigung der Mutter hatte sie sich dankbar und auf konventionelle Weise feminin verhalten, jedoch fürchterlich darunter gelitten.

Ebenso wie die darauf folgende Arbeit mit anderen Therapeuten versetzte diese Sitzung sie in die Lage, ihre erdhafte, unkonventionelle Stärke in ihre zwischenmenschlichen Beziehungen einzubringen und einige definitive und seit langem notwendige Änderungen vorzunehmen. Sie kam der Integration der Bärengestalt näher, indem sie zuließ, daß diese nicht nur auf ihre Bewegungen und Beziehungen abfärbte, sondern auch auf ihre Wahrnehmung von sich selbst und der Welt. Alle diese starken und unkonventionellen Impulse, die in der Welt ihrer Mutter so pathologisch erschienen waren, erhielten nunmehr eine neue Bedeutung und einen positiven, nützlichen Effekt.

Aber warum, so darf man wohl fragen, mußte der Therapeut sich „zufällig" setzen und etwas trinken, um dadurch die Klientin an ihre Mutter zu erinnern? Wir können zwar über die präzisen Geschehnisse spekulieren, die zu diesem Augenblick führten, doch ändert das Fehlen einer angemessenen kausalen Erklärung nicht unsere Auffassung, daß der Therapeut in jenem Augenblick aufhörte, in ihren Prozeß zu intervenieren, und zu einem Teil desselben wurde. Natur und Zufall verschworen sich das zu tun, was er nicht bewußt tun konnte: eine überzeugende und faire Rollenspielsituation konstruieren, in der die Klientin imstande war, einen Aspekt ihrer Erfahrung zu akzeptieren, den sie ständig geleugnet hatte.

Nach unserer Erfahrung kehrt dieses Muster immer und immer wieder. Ein Therapeut tritt unbeabsichtigt in einen Traum seines Klienten ein und übernimmt dort die Rolle einer seiner Figuren. In diesem Falle war die Portraitierung der Mutter der Klientin absolut nicht vorhergesehen. Es war fast so, als erfordere der Prozeß, daß der Therapeut gerade die Rolle übernahm, die den Prozeß real und nützlich gestaltete. Wir nennen diesen Prozeß „dream-up", um das Gefühl hervorzuheben, daß der Traumprozeß die Welt so neu ordnet, daß sie den eigenen Bedürfnissen entspricht und zu deren Befriedigung beiträgt. Fälle wie dieser vermitteln uns ein Gefühl der Demut, da sie zeigen, daß das Tao oft viel weiser ist, als der Therapeut es sein kann. Es liegt beim Therapeuten zu entscheiden, ob er mit dem Fluß der neuen und überraschenden Wendung des Geschehens schwimmen oder an seinem Programm festhalten will, neue Wege zu ersinnen. Durch das Erkennen der Natur und der Einzelheiten des Zusammenphantasierens kann der Therapeut den Fluß des Tao erkennen und die Rolle spielen, für die er ausgewählt wurde, jedoch in vollem Bewußtsein seiner Rolle und voller Mitgefühl für seinen Klienten.

Der Prozeß des „dreaming up" ist von großer Bedeutung, weil er im Tao des Prozesses ein stark transpersonales Element darstellt. Es handelt sich hier um einen Beziehungsprozeß, der jederzeit ablaufen kann, wenn der Teilnehmer an einer Beziehung einen Teil seiner Erfahrung aktiv verleugnet. Diese abgelehnte Erfahrung wird dann von einem anderen Teilnehmer „aufgegriffen" oder erlebt. Wie die andere Person mit dieser Erfahrung umgeht, das hängt von ihrer Beziehung dazu ab. Doch weist die Tatsache, daß eine von dieser Person abgelehnte Erfahrung in eine andere Person einzugehen vermag und in ihr zu verweilen scheint, auf die transpersonale Natur menschlicher Erfahrung hin. Jede verleugnete Erfahrung agiert wie ein frei herumschwebender Geist, der jederzeit bereit ist, in jedes empfängliche Individuum in seinem Bereich einzugehen und sich in ihm auszudrücken.

Geschieht „dreaming up" in einem therapeutischen Rahmen, dann kann es die Form einer Gegenübertragung annehmen. Jede plötzliche und unerwartete Gefühlsreaktion eines Therapeuten gegenüber einem Klienten (oder umgekehrt) kann ein Beweis für die Präsenz einer Erfahrung sein, die jedoch im Gesamtzusammenhang der therapeutischen Beziehung verleugnet wird.

Der Mensch lehnt Aspekte der eigenen Erfahrung ab, die für ihn Grenzerfahrungen sind. Deshalb geschieht „dreaming up" immer an Grenzen. Wo immer jemand in einem bestimmten Beziehungsfeld an eine Grenze gerät, kann es passieren, daß ein anderer in diesem Feld via „dreaming-up" gerade das erlebt, was die erste Person ablehnt. Das unterstreicht den fundamental transpersonalen Charakter des Prozesses: Eine Erfahrung, die von irgendjemandem in einem Beziehungsfeld verleugnet wird, kann die Grenzen der Identität einer anderen Person überwinden und sie ohne deren Zustimmung, oft auch ohne ihr Wissen, verändern.

Dem Prozeß freien Lauf zu lassen, führt zu transpersonaler Erfahrung

An dieser Stelle verwischt sich die Grenze zwischen den psychotherapeutischen und den transpersonalen Aspekten der prozeßorientierten Arbeit. Beim Versuch, dem vermengten Fluß von Natur und menschlichem Gewahrsein zu folgen, müssen wir alle vorgefaßten Meinungen darüber opfern, wie dieses Tao sich manifestieren könnte. Betrachten wir alle Erfahrungen einer Person durch die Brille eines psychotherapeutischen Modells, dann engen wir das Tao künstlich auf sein Wirken innerhalb des Individuums ein.

Daß Offenheit gegenüber dem Tao vor einer Veränderung rangiert, ist das Hauptmerkmal prozeßorientierter Arbeit: Das bedeutet, die Möglichkeit anzuerkennen, daß ein Prozeß sich auf jeder beliebigen Ebene manifestieren kann, im Individuum, in Beziehungen, in einer Gruppe und sogar auf internationaler Ebene. Gelingt es einem Klienten nicht, unsere Anweisungen zu befolgen, dann müssen wir die Möglichkeit in Betracht ziehen, daß wir dem Tao des Prozesses nicht genug Aufmerksamkeit geschenkt haben. Wir dürfen also nicht einfach den Klienten tadeln, weil er unserer Therapie Widerstand leistet.

Auch wenn transpersonale Erfahrungen ganz gewiß durch eine breite Vielfalt spiritueller, religiöser und transzendenter Prozesse repräsentiert wird, weist die Entdeckung des „dreaming up" auf eine alles durchdringende und zugängliche Vielfalt tiefer transpersonaler Phänomene hin. Das Phänomen des „dreaming up" deutet auf eine fundamentale Verknüpfung aller Menschen hin, eine Verknüpfung, die überall in Erscheinung tritt, wo der Mensch die Grenze dessen erreicht, was er persönlich tun oder wahrnehmen kann. Nutzen wir den Augenblick des „dreaming-up" ausschließlich, die Grenzen unseres Ich zu stärken und unsere Unabhängigkeit zu zelebrieren, dann berauben wir uns der zugänglichsten und stärksten Quellen transpersonaler Erfahrung.

Wer den Prozeß des „dreaming-up" voll annimmt und mit ihm arbeitet, fördert eine Art von Gleichheit und tiefer Demokratie, die potentiell in der Lage wäre, viele Ungleichheiten der Macht, der Privilegien und Autorität zu korrigieren, die unserer Ansicht nach den psychotherapeutischen Systemen innewohnen. Schwierig wird das wegen der Tatsache, daß wir, um uns diese Art von transpersonalem Prozeß zu eigen zu machen, auch die am stärksten herausfordernden Aspekte unserer eigenen verleugneten Erfahrungen annehmen müssen.

Vom Individuum zum Feld

Wir haben vom Prozeß des „dreaming up" gesagt, er fließe in einer Richtung: Eine Person verleugnet einen Aspekt ihrer Erfahrung, der dann von jemand anderem in ihrer unmittelbaren Nähe aufgegriffen wird. Das ist jedoch nicht die Art, wie die Welt funktioniert. Wir alle verleugnen ständig irgendwelche Teile unserer Erfahrung. Ohne geleugnete Erfahrung hätten wir überhaupt kein Gefühl der Identität.

Gruppen wie Individuen konstruieren und bewahren ihre Identität durch Verleugnen gewisser Formen der Erfahrung. Gruppenidentitäten haben ihren Ursprung in den Identitäten ihrer einzelnen Mitglieder. Doch besitzt die Identität einer Gruppe eine transpersonale Komponente. Diese begrenzt die Freiheit der Gruppenmitglieder, flexibel der eigenen Natur zu folgen. Drängt der persönliche Prozeß eines Mitglieds die betreffende Person in eine Richtung, die der der Gruppenidentität entgegensteht, dann wird diese Person sich im Brennpunkt eines Konfliktes mit den Mitgliedern befinden, die gerne die beabsichtigte Natur der Gruppe beibehalten möchten. Die persönliche Entwicklung erhält eine politische Färbung. Sie muß nicht nur gegen die Trägheit der eigenen Grenzen ankämpfen, sondern auch gegen die ganze Gruppe Stellung beziehen.

Daher wird das Gruppenleben durch Rollen definiert. Was wir in einer Gruppe tun, ist niemals völlig persönlich. Die Gruppe reagiert auf uns als sei sie ein einziger Organismus. Wer persönliche Veränderungen im Kontext einer Gruppe versucht, fordert die Gruppenidentität heraus. Der Erfolg dieser Person beim Befolgen des Tao inmitten einer Gruppe kann zu sozialer Umwandlung der ganzen Gruppe führen. Das meinen wir, wenn wir sagen, Gruppenleben sei potentiell transpersonal. Doch kann gerade die Trägheit der Gruppenidentität dem kollektiven Leben eine unterdrückende und steife Atmosphäre verleihen. Gruppenfelder sind so unwirksam, wenn es gilt, individuelle Mitglieder in festliegende Rollen zu pressen, daß der Einzelne oft glaubt, er müsse die Gruppe verlassen, um seine persönliche Entwicklung fortsetzen oder seine Freiheit wiedergewinnen zu können.

Gespenster

Eine Gruppe, die kollektiv spezifische Erfahrungen verleugnet, hat das Gefühl, von einem Gespenst heimgesucht zu werden. So kann beispielsweise eine Gruppe, die sich dem Frieden verschrieben hat, vom Gespenst eines Konflikts verfolgt werden. Konflikte pflegen als sekundäre Prozesse zu entstehen, was die Mitglieder dazu verleitet, heiß darüber zu streiten, wie man den Frieden am besten herbeiführt. Aggressiver Konflikt macht sich in der ganzen Gruppe breit, doch identifiziert sich kein einziges Mitglied selbst als aggressiv. Eine Jugendbande, die sich selbst als hartgesotten und bar jeder Gefühlsregungen identifiziert, kann von einem Gespenst von Empfindlichkeit bedrängt werden. Die einzelnen Mitglieder verletzen einander wiederholt durch Grausamkeiten und Beleidigungen. Die Mitgliedschaft in der Bande hängt von der Fähigkeit ab, die Schmähungen hinzunehmen, ohne auf den Schmähenden zu reagieren. Jeder in der Gruppe muß den Schmerz verbergen, den er wegen der Attacken anderer empfindet. Das erweckt jedoch Rachedurst, der wiederum das hartgesottene Wesen der Gruppe verstärkt. Empfindlichkeit ist eine Gespensterrolle, von jedem in der Gruppe erlebt, aber von keinem zugegeben.

Es fällt einer Gruppe oft schwerer als einem Einzelnen, eine geleugnete Erfahrung anzunehmen. Niemand glaubt, die Verantwortung liege bei ihm selbst. Oft obliegt es gerade der Person, die von der geleugneten Erfahrung am meisten betroffen wird, sie für die ganze Gruppe zu verarbeiten. Das mag für den Einzelnen gefährlich sein, riskiert er doch, mit der geleugneten Erfahrung identifiziert zu werden, die er gerade auf sich nehmen will. Sollte das geschehen, wird er vielleicht von der Gruppe zusammen mit der von ihm repräsentierten Erfahrung verstoßen. Das Mitglied einer Friedensgruppe, das offen seine Bereitschaft zugibt, für seine leidenschaftliche Vision eines Weltfriedens zu kämpfen, kann als Feind der Gruppenziele zum Sündenbock gemacht werden. Das Mitglied einer hartgesottenen Jugendgruppe, das um freundliche Behandlung bittet, weil der Spott der anderen Mitglieder es sehr verletzt hat, kann als Abtrünniger und Bedrohung der Bandenidentität angegriffen oder ausgeschlossen werden.

Dennoch kann der Versuch eines Einzelnen, sich persönlich mit der von der Gruppe verleugneten Erfahrung zu identifizieren, für die ganze Gruppe ein Gottesgeschenk sein. Das kann nämlich die Gruppe auf einen lebenswichtigen Teil ihres eigenen Wesens aufmerksam machen, kann die Atmosphäre entspannen und anderen Mitgliedern, die gerne dasselbe Experiment machen würden, ein Gefühl der Sicherheit vermitteln.

Der folgende Fall illustriert die Vermengung von persönlicher und kollektiver Ebene in einer Gruppe, die sich an einer kollektiven äußeren Grenze bewegt. Er zeigt, wie ein einzelner Mensch durch innere Arbeit die Integration einer verleugneten Erfahrung durch eine ganze Gruppe identifizieren und erleichtern kann. Die Arbeit illustriert auch die fließende Grenze zwischen Therapeut und Klient und zeigt auf, wie das Wissen um Kanäle der Erfahrung helfen kann, dem Fluß des Prozesses zu folgen.

Das Drama des vermißten Kindes

Das folgende spielte sich bei einem Fortbildungsworkshop ab, an dem viele Psychotherapeuten teilnahmen.

Am ersten Tag berichtete jemand von einem Traum, in dem ein kleiner Junge ein Würfelspiel spielte. Das Kind bedeckte die Würfel stets mit einer Hand und arrangierte sie so, daß es das Spiel unweigerlich gewann. Der Traum endete damit, daß ein noch jüngeres Kind dem Träumer sagte: „Drei Jahre alt, neun Jahre klüger." Da im Traum klar umrissene Figuren vorkamen und der Träumer ein Gestalttherapeut war, kamen er und der Moderator des Workshops überein, sich dem Traum durch Rollenspiel zu nähern. Der Träumer konnte sich selbst im Traum spielen, der Moderator übernahm die Rolle des Kindes. Als es dann jedoch an der Zeit war, die Rollen zu tauschen, wurde der Träumer plötzlich scheu, und die Arbeit endete in einer allgemeinen Stimmung von Frustration ohne eine Lösung.

Eine düstere Atmosphäre überkam die Gruppe. Der Moderator erkannte, daß dies das Tao der Gruppe repräsentierte und es nicht möglich war, das Seminar einfach fortzusetzen, ohne sich mit dieser Atmosphäre auseinanderzusetzen. Da diese dumpfe Atmosphäre vor allem durch Schweigen der Teilnehmer gekennzeichnet war, vermutete der Moderator, daß die Teilnehmer sich auf ihre eigene persönliche Erfahrung konzentrierten, weshalb er vorschlug, jeder solle die innere Arbeit an den vom Träumer geschilderten Phänomenen fortsetzen.

Der Moderator leistete innere Arbeit an sich selbst, wobei er auf dem Rücken lag und Arme und Beine wie ein neugeborenes Kind bewegte. Er erkannte das als sekundären Prozeß, der sich in Bewegung ausdrückte.

Ihm wurde klar, daß er während des ganzen Seminars versucht hatte, eine erwachsene und professionelle *persona* beizubehalten, und daß er seinen kindlichen Enthusiasmus für dieses Thema verleugnet hatte, aus Angst, das würde ihm die Teilnehmer am Workshop entfremden.

Dann war Essenspause. Während der Abendsitzung arbeitete eine Teilnehmerin an einem Traum, den sie als Alptraum bezeichnete. Es ging um ein verschwindendes Kind, dessen Babysitter sie war. Im Traum schrumpfte es immer wieder und sie verlor es immer wieder. Voller Entsetzen dachte sie, die Eltern könnten nach Hause kommen und das Kind wäre nicht mehr da. Schließlich, gerade als die Eltern zur Tür hereinkamen, fand sie das Baby. Es war winzig, mit einer grauen Kruste bedeckt, und hatte rotglühende Teufelsaugen. Sie erwachte aus dem Traum mit Panik.

Bei der Arbeit an diesem Traum und eingedenk seiner eigenen inneren Arbeit, bei der er zum neugeborenen Kind geworden war, merkte der Moderator, daß ihm nach Spielen zumute war. Deshalb arbeitete er auf spielerische Weise mit der Teilnehmerin. Er fragte sie nach dem Baby. „Es zappelt", antwortete sie und bewegte kokett ihren Körper. Dann fragte der Moderator, woran sie im Alltag arbeite. Sie antwortete, sie sei die Tochter eines Psychoanalytikers und arbeite daran, in ihrer Beziehung zum Vater ihre Weiblichkeit zur Geltung zu bringen. Das bedeutete natürlich, darüber nachzudenken und mit ihm zu streiten. Der Moderator arbeitete mit ihr im Hinblick auf ihre babyhaften Bewegungen, wobei er eine heitere und spielerische Stimmung bewahrte. Da kam ihr der Einfall, das könne die Lösung für ihre Situation gegenüber ihrem Vater sein: Sie sollte vielleicht eher kindlich und feminin agieren, als ihm auf seinem eigenen seriösen Fachgebiet zu begegnen. Nun verschwand der alpträumerische Horror des Traums, und der Gruppe ging es wunderbar.

Am Tage darauf erschien dieselbe Frau, die tags zuvor ziemlich bedrückt gewirkt hatte, in strahlend bunter Kleidung und mit einer ganz neuen Ausstrahlung. Wie es schien, hatte sie die kindlichen und femininen Verhaltensweisen gegenüber ihrem Vater mit erstaunlichem Erfolg ausprobiert. Noch interessanter war, daß zwei Drittel der Träume, an denen andere Teilnehmer während des zweiten Tages arbeiteten, mit Kindern und Babies zu tun hatten. Am Ende des Tages war den Therapeuten im Workshop klar, daß sie ihre Arbeit zu ernst und schwer angegangen waren und das Kindprinzip dabei gefehlt hatte.

Feldeffekte: Die Beziehung zwischen individuellem Gewahrsein und dem Zeitgeist – Wessen Grenze ist es?

Diese kleine Skizze aus der Praxis illustriert die transpersonale Natur verleugneter Erfahrung. Der primäre Prozeß oder die anerkannte Identität des Seminars als Ganzheit war professionelle Schulung für Psychotherapeuten. Die Atmosphäre war eher formal, was auch in der Scheu des Gestalttherapeuten zum Ausdruck kam, die Rolle des Kindes aus seinem Traum zu spielen. Auch wenn man das als seinen ganz persönlichen Widerstand gegen einen Teil seiner selbst wertet, wurde die Erfahrung des Kindes in der Gruppe allgemein verleugnet. Es gab kein Anzeichen für spielerische Ausgelassenheit, noch schien eine solche Haltung dem Zweck und der Atmosphäre der Gruppe angemessen.

Einen unangemessen kindlichen Teil seiner Natur in dieser besonderen Gruppe zur Schau zu stellen, hätte ihn in den Augen seiner Kollegen kompromittieren können. Auch der Moderator war daran interessiert, von seinen Berufskollegen im Seminar akzeptiert zu werden, von denen die meisten viele Jahre mehr Berufserfahrung hatten, und die zum ersten Male mit prozeßorientierter Psychotherapie konfrontiert wurden. So kam es, daß der Moderator die professionelle *persona* unterstützte, die die Gruppe charakterisierte.

Felder und Atmosphären

Haben viele Personen in einer Gruppe ähnliche Grenzen, dann kann dieses nicht mehr bei einem einzelnen lokalisiert werden. Stattdessen trägt es zu einer gefühlsbetonten Atmosphäre bei, die die ganze Gruppe durchdringt, und auf die jedes einzelne Gruppenmitglied zu reagieren scheint. Sie schafft eine „Gespensterrolle", die die Gruppe heimsucht. Kein Einzelner übernimmt die Verantwortung für die Atmosphäre, weil diese in der Tat Allgemeingut ist. Dennoch verkörpert jeder Teilnehmer einen Teil davon als einen persönlichen Prozeß. Es ist daher ein Akt von Großzügigkeit des Einzelnen gegenüber der Gruppe, wenn er innere Arbeit leistet, um nach der Quelle der Atmosphäre in seiner persönlichen Erfahrung zu suchen.

Der Moderator fürchtete, die Atmosphäre in der Gruppe nach der mißlungenen Traumarbeit könnte eine implizite Kritik an seinen professionellen Fähigkeiten darstellen. Ihm war klar, daß er nicht imstande sein würde, den Workshop weiter zu leiten, wenn er nicht zunächst an seiner eigenen internen Atmosphäre arbeitete. Ferner war ihm klar, daß er, wie auch immer die äußere Situation aussehen mochte, sich selbst für sein Scheitern kritisierte und zunächst einmal mit seiner eigenen inneren Kritik fertig werden mußte. Andernfalls würde er nicht in der Lage sein, wieder die offene Aufmerksamkeit zu erlangen, die er brauchte, um den Gruppenprozeß voranzutreiben.

Moderation durch Befolgen des Tao; Innere Arbeit

Das Ziel seiner inneren Arbeit ist, den Fluß des verborgenen Tao zu finden, jenen geheimnisvollen Teil seiner Erfahrung, der sich als Lösung des Problems erweisen könnte. Wie bei vielen anderen Aspekten prozeßorientierter Psychotherapie bleibt er nicht nur für die eigenen Gedanken offen, sondern für jede Art spontaner Phänomene, die in nichtverbalen Kanälen entstehen. In diesem Fall fand er sich selbst in Bewegung. Er entschied sich dafür, diese Bewegungen zu verstärken, indem er sie ohne Analyse einfach fortsetzte. An einem bestimmten Punkt empfand er dann den Schock des Erkennens: Er bewegte sich wie ein Baby. Das war so unerwartet, daß es seinen Bedarf an wahrhaft neuen Informationen befriedigte.

Diese Eigenschaft, gleichzeitig schockiert zu sein und zu wissen, daß die Erfahrung richtig ist, charakterisiert das Erkennen des Tao oder den sekundären Prozeß. Primäre Prozeßinformation ist weder schockierend, noch klingt sie authentisch. Im allgemeinen spiegelt sie Gedanken wieder, die uns vertraut und durch übermäßigen Gebrauch schal geworden sind. Die Klage des Moderators über die steife und bedrükkende Atmosphäre, sowie seine Ängste hinsichtlich seiner eigenen Kompetenz, waren primäre Prozeßerfahrungen. Er konnte sich mit jenen Gedanken identifizieren (bis zur Übelkeit), während die Erfahrung, ein neugeborenes Baby zu sein, etwas Neues und Unerwartetes war. Diese neue Erfahrung war befriedigend, weil sie anderen Aspekten seiner Erfahrung, deren er sich nur am Rande bewußt gewesen war, Kohärenz verliehen. Es wurde ihm bewußt, daß er die normalerweise lustigen und fröhlichen Seiten seiner Persönlichkeit verdrängte, um von der Gruppe akzeptiert zu werden.

Traumarbeit für das Feld

Normalerweise gilt Traumarbeit als eine für die individuelle Psychotherapie spezifische Arbeitsweise. Tatsächlich jedoch handelt es sich dabei um eine höchst ethnozentrische Haltung. Für die amerikanischen nomadischen Ureinwohner war es eine Frage von Leben und Tod, enge und dynamische Beziehungen zur Natur aufrechtzuerhalten. Gemeinschaftliche Traumarbeit war für sie eine wichtige Methode, ihr Gewahrwerden des vermengten Flusses von naturhaftem und menschlichem Prozeß zu schärfen.

Bei dieser Fallstudie erfüllt gemeinschaftliche prozeßorientierte Psychotherapie eine ähnliche Funktion. Im erwähnten Falle spielten drei verschiedene Träume oder traumähnliche Phänomene eine Rolle: der Traum des Gestalttherapeuten, die Erfahrung des Moderators mit seiner inneren Arbeit, und die Traumarbeit der jungen Frau. Alle drei repräsentierten klar die persönliche Psyche des Individuums. Wir wissen, daß jedes dieser drei Individuen eine persönliche Grenze für seine fröhliche, kindliche Natur hatte. Kollektiv gesehen und angesichts des Kontextes, in den diese Erfahrungen eingebettet waren, können wir sie auch als Ausdruck des verborgenen Tao oder als sekundären Prozeß der ganzen Gruppe ansehen. Und insoweit die Gruppe sich selbst als eine Versammlung von Therapeuten identifiziert, müssen wir uns fragen, ob die muntere kindliche Natur nicht vielleicht das verborgene oder aufkommende Tao der Psychotherapie in ihrer Ganzheit sein könnte.

Die Tatsache, daß am zweiten Tage so viele Therapeuten an Träumen arbeiteten, die sich um Beziehungen zu Kindern drehten, unterstützt diese Idee. In einer Gruppe von Psychotherapeuten ist das Kind eine Art Gespensterfigur oder unbesetzte Rolle. Bei dem Versuch, professionell objektiv und neutral zu sein, lassen viele Therapeuten ihre natürliche spielerische und humorvolle Seite draußen vor der Tür des Beratungszimmers. Da es sich um eine Rolle handelt, die dem psychotherapeutischen Unterfangen als wesensfremd gilt, muß sie bis zu einem gewissen Grad auch von all denen abgelehnt werden, die sich mit diesem Beruf identifizieren. Therapeuten sind oft der Ansicht, sie sollten ernst und nicht albern sein. Sie müßten sich auf ihre Klienten konzentrieren, statt sich mit sich selbst zu beschäftigen. Sie müßten die Bandbreite der Gefühle, die sie gegenüber ihren Klienten zeigen, eingrenzen und sowohl offene Zuneigung als auch offensichtliche Abneigung vermeiden. Und sie müßten sorgfältig die Angemessenheit und therapeutische Weisheit des Offenbarens persönlicher Informationen gegenüber den Klienten abwägen.

Natürlich sind diese Regeln oft notwendig, um den

Klienten vor unbewußtem schädlichen Verhalten des Therapeuten zu schützen. Unterdrücken wir jedoch systematisch die heiteren, spontanen und emotionalen Seiten unserer Natur, dann vermitteln wir unseren Klienten vielleicht ein Vorbild von Inkongruenz, statt ihnen zu helfen, ihrer eigenen Natur zu folgen. Wir signalisieren ihnen, daß es notwendig ist, Teile von uns zu verdrängen, um sicher miteinander agieren zu können.

Durch seine innere Arbeit über den Fluß seines eigenen Prozesses informiert, beschloß der Moderator, nunmehr einen fröhlichen Zugang zur Traumarbeit auszuprobieren, selbst wenn der Träumer seinen Traum als Alptraum empfunden hatte. Er tat dies mit dem Versuch, seiner eigenen Wahrnehmung des ganzen Flusses des Prozesses zu folgen. Da das Thema des abgelehnten Kindes auf drei verschiedene und unerwartete Arten aufgekommen war, schloß er daraus, das fehlende Kind könnte der essentielle Bestandteil dieser Arbeit sein.

Seine Bereitschaft, spielerisch zu arbeiten, war es denn auch, die der Träumerin signalisierte, daß auch sie während der Arbeit am ernsten Thema des Traums ihrer spielerischen Natur Ausdruck verleihen konnte. Auf den Vorschlag des Moderators, sie solle ihm zeigen, wie das Baby sich bewegt hatte, erhielt er ein starkes positives feedback. Im Grunde hatte er ihre spielerisch muntere Seite hervorgelockt.

Fragt der Moderator die Träumerin, was sich in ihrem Alltag abspielt, dann hält er nach Hinweisen auf ihren primären Prozeß beziehungsweise nach einer vordergründigen Identität außerhalb des therapeutischen Rahmens Ausschau. Das ist eine wesentliche Information, da Träume oft Erlebnisse portraitieren, die als Reaktion auf Anforderungen des Alltagslebens abgelehnt wurden. Das Ringen der Träumerin mit dem Verhalten ihres Vaters gegenüber Gefühlen und Femininität stellt den ganzen Prozeß in den Brennpunkt: Hätte der Moderator ihren Traum auf ernsthafte und analytische Weise angepackt, dann hätte er einfach die Beziehung der Träumerin zu ihrem Vater reproduziert. Sie erlebte das verborgene Tao unmittelbar; es blieb kein entferntes und intellektuelles zukünftiges Ziel.

Das ist der Kern des Feldbegriffs in der prozeßorientierten Psychotherapie. Es scheint einen „Zeitgeist" zu geben, einen transpersonalen Prozeß, der menschliche Situationen wie diese bestimmt. Der Begriff des Zeitgeistes ähnelt Jungs Konzept von den Archetypen, schließt jedoch die Erfahrung ein, daß besondere archetypische Muster starrer sind und an besondere Epochen von Zeit und Raum gebunden scheinen. Es ist unmöglich, den Zeitgeist in einem Individuum zu lokalisieren, da alle Individuen im Feld wahrscheinlich Grenzen dem Zeitgeist gegenüber haben. Es wird zu einem Akt von Großzügigkeit für jedes besondere Individuum, wenn es versucht, die eigene Grenzsituation gegenüber dem Zeitgeist zu verarbeiten. Was wie personale Arbeit aussieht, entpuppt sich dann als transpersonale, da sie anderen in diesem Feld die Kraft gibt, an ihrer Grenzsituation gegenüber demselben Zeitgeist zu arbeiten. Wir wollen uns nun daran machen, einige Konsequenzen dieses auftauchenden Modells der Beziehung zwischen individueller Erfahrung und kollektivem Prozeß näher zu betrachten.

Individuum und Gesellschaft: Wessen Prozeß ist es?

Das Studium der prozeßorientierten Psychotherapie hat zu der Schlußfolgerung geführt, daß jede menschliche Situation die Saat transpersonaler Erfahrung enthält. Die transpersonale Erlebnisdimension entsteht jedesmal, wenn wir herausfinden, daß ein als rein persönlich erscheinender Prozeß uns in der Tat mit anderen in Verbindung bringt, sei es mit einer einzelnen anderen Person oder mit der Menschheit insgesamt.

Unsere Arbeit mit Gruppen und Einzelnen hat uns gezeigt, daß jede persönliche oder Gruppen betreffende Grenzsituation zu einem Vehikel für tiefgreifende transpersonale Erfahrungen werden kann. Unsere Abneigung, an den Grenzen unserer Identität zu operieren, scheint uns von echten transpersonalen Erfahrungen abzuschneiden. Entwickeln wir unsere Befähigung und unseren Mut, unser Experiment fortzusetzen, ganz gleich wie subtil, unbekannt oder erschreckend es zunächst erscheinen mag, dann entdecken wir einen Ort jenseits der Selbsterkenntnis, an dem wir Tiefe und Breite unseres Selbst mit unseren Mitmenschen wahrhaft teilen.

Jenseits der Therapie

Diese beiden Fallbeispiele demonstrieren die Hauptmerkmale der Methode prozeßorientierter Psychotherapie beim Aufspüren des Tao des individuellen und des Gruppenprozesses. Obgleich diese Therapie weiterhin von einer wachsenden Anzahl von Praktikern genutzt wird, um Prozesse bei Individuen, Paaren und Familien zu beobachten, haben die allgemeinen

Grundsätze Anwendung in vielen anderen Bereichen gefunden, die normalerweise nicht zum Fachgebiet der Psychotherapie gezählt werden.

Den verbleibenden Raum möchten wir nutzen, dem Leser einige dieser Bereiche vorzustellen.

Die Arbeit an außergewöhnlichen Bewußtseinszuständen

In der praktischen Arbeit mit Klienten beschränkt sich die Psychotherapie gewöhnlich auf die Ebene mehr oder weniger normaler Bewußtseinszustände. Die Klienten sind in der Lage, über ihre Schwierigkeiten zu sprechen; sie haben ein gewisses Maß an Einsichten und können ganz allgemein als Partner im psychotherapeutischen Prozeß funktionieren.

Da die prozeßorientierte Psychotherapie sich auf die subtilen und überraschenden Aspekte der menschlichen Natur und Kommunikation stützt, um das Tao aufzuspüren, eignet sie sich gut für die Arbeit mit Menschen, die nicht imstande oder nicht bereit sind, die üblichen Regeln der Kommunikation zu beachten. Die prozeßorientierte Arbeit ist daher nützlich für das Arbeiten mit Menschen in extremen und marginalen Bewußtseinszuständen, die normalerweise psychotherapeutischen Techniken nicht zugänglich erscheinen. Dazu gehören:

- *Koma und andere Zustände marginalen Bewußtseins.*
  Da allgemein geglaubt wird, komatöse Zustände beruhen auf tiefliegenden physiologischen Fehlfunktionen, hat man Koma-Patienten im allgemeinen als hoffnungslose Fälle aufgegeben. Unsere Erfahrungen in jüngster Zeit haben gezeigt, daß ein Koma

ein Bewußtseinszustand unter vielen ist, und daß die Fähigkeit zu kommunizieren mit komatösen Patienten zumindest ebenso sehr von der Empfänglichkeit des Therapeuten für minimale Signale und Reaktionen des Patienten abhängt, wie vom physiologischen Zustand des Patienten. Weitere Informationen über dieses faszinierende Thema findet der Leser in dem Buch „Schlüssel zum Erwachen, Sterbeerlebnisse" von Arnold Mindell.

– *Psychotische* und *sonstige extreme Bewußtseinzustände.* Bei der Arbeit mit psychotischen Patienten finden wir, daß selbst Menschen, die nicht in der Lage sind, ihre extremen Bewußtseinszustände zu differenzieren, sich weiterhin vorzugsweise mit einem bestimmten Teil ihrer Erfahrung identifizieren und einen anderen ablehnen. Wie bei Menschen mit gemäßigteren Bewußtseinszuständen kann ein differenziertes Bewußtsein vorübergehend wiederhergestellt werden, wenn man psychotischen Menschen hilft, in den stärker abgelehnten Teil ihrer Erfahrung hinüberzuwechseln. Wir nennen das differenzierte Bewußtseins-Metakommunikation, da sie die Fähigkeit bedeutet, über eigene unterschiedliche Zustände zu sprechen, statt einfach zwischen ihnen hin und her zu pendeln. Leser, die hierzu mehr Informationen haben wollen, verweisen wir auf Arnold Mindells Buch „Die Schatten der Stadt", das vor allem Methoden der Arbeit mit extremen Bewußtseinszuständen behandelt.

Weltarbeit und das Individuum

Wie schon zu Beginn hervorgehoben, wächst die prozeßorientierte Psychotherapie und entwickelt sich weiter. In diesem Artikel haben wir versucht, einen kurzen
Überblick über den gegenwärtigen Stand zu geben. Ein
zentrales Interessengebiet ist augenblicklich das, was
wir „Weltarbeit" nennen. Dabei haben wir die ganze
Welt im Auge, mit all ihren Nationen, ethnischen, religiösen und rassischen Gruppen sowie Individuen, so als
wäre sie ein einzelner Klient. Das ist eine natürliche
Ausweitung unseres Wunsches, dem Tao zu folgen, wohin es auch führen mag. Wie aus unserem Fallbeispiel
hervorgeht, scheint es keine natürlichen Unterschiede
zwischen verschiedenen Ebenen der Erfahrung zu geben. Was im Augenblick ein rein personaler Prozeß zu
sein scheint, kann im nächsten zur transpersonalen Erfahrung einer ganzen Gruppe werden. Wollen wir dem
Fluß des Prozesses über traditionelle Grenzen hinweg
folgen, dann müssen wir unsere Vorstellungen von der
Welt und ihren Menschen neu überdenken.

Dem Tao des Prozesses folgen heißt auch, quer
durch traditionelle Unterscheidungen von Erfahrungs-
kategorien hindurchgehen. Beginnend mit einem physischen Phänomen, sind wir auf einmal vielleicht dabei, einem Klienten bei seiner Arbeit an einem
spirituellen Prozeß zu helfen. Beim Entfalten des Tao
des spirituellen Prozesses bewegen wir uns auf einmal
auf einen Beziehungsprozeß hin. Folgen wir dem Fluß
des Tao, wohin er auch fließen mag, dann erlangen wir
zusätzlich eine neue Dimension transpersonaler Erfahrung. Statt eine kostbare und exotische Substanz zu
bleiben, wird sie zu einer lebenswichtigen und reichen
Komponente der Alltagserfahrung.

Gegenwärtig interessieren wir uns für die Arbeit mit großen Gruppen und heißen Konflikten. Wir erforschen das Prozeßmodell in der Arbeit mit höchst unterschiedlichen und konfliktreichen Gruppen an Orten wie der ehemaligen Sowjetunion und Nordirland sowie mit rassisch und ethnisch gemischten Gruppen in den Vereinigten Staaten. Wir veranstalten auch jährliche Weltarbeit-Seminare mit großen internationalen, multi-ethnischen und multi-rassischen Gruppen von Menschen, die daran interessiert sind, die konfliktlösende prozeßorientierte Arbeit mit großen Gruppen zu erlernen, mitzugestalten und zu praktizieren.

Wir sind an allen Aspekten menschlicher Erfahrung interessiert und letztlich an der Frage „Was ist ein Menschenwesen?". Wir hoffen, mit anderen Schulen der medizinischen Wissenschaft, der Psychologie, Sozialarbeit und Politik zusammenzuarbeiten, um eine einheitlichere Feldtheorie und Praxis bei der Behandlung des breiten Spektrums menschlicher Erfahrung zu erschaffen.

Literatur

Arnold Mindell, The Dreambody. Körpersymptome als Sprache der Seele, Fellbach-Oeffingen 1991[3].

ders., Das Jahr Eins. Ansätze zur Heilung unseres Planeten, Olten 1991.

ders., Der Leib und die Träume. Prozeßorientierte Psychologie in der Praxis, Paderborn 1987.

ders., Die Schatten der Stadt. Eine Herausforderung, Paderborn 1989.

ders., Schlüssel zum Erwecken. Sterbeerlebnisse und Beistand im Koma, Olten 1992[2].

ders., Traumkörper und Meditation. Arbeit an sich selbst, Olten 1992.

Proſt

Neujahr!

Bildln und Sprüch, Bestell-Nr. 803
© Gerd Spann Verlag, 8051 Kranzberg

Joachim Galuska

Ganzheitliche stationäre Therapie transpersonaler Störungen

Die Behandlung sog. transpersonaler Störungen muß eingebettet sein in ein therapeutisches Konzept zur Behandlung des ganzen Menschen. Andernfalls würde nämlich die bisher in der Psychotherapie übliche Abspaltung transpersonaler und spiritueller Aspekte lediglich spiegelbildlich wiederholt. Auch bei einer transpersonalen Störung ist die gesamte Persönlichkeit betroffen, so daß ein therapeutisches Konzept für die Behandlung transpersonaler Störungen prinzipiell auf der gleichen Grundlage geschehen muß, wie beispielsweise für neurotische Störungen. Zunächst soll daher unser allgemeines Verständnis stationärer Behandlung dargestellt werden und später auf die Besonderheiten bei transpersonalen Störungen eingegangen werden.

1. Ganzheitlichkeit

Den grundlegenden Arbeitsansatz unserer Klinik (Fachklinik Heiligenfeld in Bad Kissingen) möchte ich als „ganzheitlich" bezeichnen. Das Charakteristische unseres Ansatzes ist der „Geist des Hauses", der unser gemeinsames Bewußtsein, unsere Grundüberzeugungen trägt. Dieser Geist durchdringt idealerweise das gesamte Leben der Klinik. Das Leben in einer Klinik ist natürlich eine Erscheinungsweise des

259

Lebens überhaupt, allerdings eine, die zur Heilung beitragen soll. Das dazugehörige therapeutische Konzept ist bereits eine Abstraktion dieses Geistes. Es ist nicht der „Geist des Hauses" selbst. Wenn dieser sich durch die Darstellung des Therapiekonzepts erahnen oder gar erspüren ließe, wäre dies natürlich die schönste Begründung für die Bezeichnung einer „ganzheitlichen Therapie".

Ich möchte nun drei Grundelemente darstellen, die einen Zugang zu unserem Therapieverständnis ermöglichen können.

Beginnen wir mit einem Text des japanischen Zen-Meisters Huang Po (zit. von Goldner, 1989):

„Das, was Du vor Dir siehst, ist es
in all seiner Ganzheit, absolut vollständig."

Dies ist für uns die zentralste Verankerung: „Es, in all seiner Ganzheit". Wir gehen aus von der fundamentalen Ganzheit des Seins, der Ganzheit und Vollständigkeit der Wirklichkeit in jedem Augenblick, der Ganzheit des Organismus, ja selbst des kranken Organismus. Diese Ganzheit ist grundsätzlich gegeben, vorhanden, wird aber von uns Menschen in der Regel nicht erlebt, wir sind ihrer nicht gewahr. Man könnte sagen: Wir leben zwar die Ganzheit, erleben sie jedoch nicht; wir fühlen uns von dem Ganzen getrennt.

Ein zweites entscheidendes Element unseres Therapieverständnisses ist somit die Perspektive des Erlebens: Psychische Schwierigkeiten sehen wir primär als Besonderheiten des Erlebens. In der allgemeinen Definition psychischer Krankheit wird üblicherweise von der Pathologie des Erlebens und Verhaltens gesprochen. Für uns sind jedoch Verhaltensweisen und Verhaltensauffälligkeiten ein Ausdruck des jeweils besonderen Erlebens, die zentrale Kategorie ist daher für uns die des Erlebens. Wir erleben Angst und wollen sie nicht. Wir erleben Traurigkeit, Verzweiflung, körperlichen Schmerz und lehnen diese ab. Wir sagen dann: *„Ich* habe Angst" oder *„ich* habe Schmerzen". Und das Ich ist offenbar jemand anderes als die Angst und die Schmerzen, die es erlebt. Wir fühlen uns aufgespalten. Aber dies ist nur ein Ausdruck des Gespaltenseins, in dem wir Menschen uns allgemein erleben. Wir sind aus dem Erleben des Ganzen herausgefallen. Unsere Kultur spricht von dem Verlust des Paradieses oder der Vertreibung aus dem Paradies durch den Akt der Bewußtwerdung, durch die Entwicklung der Fähigkeit zur Erkenntnis, durch die Bildung eines eigenständigen Ich-Gefühls. Wir erleben uns nun getrennt von „Gott" und „der Welt". Eine Dualität ist entstanden: *Ich* betrachte die Welt als da draußen, sehe den anderen Menschen als Fremden, unterschieden von mir selbst. Auch mein Körper, meine Gefühle, meine Gedanken: *ich* kann unter ihnen leiden, *ich* kann sie trainieren, behandeln oder behandeln lassen. Diese Getrenntheit und damit die Möglichkeit, bewußt unter etwas anderem zu leiden entsteht durch unser Ich-Bewußtsein. Es ist scheinbar paradox: Das worunter ich leide, gehört zwar „von außen betrachtet" zu mir, und doch ist es mir fremd. Es ist der Kopf, der Magen, die Wirbelsäule, die *mir* wehtun, die aggressive Phantasie oder das unangenehme Gefühl, die *mich* stören. Es ist zwar von außen betrachtet, „objektiv" gesehen, das Eigene, aber im Erleben, „subjektiv", ist es das Fremde. Hierin liegt wohl auch die Grundlage für die Entfremdungsprozesse unserer Zeit: die Entfremdung von der Umwelt, den anderen Menschen, dem Körper, den Gefühlen und Gedanken, dem Göttlichen. Und durch diese Entfremdung wird dann Unterdrückung, Verdrängung, Ausbeutung möglich. Gleichzeitig ist dieses Ich-Bewußtsein für uns Menschen jedoch nötig, weil es uns aus dem unbewußten Erleben der Tiere hinausführt; und wahrscheinlich ist dieses Erleben der Tiere ein unbewußtes Erleben der Ganzheit des Seins.

Der dritte zentrale Zugang zum Verständnis unseres Ansatzes ergibt sich damit nach den Begriffen der Ganzheit und des Erlebens durch den Begriff der Bewußtheit. Unser Verständnis bezieht sich auf die kultur-anthropologischen Studien von Erich Neumann (1968), Jean Gebser (1986) und Ken Wilber (1987), die zu dem Schluß kommen, daß das menschliche Bewußtsein in seiner Evolution eine Entwicklung aus der Unbewußtheit der Tiere über globale archaische Formen einer Art Dämmerbewußtseins bis hin zur heutigen Form des Ich-Bewußtseins und insbesondere der Fähigkeit zur Selbstreflektion durchgemacht hat. Ken Wilber (1987) spricht von der gegenwärtigen historischen Epoche als „Halbzeit der Evolution". Unser menschliches Bewußtsein wird nun weiterschreiten zu höheren Formen und Stufen, um schließlich einen Zustand zu erreichen, in dem dann wieder die Ganzheit des Seins erlebt und zwar bewußt erlebt werden kann: Bewußt-Sein.

„Durch die Erkenntnis wurden wir einst aus dem Paradies vertrieben, und durch Bewußtwerden können wir wieder ins Paradies zurück" (H. Jacobi, zit. in Selver, Brooks, 1977).

Wir können davon ausgehen, daß diese Entwicklung des Bewußtseins ein natürlicher Vorgang ist. Unser Geist trägt eine Entwicklungsdynamik zur Überwindung des Ich-Bewußtseins, zur Transzendenz, zu höheren Bewußtseinszuständen in sich. Davon handelt die spirituelle Suche, die Suche des Geistes (Spiritus).

2. Heilung

Heilung ist für uns grundsätzlich gesehen Ganzwerdung, und zwar Wieder-Ganzwerdung des Erlebens des Menschen, und damit auch seines Lebens, seines Verhaltens. Das Fortschreiten des Wieder-Ganzwerdungs-Prozesses geschieht auf den verschiedenen Entwicklungsebenen, bei den verschiedenen Themen und Inhalten des Erlebens, unterscheidet sich also nicht beim kranken und gesunden Menschen, unterscheidet sich auch nicht grundsätzlich bei neurotischen oder transpersonalen Störungen.

Der Wille zur Ganzheit ist in allem enthalten,
aber nur im Menschen ist er bewußt geworden.
Darum lebt der Mensch in Spannung,
und nur, wenn dies Verlangen erfüllt ist,
wird dieser negative Zustand von Spannung
verschwinden.
Die Spannung ist Zeichen
seiner unbegrenzten Anlage
und seiner unbegrenzten Möglichkeiten.
Der Mensch ist nicht, was er sein kann.
Und solange er nicht ist, was er sein kann,
fühlt er sich niemals wohl.
Dies Unwohlsein ist der Mensch.
Und Gesundheit ist in der Ganzheit.

Die Tatsache, daß die Sprache
für die Wörter heil, heilig und heilen
ein und dieselbe Wurzel hat,
birgt eine tiefe Wahrheit.
Wer heil ist, ist auch geheilt,
und geheilt sein ist ganz sein.
Diese Ganzheit kann nur erlangt werden,
indem man sich völlig seiner selbst bewußt wird:
Du mußt ins Dunkel des Unbewußten
eindringen,
und es in Licht verwandeln.
Und Meditation ist die Methode.
(Rajneesh, 1983)

Heilung verstehen wir als Wieder-Ganzwerdung des
Erlebens. Die intuitiv empfundene Nähe von Heilen
und Ganzsein drücken z. B. auch Kinder aus, für die
man „etwas Kaputtes" „wieder ganz machen" oder
„heile machen" soll. Kinder unterscheiden dabei noch
nicht zwischen unbelebten und belebten Gegenständen, Krankheiten oder im Spiel beschädigten Kon-
struktionen. Heilung als Ganzwerdung ist für uns ein
natürlicher Prozeß des Organismus, den wir behindern
oder fördern können. Wie in der organischen Medizin
gilt auch für uns: Medicus curat natura sanat – der
Arzt behandelt, die Natur heilt. Wie bei körperlichen
Erkrankungen stellen wir zunächst einmal ein hei-
lungsförderndes Milieu her. Wer eine Grippe hat, legt
sich ins Bett, er sorgt für ausreichend Schlaf und
Ruhe, seine Angehörigen pflegen ihn, versorgen ihn
mit Essen und Trinken.

Welche sind nun die Bedingungen, unter denen eine
Integration leidvollen Erlebens und ein Herauswach-
sen aus festgefahrenen Mustern stattfinden kann? Un-

264

ser wichtigstes Anliegen ist, eine heilsame Atmosphäre zu schaffen, und um dies zu erreichen, benutzen wir vor allem Metaphern. Wichtig sind uns die Metaphern „Boden", „Raum", „Mitte", und „Bewußtheit". Wir sprechen davon, daß „wir einen Boden bauen, auf dem unsere Patienten sich niederlassen und finden können".

Wir unterstützen das Grounding, betonen die Notwendigkeit, einen „soliden Boden unter den Füßen" zu haben, gut in der Basis verankert zu sein, um mit intensiven körperlichen oder emotionalen Qualitäten Verbindung aufzunehmen. Wir schaffen eine Atmosphäre des äußeren Zuhauses, die es ihnen ermöglicht, ihr „inneres Zuhause" zu erleben. Wir lassen „Räume" (Bewußtseinsqualitäten, die raumhaft erlebt werden) erspüren, z. B. den Raum der Verbindung miteinander, den Raum der Gemeinschaft oder den Raum sich auszudrücken, den Raum auszuprobieren. Wichtig für die Herstellung und Erfahrung von solchen „Räumen" ist das Moment des Erlaubnisgebens. Ich schaffe damit als Therapeut den Boden, von dem dieser Raum und alles, was in ihm erlebt wird, getragen werden kann. Wir betonen das „in-der-Mitte-sein", „zur-Mitte-finden" und sehen uns damit gut aufgehoben in unserer ärztlichen Tradition. Die Worte Medicus – Medizin tragen ja das lateinische Medi, Medium – die Mitte in sich. Arzt, *Medi*zin als Heilkunde und das *Medi*kament, das *Mittel*, sind diejenigen, die wieder zur Mitte führen. Hier sehen wir auch vom Wort her die große Nähe von *Medi*zin und *Medi*tation, die in unseren Behandlungsangeboten eine große Rolle spielt und auch einen zentrierenden, zur eigenen Mitte führenden Charakter hat. Der Kern der Meditation ist Bewußtheit, Achtsamkeit. Bewußtheit als Awareness ist auch das

zentrale gestalttherapeutische Konzept (Perls, Hefferline und Goodmann, 1979). Wir können den Ursprung
der Psychotherapie überhaupt in dem Streben Unbewußtes bewußt zu machen sehen (Freud, 1895). Die
überragende Bedeutung der Bewußtheit im Prozeß
der Wieder-Ganzwerdung des Erlebens wurde ja auch
oben bereits dargestellt. Als weitere Metaphern
möchte ich noch „Verbindung" und „Lösung" nennen:
Wir fordern unsere Patienten auf, Verbindung aufzunehmen zu anderen Mitpatienten, zu inneren Bildern,
zu Körperempfindungen oder sich in einer Übung von
einem Partner zu lösen, einen Gedanken loszulassen
oder die Gelöstheit zu genießen.

Konkrete Beispiele zur Herstellung dieser heilsamen
Atmosphäre sind kurze Schweigephasen, das Benutzen
von Gedichttexten oder Geschichten in den Therapien,
die Schaffung einer täglichen Zeit der Stille und eines
jederzeit nutzbaren Raumes der Stille, die Herstellung
von Runden der Unterstützung und Kreisen der Verbindung z. B. mit den Händen, die Einbeziehung kleiner Rituale in Therapie und Meditation. Solch eine
heilungsfördernde Atmosphäre kann aber nur entstehen, wenn das Therapeutenteam sie trägt. Wir verwenden daher viel Aufmerksamkeit auf die Herstellung einer nährenden, liebevollen, sich nicht verwickelnden
und bewußtseinsklaren Haltung bei den Mitarbeitern.
Auch hier gibt es Schweigephasen, Texte und Ge-
dichte, gemeinsame Meditation und ein differenziertes
System von interner und externer Supervision. Diese
therapeutische Grundhaltung verstehe ich als Erweiterung von Freuds Konzept der gleichschwebenden Aufmerksamkeit des Therapeuten (Freud, 1912). Ich
möchte sie aber genauer bestimmen als Einstimmung
und Verankerung des Bewußtseins des Therapeuten

im transpersonalen Bereich (Wilber, 1988a). Anders ausgedrückt: Der Therapeut bemüht sich zunehmend um eine meditative Haltung, die des „Zeugen" des „Beobachters". Aber da der Kontakt mit dem Patienten natürlich ein Antworten und Handeln erfordert, müßte man von einem „teilnehmenden Zeugen" sprechen. Man kann dies auch als eine Bewußtheit von der Position des „höheren (transpersonalen) Selbst" (Assageioli, 1988) her beschreiben. Vielleicht läßt das Bemühen um diese Verankerung erahnen, daß die therapeutische Arbeit eingebettet ist in einen gemeinsamen Geist, daß jede einzelne Therapie oder jede Intervention getragen ist von einer solchen Atmosphäre und sie zugleich auch bestätigt und immer wieder neu erzeugt.

3. Struktur und Energieprozesse

Das Atmosphärische unterliegt der gesamten Behandlung und trägt unterschiedliche Schwerpunkte. Um diese Schwerpunktbildungen zu erläutern, möchte ich das Bild eines Flusses verwenden. Wie alles in der Natur, also auch unser Leben und unser Erleben, ist ein Fluß in ständiger Bewegung. Er verändert sich, er fließt von der Quelle, seinem Ursprung, zum Meer, in dem er sich auflöst. Der Fluß zwischen Quelle und Meer kann eine Metapher darstellen für das Leben des Menschen zwischen Geburt und Tod. Um zu beschreiben, was der Fluß ist, können wir modellhaft zwei Aspekte herausgreifen: Das Flußbett und das fließende Wasser. Beide sind nötig, damit der Fluß ein Fluß ist. Wasser ohne ein Flußbett kann vieles darstellen, wie z. B. einen See, ein Meer, einen Bach, sogar

Regen, aber eben keinen Fluß. Ein Flußbett ohne Wasser, ein ausgetrockneter Fluß, ist irgendeine Landschaft, aber eben auch kein Fluß. Beide Komponenten, Flußbett und fließendes Wasser, sind aufeinander bezogen, sie bedingen sich gegenseitig.

Ebenso ist es mit uns Menschen: wir wachsen, entwickeln und verändern uns. Dies geschieht jedoch nicht ohne Richtung und ohne Form. Unser körperliches Wachstum, unser psychisches Wachstum, unsere geistige Entwicklung folgen einer Struktur und bauen eine innere Struktur auf. Gleichzeitig lebt etwas innerhalb dieser Struktur, scheint es Kräfte zu geben, die dieses Struktur ändern. Ja, unsere Struktur selbst wird aufgebaut von diesen „Energien". Unser Organismus, unsere einzelnen Organe, unser ganzer Körper besteht, physikalisch gesehen, aus dem Zusammenspiel der Atome und ihrer energetischen Wechselwirkungen. Wie das fließende Wasser und das Flußbett komplementär aufeinander bezogen einen Fluß darstellen, so können wir auch eine Komplementarität von Energieprozessen und Strukturbildung für unser menschliches Leben und auch für unser Erleben annehmen. Wir verwenden die Begriffe „Flußbett", „Struktur" des Erlebens, „Struktur" der Persönlichkeit und die komplementären Begriffe „fließendes Wasser", „Inhalt des Bewußtseins", „Energieprozesse" des Erlebens als Metaphern. Sie sind nicht mechanistisch als feste Größen gemeint, sondern metaphorisch zu verstehen: Wie geht beispielsweise eine bestimmte Persönlichkeitsstruktur mit ihren inneren Energien um?

Dem Flußbild entnehmen wir zwei Aspekte für die Entstehung von Störungen und Krankheiten. Zum einen kann die Strukturbildung geschwächt oder geschädigt sein. Das Flußufer wäre also nicht gut befe-

268

stigt, und bei Hochwasser kann es leicht zu einer Überschwemmung kommen. Wenn also die inneren Kräfte, die Gefühle und Bilder nicht ausgehalten, gebunden und integriert werden, kommt es zu einer inneren Überschwemmung, der Mensch wird beispielsweise psychotisch. Zum anderen können die Energieprozesse blockiert sein. Der Fluß ist gut befestigt, zu viele Staustufen behindern den Strom, der nur träge dahinfließt. Wenn also die Persönlichkeitsstruktur sehr rigide ist, viele Blockierungen und Panzerungen vorliegen, dann kann es beispielsweise zu psychosomatischen oder neurotischen Symptomen kommen.

Aus diesem Verständnis ergeben sich zunächst konsequenterweise zwei Schwerpunkte in der Behandlung: die Förderung der Strukturbildung und die Mobilisierung blockierter innerer Kräfte. Je nach dem, welche Förderung ein Patient eher benötigt, wird er für die Gruppentherapie einer sog. Strukturgruppe oder einer sog. Personalen Gruppe zugeordnet.

In der Strukturgruppe werden gemäß psychiatrischer Diagnostik Patienten behandelt mit psychosenahen Borderline-Störungen, schizophrenen Psychosen oder schweren Entwicklungsstörungen. Da diese Patienten ein geringes Strukturniveau ihrer Persönlichkeitsorganisaton besitzen, wird in der Strukturgruppe vorwiegend strukturbildend und strukturfördernd gearbeitet (Blanck und Blanck, 1982). Dies bedeutet, daß die Therapeuten elterliche Funktionen übernehmen und aktiv eine Atmosphäre schaffen, in der eine gewisse Nachnährung, reparative und korrigierende emotionale Erlebnisse möglich sind. Gleichzeitig besitzen sie Hilfs-Ich-Funktionen, sie übernehmen sozusagen stellvertretend die mangelhaften oder brüchigen Strukturanteile. Sie regulieren und erklären die emotionalen

Prozesse, so daß durch Verinnerlichungsvorgänge defizitäre Strukturen nachträglich ausgeglichen werden können. Das Behandlungskonzept für diese Gruppe umfaßt neben der Gruppentherapie gleichzeitig eine strukturbildende Arbeit am Körpererleben durch spezielle körper- und bewegungstherapeutische Verfahren, Arbeits- und Alltagstraining und spezielle integrative Formen von Entspannung und Meditation. Die Behandlungsdauer in der Strukturgruppe beträgt meist 4 Monate und länger.

In der Personalen Gruppe, die auf „personale Integration" und Selbstentfaltung (Perls, 1980) abzielt, werden Patienten behandelt mit neurotischen, psychosomatischen und narzißtischen Störungen. Die Arbeitsweise ist aufdeckend, biographisch orientiert, den kreativen Ausdruck fördernd, auf die Auflösung der unbewußten Hintergründe der Störung und das Verstehen der Sinnkontinuität des Lebens ausgerichtet. Dabei wird ein breites Spektrum tiefenpsychologischer und humanistischer Psychotherapie eingesetzt (Petzold, 1988): verbale Reflexion, dramatische Therapie, erlebnisorientierte und aufdeckende Körpertherapie, kreative Therapie, Methoden der Entspannung und Besinnung. Die Behandlungsdauer in dieser Gruppe beträgt meist 3 bis 4 Monate.

Selbstverständlich spielt auch der strukturbildende Ansatz in der personalen Therapiegruppe eine Rolle und umgekehrt. Diese Schwerpunktbildung kann durch das Geflecht der weiteren Therapien entweder unterstützt oder auch ausgeglichen werden.

Wie bei der Herstellung der Atmosphäre, sollen die Begriffe Flußbett und fließendes Wasser, Struktur und innere Energieprozesse für Therapeuten und Patienten eine innere Haltung ermöglichen, die Heilung fördert.

So könnten wir sagen: Wenn meine Struktur gefestigt
ist, genügend Boden besitzt, Raum dafür da ist, daß
meine Energien fließen können, und ich mit mir in
der Tiefe in Berührung bin, dann kann Heilung geschehen, gesundes Wachstum ist dann möglich, eine innere
Verwandlung kann stattfinden.

4. Therapeutische Methoden

Um die einzelnen Therapiemethoden zu ordnen und
kurz zu charakterisieren, verwenden wir ein weiteres
„Bild" für den Menschen. Dieses Menschenbild findet sich in verschiedenen Traditionen und hat sich als
angemessen erwiesen. Es ermöglicht uns schlußfol-
gernd aus dem zunehmend differenzierten Selbster-
leben und unter Würdigung der Komplexität des ganzen Menschseins vier Perspektiven zu unterscheiden:
Der Mensch ist eine Leib-Seele-Geist-Einheit in Beziehung zur Umwelt und den anderen Menschen
(Petzold, 1974). Diese vier Perspektiven des Leibes,
der Seele, des Geistes in Bezogenheit auf die Welt
und die Mitmenschen sind ständig gemeinsam präsent, sie können aber auch Schwerpunkte, spezifische
Blickwinkel in unterschiedlichen therapeutischen Methoden, die wir verwenden, sein.
  Die Leibtherapien, nicht primär als Behandlung des
Körpers, sondern als Behandlung des Körpererlebens
verstanden, sind uns sehr wichtig, da ein zentriertes
und harmonisches Körpererleben in unserer Kultur im
allgemeinen eher vernachlässigt ist und darüber hinaus
die therapeutischen Effekte körpertherapeutischer Arbeit besonders hoch sind. Wir verwenden dabei ein
breites Spektrum von Verfahren: funktionelle und

übende Methoden, strukturbildende, also auf die Entwicklung einer angemessenen Struktur des Körpererlebens, das Körperschema, ausgerichtete Methoden, erlebnisorientierte und konfliktzentrierte, also eher körpertherapeutisch aufdeckende Verfahren (s. auch Petzold, 1985). Da gibt es die tägliche Morgengymnastik oder die Laufgruppe, die tägliche strukturbildende Bewegungsarbeit für frühgestörte Patienten. Die Nachmittagsangebote umfassen TaKeTiNa, die rhythmustherapeutische Gruppe (Flatischler 1984), Aikido, ein harmonisches, aus den japanischen Kampfsportarten abgeleitetes Bewegungssystem, die Wassergruppe, wo einer den anderen im Wasser trägt und hin- und herschwingt (Dull 1987), die Massagegruppe, in der die Patienten sich gegenseitig massieren, die Gruppe der Sinne (Selver, Brooks, 1977), die Arbeit mit der Stimme, die Bewegungstherapie, in der die Einheit des leiblichen Fühlens und Seins im Vordergrund steht (Petzold, 1977), die Atem- und Körperdynamische Gruppe (Plesse, St. Clair, 1988), in der mit Hilfe von Atem- und Körperarbeit kathartische Effekte möglich werden. Ich will die Verfahren im einzelnen nicht erläutern. Wie Sie aber schon erahnen können, sind einige unserer Therapien nicht primär darauf ausgerichtet, unbewußtes, konflikthaftes Material zu mobilisieren, um so eine Befreiung von körperlichem und psychischem Leid zu ermöglichen, sondern positive Erfahrungen, z. B. über die Aktivierung der Sinne zu ermöglichen. Die Psychotherapie ist bisher zu einseitig auf das Durcharbeiten des Leidvollen orientiert und wir möchten dies durch die „Arbeit" mit der Freude, dem Schönen und Angenehmen ergänzen. Nur auf diese Weise erscheint es uns möglich, den Körper als ein „Zuhause" erleben zu lernen, in das man sich verankern kann und aus dem Lebensfreude und Lebenskraft erwachsen.

In der Arbeit mit dem Seelischen, also der Psychotherapie, orientieren wir uns an einem tiefenpsychologischen Konzept humanistischer Psychologie, einem integrativen Ansatz der Gestalttherapie (Polster und Polster; 1975; Petzold, 1974). In der fünfmal wöchentlich stattfindenden Gruppentherapie, an der praktisch jeder Patient teilnimmt, wird nicht nur Unbewußtes aufdeckend gearbeitet, sondern auch im Rahmen der Gruppe als Experimentierfeld in spielerischer Weise, z. B. durch Gruppenübungen, Neues entdeckt und ausprobiert. Dabei spielen Medien, wie die Arbeit mit Farben, mit kreativem Material, mit Phantasie, dramatischem Spiel oder der Bewegung eine große Rolle. Eine Rollenspielgruppe und die aufdeckende, konfliktzentrierte Arbeit mit kreativen Medien, z. B. als Maltherapie, sind darüber hinaus spezielle Behandlungsangebote für die Patienten.

Die dritte Perspektive, die Therapie des Geistes, wenn man dies einmal so nennen will, halten wir für eine wichtige Funktion des Therapeuten, der immer auch Lebenslehrer ist, also nicht nur therapeutische, sondern auch pädagogische Funktionen besitzt. Wir führen daher wöchentlich einen Vortrag über Fragen des Behandlungskonzeptes oder gesunder Lebensführung durch und erklären auch im Rahmen der Therapien unser Verständnis der entsprechenden Prozesse. Dabei zeigt sich, daß häufig grundsätzliche existentielle Fragen, wie die nach dem Sinn des Lebens, dem Tod oder der Existenz des Göttlichen, gestellt werden. Hier ist es notwendig, ein authentischer Gesprächspartner zu sein und gleichzeitig mit Respekt die unterschiedlichen weltanschaulichen und religiösen Wege zu würdigen.

Im Speziellen bieten wir Methoden der Meditation an, um die Möglichkeiten der Besinnung zu vertiefen, zu erweiterten Formen des Bewußtseins oder zu einer höheren Warte zu gelangen, von der aus sich die aktuelle Problematik oder die verfestigten Lebensmuster gleichfalls relativieren können. Dabei haben wir versucht, verschiedene Zugänge zur Meditation aus unterschiedlichen Kulturkreisen in aufgeklärter Weise herauszuarbeiten. Das Meditationskonzept umfaßt folgende Angebote:

- Entspannung und geleitete einführende Meditationsformen;
- stille Meditation, vorwiegend im Stil der buddhistischen Vipassana-Meditation;
- strukturbildende Formen der Meditation als Gehmeditation
- oder meditative Rituale, die archetypische Symbole, wie die 4 Elemente, 4 Himmelsrichtungen oder 4 Jahreszeiten integrieren helfen sollen;
- Bewegungsmeditationen, auch als Tanzmeditationen, und Klangmeditationen, auch unter Einbeziehung der Stimme;
- Kontemplation als Betrachtung von Texten oder existentiellen Grundfragen
- und christliche Meditation
- Energiemeditationen, in Form von Licht- und Heilmeditationen und Meditationen zur Entfaltung von Liebe.

Die Bedeutung dieser Perspektive zeigt sich auch an der Tatsache, daß praktisch alle Mitarbeiter Erfahrungen mit Meditation haben und die eine oder andere Methode für sich persönlich praktizieren. Dabei verstehen wir die Meditation eingewoben in unsere Grundhaltung der Verbindung der Menschen: „Liebe führt

274

uns zur Meditation, und aus dem Raum der Meditation kann Liebe in neuer Schönheit erblühen" (Plesse, St. Clair, 1988).

Die vierte Perspektive, der Beziehungsaspekt des menschlichen Daseins, stellt auch die Grundlage dafür dar, daß wir im Rahmen der therapeutischen Beziehung überhaupt eine Heilung ermöglichen können. Das psychische Leid unserer Patienten ist in „kränkenden" Beziehungserfahrungen entstanden und kann daher in der Regel nur in dem Rahmen „heilsamer" Beziehungen heilen. Gleichzeitig gilt es, Verhaltensweisen zu entdecken, kennenzulernen und zu lernen, mit denen ungünstige Beziehungsmuster nicht wiederholt werden, sondern glücklichere Beziehungen gestaltet werden können. Das Beziehungsfeld der Patienten und Mitarbeiter ist daher nicht nur ein Projektionsfeld, in dem der Patient sich im Spiegel seiner Beziehungen erkennen kann, sondern auch ein Feld gegenseitiger Unterstützung, ein Experimentierfeld und ein Feld der Übung und des Lernens. Es ist ein Lebensfeld, in dem letztlich die Trennung von Arbeit und Freizeit, Therapeut und Patient eine untergeordnete Rolle spielt.

Dieses Konzept milieu- und soziotherapeutischer Arbeit verstehen wir als Erweiterung des Gedankens der therapeutischen Gemeinschaft. Elemente dieses „Beziehungsfeldes" stellen z. B. folgende dar: die Priorität der Arbeit mit Gruppen gegenüber der Einzeltherapie, auch in der Arbeit mit schweren und „frühen" Störungen; die Ermöglichung sinnstiftender Beziehungserfahrungen in der Klinikgemeinschaft z. B. durch Großgruppen, Gesamt-Versammlungen oder Patientenversammlungen, der Aufbau eines Systems gegenseitiger Unterstützung und Verantwortungsstrukturen z. B. durch Paten (jeder neue Patient bekommt für die ersten Tage zur Orientierung im Klinikablauf einen Mitpatienten, der schon länger da ist, als Paten), durch Ämter wie Versammlungsleiter der Patientenversammlung, Weckdienst, Bücherausleihe, Pflanzenbetreuung usw. Daneben werden die Patienten einbezogen in Alltagsabläufe, z. B. gibt es Tischdienste, die Zimmer sind selbständig aufzuräumen. Hier müssen auch die Trainingsgruppen basaler Fertigkeiten genannt werden, wie z. B. die Gartengruppe oder die Projektgruppe, in der die Patienten an überschaubaren Projekten, z. B. der Herstellung von Regalen oder Meditationsbänkchen handwerklich konkrete Erfahrungen machen können.

Während der wöchentlichen Gesamtversammlung aller Mitarbeiter und Patienten, in der sich die demnächst nach Hause gehenden Patienten verabschieden und die gerade angereisten begrüßt werden, ist am stärksten das Zusammenwirken der verschiedenen Perspektiven und ihr Eingebettetsein in die atmosphärische Kraft des Ganzen erlebbar und spürbar, so daß wir diese Veranstaltung für Besucher und Gäste geöffnet haben. So kann über das intellektuelle Verstehen eines ganzheitlichen Therapiekonzeptes hinaus, durch die teilnehmende Erfahrung vielleicht ein Geschmack von der Ganzheit des Seins gewonnen werden.

5. Transpersonale Störungen

Das Therapiekonzept ist eingebettet in die Überzeugung, daß die menschliche Entwicklung eine Dynamik zu einer Höherentwicklung des Bewußtseins in sich trägt mit dem Ziel der Erfahrung und Erkenntnis des

Einsseins, der Überwindung jeglicher Dualität und damit jeglicher Konflikthaftigkeit, wie dies in verschiedenen spirituellen Traditionen beschrieben wird. Die Entwicklung des Bewußtseins geschieht nach Wilber (1988a) als eine Art stufenförmige Entfaltung jeweils übergeordneter Bewußtseinsschichten. Dabei kann es besonders in den Übergangsphasen zu spezifischen Krisen und Fehlentwicklungen oder zur Auslösung allgemein bekannter psychischer Störungen kommen. Die Gründe dafür liegen

a) in einer mangelhaften Bildung oder aktuellen Schwächung der psychischen Struktur,

b) in ungelösten, oft unbewußten psychischen Konflikten oder

c) in schwerwiegenden inhaltlichen Problemen der jeweiligen Bewußtseinsebene, also z. B. bei unbeantworteten Fragen nach Sinn und Ziel menschlicher Existenz.

Allgemein könnte man transpersonale Störungen als geistige, psychische und somatische Leiden verstehen, die durch religiöse oder spirituelle Erfahrungen oder außergewöhnliche, z. B. parapsychologische Erlebnisse, ausgelöst sind bzw. im Rahmen der religiösen oder spirituellen Entwicklung einer Person auftreten. Es sind im engeren Sinne Störungen in der Entwicklung der höheren, transpersonalen Bewußtseinsschichten (Wilber, 1988b). Bei krisenhaften Verläufen spricht man dann auch von spirituellen Krisen. Spirituelle Krisen zeichnen sich aus durch das Auftreten von archetypischen Kräften, transpersonalen Inhalten oder Transzendenzerfahrungen (Grof, 1990). In der Regel führen die beschriebenen Erlebnisse zu einer Störung der gesamten Persönlichkeit, so daß sich neurotische, psychosomatische oder gar psychotische

Symptome mit transpersonalen Inhalten mischen. Die Grof'sche Beschreibung spiritueller Krisen als eigenständige typische Krankheitseinheiten, die eine spezifische Begleitung erfordern (Grof, 1991), ist uns zu einseitig. So wie jede psychische Störung, sei sie neurotisch oder psychotisch, potentiell oder real auch transpersonale Schichten aktiviert, sind transpersonale Störungen verwurzelt in der gesamten Persönlichkeit des Patienten und somit findet auch im günstigen Fall eine Weiterentwicklung und Umwandlung der gesamten Persönlichkeit statt.

Für die Praxis verwenden wir dabei die erwähnten Persönlichkeitsmodelle: die Beschreibung des Menschen als Leib-Seele-Geist-Einheit in Beziehung zur Umwelt, der Mitwelt, und den anderen Menschen, den Mitmenschen (nach Petzold, 1974), das Fluß-Bild als Komplementarität von Persönlichkeitsstruktur und Energieprozessen und die Differenzierung des Bewußtseins in die präpersonalen, eher unbewußten, die personalen, eher bewußten und die transpersonalen, eher überbewußten Schichten (nach Wilbert, 1988a, Assageioli 1988). Eine Behandlung transpersonaler Störungen muß daher auf allen Ebenen ansetzen und eine Weiterentwicklung und Umwandlung in allen Dimensionen ermöglichen. Dies bedeutet beispielsweise für die Perspektive der Beziehungen zu anderen Menschen eine mögliche Entwicklung von der personalen Qualität der Ich-Du-Beziehung, der Begegnung, zu der transpersonalen Qualität der Verbundenheit: Du bist Ich. Dabei bleibt gleichzeitig die Fähigkeit zur personalen Liebe oder zur präpersonalen Nutzung des anderen zur Triebbefriedigung erhalten.

In einer sog. transpersonalen Gruppe werden Patienten und Patientinnen mit transpersonalen Störungen allgemein und spirituellen Krisen im Besonderen behandelt. Die Behandlungsweise in dieser Gruppe erfordert einen entsprechend komplexen Zugang: aufdeckende und strukturbildende Therapieverfahren, wie sie beschrieben wurden, werden verbunden mit einer Würdigung der speziellen transpersonalen oder spirituellen Erfahrungen, mit denen der Patient identifiziert ist. Dies geschieht u. a. durch eine zusätzliche Fokusbildung auf die geistig-spirituelle und religiöse Biographie und eine differenzierte Einbeziehung der verschiedenen Meditationsformen. Aufklärung und Information über die zugrundeliegenden Problemkreise in Form von Vorträgen oder Sprechstunden runden das Behandlungsangebot für diese Gruppe ab. Bei jeder transpersonalen Störung ist die gesamte Persönlichkeit der Patienten zu berücksichtigen und in die Therapie einzubeziehen.

6. Eine Patientin

Die Verwobenheit der verschiedenen Perspektiven im Störungsverständnis und in der Behandlungsstruktur soll an einem Beispiel erläutert werden.

Die 44jährige Patientin kam zu uns mit der festen Überzeugung, unter einer spirituellen Krise zu leiden. Sie hatte Bücher von Grof gelesen und mehrere Versuche ambulanter und stationärer Therapeuten, sie von der Diagnose einer endogenen Depression zu überzeugen, zurückgewiesen.

Zu ihrer Lebensgeschichte: Sie ist Inderin und wuchs als älteste von vier Kindern zunächst in Madras auf. Die Mutter stand im Hintergrund, der Vater war als Geschäftsmann häufig abwesend. Er wird jedoch als sehr jähzornig beschrieben, habe sie bei schlechten Schulleistungen häufig geschlagen oder sogar auch eine Zigarette auf ihrem Körper ausgedrückt. Als sie 12 Jahre alt war, nahm der Vater eine Geschäftsführerstelle in Hamburg an und die Familie zog nach Deutschland. Dort fühlte sie sich einsam, hatte Schwierigkeiten mit der Sprache, erlebte das Klima als eiskalt. Weiterhin wurde ihr Leben durch den autoritären Vater dominiert, der Alkoholiker gewesen sei und auch Freundinnen gehabt habe.

Als die Schulleistungen in der internationalen Schule in Hamburg schlechter wurden, mißhandelte sie der Vater und schickte sie dann in ein Internat nach Nordindien. Angesichts der ihr inzwischen fremd gewordenen indischen Mentalität habe sie noch größere Schulprobleme gehabt, verschiedene Fluchtversuche aus der Schule gestartet, Alpträume erlebt, Selbstmord phantasiert. Ein Jahr später, als sie 15 Jahre alt war, kam ihr Vater bei einem Autounfall ums Leben. Zunächst blieb sie noch im Internat, kehrte aber dann nach Hamburg zurück, da die Großeltern sie in Indien haben verheiraten wollen und ihre Mutter sich dagegen gewehrt habe. In Deutschland zurück, habe es zunehmend Spannungen mit der Mutter gegeben, die sie eher einengend hinduistisch erziehen wollte. Auch hier kam es zu tätlichen Auseinandersetzungen zwischen Mutter und Tochter.

Die Patientin zog sich dann zunehmend in wechselnde Bekanntschaften zurück. Es kam zu zwei Schwangerschaften mit nachfolgenden Abtreibungen, Trennungen und Krisen mit mehreren Suizidversuchen und zunehmendem Alkoholmißbrauch. Mit 23 heiratete sie auf Drängen ihrer Mutter und ihres Freundes und bekam kurz darauf zwei Söhne. Es folgen viele Umzüge, wiederum aus beruflichen Gründen des Mannes, sie ist unglücklich in der Ehe, es gibt erhebliche Ehekonflikte und gemeinsamen Alkoholmißbrauch beider Eheleute. Sie trennt sich von ihrem Mann, geht verschiedene Partnerschaften ein, die jedoch alle scheitern.

Inzwischen war die Patientin 37 Jahre alt und in einer tiefen Lebenskrise. Die Mutter war auch gerade gestorben. Sie lebte nun mit ihren Kindern vom Ehemann getrennt, fand auch keine anderen Beziehungen, hatte keine abgeschlossene Berufsausbildung. Sie suchte nach einer Veränderung, machte Kurse in Meditation, Autogenem Training und Yoga, las psychologische und esoterische Bücher. Und plötzlich beginnt sich etwas zu ändern. Sie selbst schreibt dazu: „Vor sieben Jahren erlebte ich ein spirituelles Erwachen. Das Gefühl der Einheit, der Freude, der Liebe und des Glücks waren geboren.

Ich entdeckte in mir die Liebe zur geistigen Literatur und Kreativität. Außerdem spürte ich das Gefühl, der Welt dienen zu müssen. Neben anderen seltsamen Dingen haben sich auch paranormale Fähigkeiten entwickelt (Hellsehen, Gedankenübertragung, usw.)." Sie beschreibt präkognitive Träume und eine Fülle von Synchronizitäten, wie z. B. daß ihr jemand ein Buch oder Geld schenkte, was sie gerade gebraucht habe; oder daß andere aussprachen, was sie gerade gedacht habe. Sie interpretiert dies dann magisch, daß ihre Gedanken dies bewirkt haben. Sie schreibt weiter: „Auf diesem Pfad kam ich zu der Erkenntnis, daß Leben Wachstum und Reife bedeutet. Wer die Welt verändern will, fängt bei sich selbst an, hieß es. Da ich im Leben durch sehr viele Krisen gegangen bin, nahm ich mir vor, es zu ändern, um endlich glücklich zu sein und fing an, sehr intensiv an meiner Entwicklung zu arbeiten. Ratgeber halfen mir dazu. Durch die Bücher von Murphy, Freytag, Tepperwein und anderen, kam ich mit dem positiven Denken in Berührung. Ich stellte fest, daß man mit dem positiven Denken jedes Ziel erreichen könnte. Das fand ich ganz toll. Trotz der Prägungen der Eltern – ich wäre ein Taugenichts – fing ich an, mir kleine Ziele zu setzen. Wo ich mein Leben lang zu nichts fähig war, gelang mir jetzt plötzlich alles. Ich arbeitete an meiner Entwicklung weiter und erreichte jedes Ziel."

So hörte sie auf zu rauchen und zu trinken und war seitdem auch trocken. Sie änderte ihre Ernährung, zog auf Drängen ihres Ehemanns mit ihren Kindern wieder zu ihm und kam mit ihm besser zurecht. Sie schreibt weiter: „Ich war sehr glücklich über diesen Erfolg. Aber nun war etwas in mir, was mich drang ein Buch über meine Erfahrungen zu schreiben. Zuerst dachte ich ‚was ist das bloß, ich kann doch als Nur-Hausfrau niemals ein Buch schreiben, ich bin doch kein Fachmann' .... Aber dann habe ich mich doch hingesetzt und fing an zu schreiben. Ich habe mein Buch als Kanal geschrieben. Ich habe Tag und Nacht Eingebungen empfangen." Sie beschreibt sich dann als gedrängt, gequält, schreiben und ihr Wissen weitergeben zu müssen. Sie beginnt, darüber hinaus Volkshochschulseminare zu geben und Vorträge zu halten, kümmert sich gleichzeitig um ihre Familie und ihre Geschwister. „Ich erfüllte alle Pflichten, nur meine eigenen Bedürfnisse blieben auf der Strecke liegen. Ich bin daran zerbrochen. Ich kämpfte und suchte nach neuen Wegen. Sie haben mich zu den Büchern von Bhagwan geführt. Nachdem ich sein erstes Buch Nirwana las, brach mein bisheriges Weltbild zusammen. Durch seine Bücher bin ich zum ersten Mal meinem Ego begegnet. Früher

282

wußte ich nichts von seiner Existenz. Jetzt wußte ich nicht, wie ich damit umgehen sollte. Ich wurde sehr verwirrt. Meine Verwirrung löste einen Schock und die spirituelle Krise aus. Mir fehlen die Worte, die dramatischen und schrecklichen Erfahrungen, die ich machte, zu beschreiben. Es war entsetzlich. Tag und Nacht Selbstmord- und Selbstzerstörungsgedanken, Verfolgungswahn, grübelnde und kreisende Gedanken, Ängste, Minderwertigkeitsgefühle, Unlust, Willenlosigkeit, Unentschlossenheit, Schuldgefühle, Panik, Zittern, kein Boden unter den Füßen. Menschen, die ich kaum kannte, drehten sich in meinem Kopf wie eine Schallplatte. Ich hatte das Gefühl, daß alle Menschen mich ablehnen würden. Nächtelange Schlaflosigkeit, Konzentrationsstörungen. Vor Angst konnte ich nicht mehr ins Dorf gehen. Panik überkam mich, wenn ich vertraute Menschen traf. Ich schrie und weinte fast jeden Tag und fühlte mich hilflos. Ich dachte, ich bin dem Wahnsinn verfallen und war fassungslos." Sie beschreibt dann autoaggressive Phantasien, wie sich zu zerstückeln, eine gewaltige Unruhe als Gedankenkreisen („Schallplatte im Kopf"), weshalb sie einen Hirntumor befürchtete und verschiedene medikamentöse Selbstbehandlungsversuche.

Dieser Zustand hielt mehrere Jahre lang an. In ihrer Hilflosigkeit geht sie in eine psychiatrische Klinik, in der sie zunächst als depressiv diagnostiziert wird und verschiedene antidepressive Medikamente, jedoch ohne Erfolg, erhält. Da ihre Stimmung dort sehr schwankte, ihre Depressivität kaum nachfühlbar erschien und man keinen rechten Kontakt mit ihr bekam, wurde sie dann diagnostiziert als „Persönlichkeitsstörung mit zyklothymen und hysterischen Anteilen". Es gibt Konfrontationen, zwei Suizidversuche, die Patientin beharrt auf ihrer Selbsteinschätzung als spirituelle Krise, schließlich kommt es nach 7 Monaten stationärer Behandlung zur Entlassung. Die Patientin trennt sich wieder von ihrer Familie, kommt jedoch nicht zurecht, kehrt wieder zum Ehemann zurück, geht erneut in die psychiatrische Klinik mit erheblicher depressiver Verstimmung und Selbstmordgedanken. Dort wiederholt sich das gleiche wie beim ersten Mal. Sie verübt einen erneuten Suizidversuch, schließlich kommt es zum Behandlungsabbruch.

Als sie zu uns kam, fielen uns folgende Aspekte auf:
1. Ihre Beschwerden: „Meine kreisenden Gedanken gleichen einer Schallplatte. Ich kann sie seit zwei Jahren nicht lenken." Sie sind depressiven Inhalts: „Energielos, lustlos, keine Willenskraft, keine Entschlußkraft, kein Selbstvertrauen, Minderwertigkeitsgefühle, leer, gefühllos, keine Bedürfnisse, keine Lebensfreude", usw. Sie drehen sich darüber hinaus um Selbstmord. Sie werden als zwanghaft beschrieben und wirken nicht geordnet, sondern assoziativ verzweigt. Darüber hinaus beschreibt sie eine Fülle von Ängsten: Angst vor Zuhause, vor der Außenwelt, nie wieder gesund zu werden, Angst vor Ablehnung, Angst vor anderen Menschen, sie fühlt sich auch bedroht, und diffuse, unheimlich anmutende Angst.
2. Zustandsdiagnostisch erscheinen ihre Symptome als abklingende Psychose. Begründet wird dies durch die paranoiden Ängste, den aufgelockerten Gedankengang, die Zerstückelungsphantasien, die sich bei uns einstellenden Gegenübertragungsreaktionen und eine deutliche Besserung auf geringe Gaben von Neuroleptika.
3. Die Patientin selbst beschreibt ihre Krise als „spirituelle Psychose". Sie bringt mir das Grof'sche Buch

über spirituelle Krisen (Grof, 1990) mit und hatte dort in dem Artikel von Assageioli bis zu dem Punkt gelesen, wo dieser die Reaktionen auf das spirituelle Erwachen beschrieb. Danach hatte sie nichts mehr angestrichen, die Randbemerkungen brachen ab. Inhaltlich dreht sich ihre Selbsterforschung um das Thema der Ich-Auflösung. Ihre Selbstbeschreibung der Symptome endet mit den Worten: „Denken-Warten-Fasten, Hermann Hesse, Faust (Goethe)".

4. Im Kontakt ist die Patientin wenig spürbar, wirkt recht unzugänglich, sehr starr fixiert an intellektuelle Konzepte, an die sie sich wie um zu überleben klammert.

Aus der Darstellung läßt sich unser Verständnis der Patientin leicht erkennen: Die Geschichte ihrer Kindheit und Jugend ist gekennzeichnet durch Heimatlosigkeit, Entwurzelung, Orientierungslosigkeit, Verlassenheit und beständige Brüche der Umgebung und der Bezugspersonen. Sie wechselt die Wohnorte, Vater und Mutter sterben. Ihre Identität ist also nicht integriert, in gewisser Weise zerrissen und brüchig. So reinszeniert sie ihr Schicksal, wechselt ihre Partner, die ihr angetane Gewalt wiederholt sie autoaggressiv durch Suizidversuche und Abtreibungen. Sie trinkt, wie ihr Vater, und sucht sich einen Ehemann, der ebenfalls trinkt.

In der Ehe dann das gleiche: Konflikte, Trennung. Die Patientin ist auf der Suche nach Ruhe, nach einem Boden, nach einer Heimat in sich selbst, nach einem Ich. Dann kommt es plötzlich mit 37 Jahren zum Umbruch, paranormale Fähigkeiten brechen auf, Synchronizitäten werden erlebt, eine „sensitive Öffnung" (Grof, 1990) hatte stattgefunden. Es gibt jedoch keine Begleitung, die Patientin ist den neuen archetypischen

Kräften ausgeliefert, steuert sie nicht mehr, sondern wird gesteuert. Es folgt eine zwar sehr fruchtbare Schaffensperiode, in der sie jedoch weit über ihre Grenzen lebt und die sie an den Rand der Erschöpfung bringt. Da die regulierenden, steuernden psychischen Funktionen ohnehin aus der biographischen Entwicklung heraus wenig in ihrer Persönlichkeitsstruktur integriert waren und sie zu diesem Zeitpunkt nur noch mit Mühe die Alltagsrealität bewältigen konnte, brach ihre Struktur dann, möglicherweise ausgelöst durch die Texte von Rajneesh, zusammen. Es geschah jedoch nicht eine „Ich-Auflösung" im Sinne der Transzendenz und des Übergangs zur Handlungsleitung durch das Selbst oder das höhere Selbst, sondern es kam in einer gewissen Weise zum Ich-Verlust oder zum teilweisen Zerbrechen des Ichs im Sinne der Ich-Fragmentierung. So konnten sich in der Folge dann biografisch nicht integrierte, sehr aggressive archetypische Strukturen ausleben, wie z. B. die Phantasie nach Indien zu reisen und sich dort zerstückeln zu lassen.

Wir fanden also tiefgreifende Störungen der gesamten Persönlichkeit und mußten alle diese in der Behandlung berücksichtigen. Die Kindheitsentwicklung hinterließ massive Brüche in der Identität und so mußten diese psychotherapeutisch aufgearbeitet werden. Die Ich-Struktur mußte darüber hinaus gestützt und gestärkt werden, z. B. durch strukturbildende Formen von Körperarbeit oder auch durch Medikamentengabe, da die Patientin sich zeitweise vollkommen von ihrem Körper dissoziiert fühlte und sich durch Angst und psychotisch abgespaltene Gedankenformationen kaum der Therapie zuwenden konnte.

Die transpersonalen Schichten aktivierten wir durch entsprechende Methoden (Meditation, katharsisför-

dernde Atemtherapie u. ähnl.) überhaupt nicht, da die
entsprechenden archetypischen Kräfte zu diesem Zeitpunkt nicht integrierbar gewesen wären und das psychotische Erleben verschlimmert hätten. Statt dessen
erarbeiteten wir mit ihr jedoch ein ganzheitliches Persönlichkeitsmodell, indem sowohl die biographischen
Aspekte, die spezielle Lebensbewältigung von Beruf
und Beziehungen, als auch die spirituellen Bedürfnisse
Platz haben.

Die Behandlung einer solch schweren Störung kann
nicht in wenigen Monaten oder gar in einzelnen Sitzungen abgeschlossen werden, wie gelegentlich zu hören
ist und wie es sich auch manche Patienten wünschen.
Damit ein solcher Mensch im beschriebenen Sinne wieder ganz werden kann, bedarf es der jahrelangen Begleitung in der Form, daß immer wieder ein heilsamer
Raum geschaffen wird, in dem die gesamte Persönlichkeit und eben nicht nur ihre transpersonale Schicht ge-
würdigt und berücksichtigt wird.

7. Ganzheit des Seins

Ich habe versucht, Modelle darzustellen für den Aufbau einer ganzheitlichen stationären Therapie, für ein
angemessenes und komplexes Verständnis der Persönlichkeit, für die Behandlung transpersonaler Störungen. Dennoch sind all dies nur Konzepte und Metaphern, durch die wir hindurchschreiten und die wir
zurücklassen. Nur das Ziel, die Ganzheit und Einheit
des Menschseins erlebbar zu machen, die Verankerung im Wissen um die Ganzheit des Seins, und der
Respekt vor der Schönheit und Größe der Existenz,
die sich letztendlich der Beschreibung entzieht und ge-

heimnisvoll bleibt, begründen in der Tiefe das Anliegen ganzheitlicher Therapie.

Und so möchte ich am Ende mit einem Text indianischer Weisheit zum Anfang zurückkehren (Wolfgang Poeplau, 1984):

Im Anfang war das Schweigen.
Das Schweigen der Felsen,
des Himmels, der Gräser.
Das Schweigen der Nacht
und des Schöpfungsmorgens.

Lange bevor alles beim Namen genannt wurde,
bevor Berg zu Berg,
Stein zu Stein,
Erde zu Erde wurde,
war schöpferisches Schweigen.
Ewigkeit aller Ideen und Worte,
Respekt des Lebens vor dem Geheimnis.

Bevor ich,
bevor wir alle
beim Namen gerufen wurden,
war die Welt wortlos.

Literatur

Assageioli, R., Psychosynthese, Zürich 1988.

Blanck, G. und Blanck, R., Angewandte Ich-Psychologie, Stuttgart 1982.

Dull, H., Bodywork Tantra, Middletown 1987.

Flatischler, R., Die vergessene Macht des Rhythmus, Essen 1984.

Freud, S., Zur Psychotherapie der Hysterie, 1895, Studienausgabe, Ergänzungsband.

Freud, S., Ratschläge für den Arzt bei der psychoanalytischen Behandlung, 1912, GW, Bd. 8.

Gebser, J. (1966), Ursprung und Gegenwart, Gesamtausgabe Band II, Schaffhausen 1986.

Goldner, C. G., Mit Drachengewalt und Donnerstimme, München 1989.

Grof, C. und Grof, S., Die Stürmische Suche nach dem Selbst, 1991.

Grof, S. und Grof, C. (Hrsg.), Spirituelle Krisen, München 1990.

Neumann, E., Ursprungsgeschichte des Bewußtseins, München 1968.

Perls, F., Gestalt, Wachstum, Integration, Paderborn 1980.

Perls, F. S., Hefferline, R. F., Goodman, P., Gestalt-Therapie, Stuttgart 1979.

Petzold, H. (1974), Integrative Bewegungstherapie. In: Petzold, H., Integrative Bewegungs- und Leibtherapie, Paderborn 1988, S. 59–172.

Petzold, H. (1985), Die modernen Verfahren der Bewegungs- und Leibtherapie und die „Integrative Bewegungstherapie". In: Petzold, H., Integrative Bewegungs- und Leibtherapie, Paderborn 1988, S. 21–58.

Petzold, H. (1988), Die vier Wege der Heilung in der Integrativen Therapie. In: Petzold, H., Integrative Bewegungs- und Leibtherapie, Paderborn 1988, S. 173–283.

Plesse, S. M./St. Clair, B., Feuer der Sinnlichkeit, Vaduz 1988.

Poeplau, W., In die Mitte der Welt führt Deine Spur, Freiburg 1984.

Polster, E. und Polster, M., Gestalttherapie, München 1975.

Rajneesh, B. S., Therapie-Liebe heilt, Meinhard Schwebda 1983.

Selver, C., Brooks, C. (1977), Sensory Awareness. In: Petzold, H., Psychotherapie & Körperdynamik, Paderborn 1977, S. 59–77.

Wilber, K., Halbzeit der Evolution, München 1987.

Wilber, K./Engler, J./Brown, D. P., Psychologie der Befreiung, München 1988.

Wilber, K. (1988a), Das Spektrum der Entwicklung. In: Wilber, K.,

Engler, J., Brown, D. P., Psychologie der Befreiung, München 1988.

Wilber, K. (1988b), Das Spektrum der Psychopathologie. In: Wilber, K./Engler, J./Brown, D. P., Psychologie der Befreiung, München 1988.

Ken Wilber

Esoterische Religion, Bewußtseinsentwicklung und Psychotherapie*

„Er ist ein Einsiedler; er läßt sich nicht sprechen", hörte ich über ihn. Das machte mich noch neugieriger, als ich ohnehin schon war. Was ich von ihm gelesen hatte, fand ich frappierend. Da trafen sich enzyklopädisches Wissen, Offenheit für unterschiedlichste Denkmodelle, lebendiger, präziser und bildkräftiger Stil mit ungewöhnlicher Kraft zur Zusammenschau und seltener Klarheit des Denkens.

Ich schrieb an Wilber. Als auf meinen Brief keine Antwort kam, flog ich nach Japan zum Kongreß der Internationalen Transpersonalen Gesellschaft. Wilber stand als Vortragender auf dem Programm. Kyoto im Frühling war wunderschön, die Begegnung mit den japanischen kulturellen und religiösen Traditionen unvergeßlich, aber Ken Wilber war nicht da. Präsent war er trotzdem. Ein prominenter Physiker jubelte ihn in seinem Vortrag hoch, viele Hoffnungen richteten sich auf ihn. Unsichtbar sein ist keine schlechte Public-Relations-Technik – wenn man Ken Wilber heißt.

Ich fragte herum, wer ihn kennt. Der Präsident der Gesellschaft, Cecil Burney: „Wir sind befreundet. Er ist umgänglich und völlig unprätentiös." Wie kann er,

---

* Aus: Ken Wilber, *Mut und Gnade*, © deutsche Rechte by Scherz Verlag Bern und München.

Geburtsjahrgang 1949, schon neun Bücher veröffentlicht haben? „Er arbeitet sehr viel und hart, und er ist ein Genie", stellte Roger Walsh lakonisch fest.

Mit Hilfe von Freunden und einem seiner deutschen Verlage versuchte ich später noch einmal, ein Interview mit Wilber zu bekommen. Als ich schon in San Francisco war, hatte ich noch immer keine feste Zusage. Und dann, plötzlich, ist er am Telefon und sagt zu. Wir treffen uns in seinem Haus. Das Wohnzimmer ist mit Gartentisch und -stühlen ausstaffiert, durch die halbgeöffnete Tür sieht man eine Matratze auf dem Fußboden. Ken Wilber, barfuß, mit offenem Hemd – es ist ein warmer Sommertag – stellt ein Glas Saft für mich auf den Tisch und lacht: „Ich existiere wirklich."

„Sie sehen, Edith, ich existiere", lachte ich, als wir uns setzten. „Was kann ich für Sie tun?"

„Weshalb geben Sie keine Interviews?"

Ich legte ihr alle meine Gründe dar – vor allem, daß Interviews zuviel Unruhe und Ablenkung mit sich bringen, zumal ich ohnehin nichts anderes im Sinn habe, als zu schreiben. Als sie zum eigentlichen Thema unseres Interviews kam, schaltete sie ihren Recorder ein.

Edith Zundel: Mich interessiert vor allem der Grenzbereich zwischen Psychotherapie und Religion.

Ken Wilber: Und mit Religion meinen Sie was? Fundamentalismus? Mystik? Exoterisch? Esoterisch?

EZ: Das ist ein guter Ausgangspunkt. In *Der glaubende Mensch (A Sociable God)* nennen Sie, glaube ich, elf verschiedene Definitionen für Religion oder elf Arten, das Wort Religion zu gebrauchen.

KW: Ja, es ging mir darum, daß wir eigentlich nicht über Wissenschaft und Religion – oder Psychotherapie und Religion oder Philosophie und Religion – sprechen können, solange wir nicht genau bestimmt haben, was wir eigentlich mit dem Begriff Religion meinen. Für unsere Zwecke hier müssen wir wohl zumindest zwischen exoterischer und esoterischer Religion unterscheiden. Exoterische oder „äußere" Religion ist mythische Religion, furchtbar konkret und buchstabengläubig. Hier wird tatsächlich geglaubt, daß etwa Moses das Rote Meer teilte, daß Christus von einer Jungfrau geboren wurde, daß die Welt in sechs Tagen erschaffen wurde, daß es wirklich einmal Manna geregnet hat und so weiter. Überall auf der Welt besteht exoterische Religiosität aus solchen Überzeugungen. Die Hindus glauben, daß die Erde, damit sie nicht ins Bodenlose fällt, von einem Elephantenpaar getragen wird; da ein Elephant nicht schweben kann, steht er auf einer Schildkröte und diese wiederum auf einer Schlange. Fragt man nun weiter, wovon denn die Schlange getragen wird, dann heißt es: „Sprechen wir jetzt von etwas anderem." Das ist exoterische Religion, eine Reihe von Glaubenssätzen, die eine mythische – keine aus direkter Erfahrung oder Evidenz gewonnene – Erklärung für die Mysterien der Welt zu geben versuchen.

EZ: Exoterische oder äußere Religion ist demnach, allgemein gesagt, eine Sache des Glaubens und nicht der unmittelbaren Anschauung.

KW: Ja. Wenn Sie an all die Mythen glauben, sind Sie gerettet, wenn nicht, kommen Sie in die Hölle – keine Widerrede. Diese Art von Religiosität finden Sie auf der ganzen Welt – Fundamentalismus. Ich habe nichts dagegen einzuwenden; nur hat eben diese Art von Religion nichts mit mystischer oder esoterischer oder auf Erfahrung gegründeter Religion zu tun, mit der Art von Religiosität oder Spiritualität, die mich interessiert.

EZ: Und „esoterisch" bedeutet?

KW: Innerlich oder verborgen. Und verborgen nicht etwa, weil esoterische oder mystische Religion geheim wäre, sondern weil sie eine Sache der direkten Erfahrung und des persönlichen Gewahrseins ist. Die esoterische Religion verlangt von Ihnen nicht, etwas gläubig anzunehmen oder gehorsam irgendwelche Dogmen zu schlucken. Sie ist vielmehr so etwas wie eine Reihe persönlicher Experimente, die Sie wissenschaftlich im Labor Ihres Bewußtseins durchführen. Wie alle Wissenschaft stützt sie sich auf direkte Erfahrung, nicht auf bloße Gläubigkeit oder Wunschdenken; und sie wird öffentlich überprüft und bestätigt durch jene, die das Experiment ebenfalls durchgeführt haben. Das Experiment heißt Meditation.

EZ: Aber Meditation ist etwas so Privates.

KW: Eben nicht. Nicht mehr als, sagen wir, Mathematik. Es gibt zum Beispiel keinen äußeren Beweis dafür, daß minus eins zum Quadrat gleich eins ist. Es gibt dafür keinen sensorischen oder empirischen Beweis. Dennoch ist es so, aber das ist nur durch innere Logik zu beweisen. Minus eins finden Sie in der Außenwelt nicht; aber Sie finden es in Ihrem Bewußtsein. Und dieser rein mentale Charakter von minus eins bedeutet nicht, daß minus eins rein privat, öffentlich nicht zu verifizieren und daher gegenstandslos ist. Es heißt aber, daß die Wahrheit von minus eins nur von Mathematikern verifiziert werden kann, also von Leuten, die wissen, wie das logische Experiment, das über Richtigkeit und Unrichtigkeit entscheidet, innerlich durchgeführt wird. In diesem Sinne ist auch die meditative Erkenntnis eine innere Erkenntnis, nur zu verifizieren durch andere in der Meditation Geschulte, denen die interne Logik der kontemplativen Erfahrung geläufig ist. Wir lassen nicht öffentlich über den Satz des Pythagoras abstimmen, sondern überlassen es den Mathematikern zu entscheiden, ob er stimmt oder nicht. So hat auch die meditative Spiritualität bestimmte Aussagen zur Folge – etwa daß das Ichbewußtsein, betrachtet man es nur genau genug, nicht verschieden ist vom Weltbewußtsein; aber diese Wahrheit ist nur durch Experiment und Erfahrung zu überprüfen, von Ihnen und von jedem anderen, der das Experiment auf sich nimmt. Und nach etwa sechstausend Jahren dieses Experimentierens, denke ich, ist es völlig angemessen, bestimmte Schlüsse zu ziehen, gleichsam spirituelle Theoreme aufzustellen. Diese Theoreme sind der Kernbestand der uralten Weisheitstraditionen.

EZ: Trotzdem noch einmal: Was heißt „verborgen"?

KW: Wenn Sie das Experiment nicht durchführen, können Sie nicht wissen, was los ist; Sie haben keine Stimme in dieser Sache, wie Sie als Nichtmathematiker keine Stimme bei der Entscheidung über den Satz des Pythagoras haben. Sie können sich natürlich eine Meinung darüber bilden, aber die Mystik ist nicht an Meinungen interessiert, nur an Erfahrungswissen. Esoterische Religion oder Mystik bleibt dem Bewußtsein, das sich nicht dem Experiment widmet, verborgen; mehr heißt das nicht.

EZ: Aber die Religionen sind so verschieden.

KW: Bei den exoterischen Religionen gibt es sehr große Unterschiede; esoterische Religionen sind überall auf der Welt praktisch identisch. Mystik und Esoterik sind in dem eben erläuterten Sinne wissenschaftlich, und wie es keine deutsche Chemie im Unterschied etwa zur amerikanischen Chemie gibt, besteht auch in der mystischen Wissenschaft kein Unterschied zwischen Hinduismus und Islam. Es besteht grundlegende Übereinstimmung in vielen Dingen, etwa was die Natur der Seele, die Natur des Geistes und die Natur ihrer höchsten Identität angeht. Das ist gemeint, wenn von der „transzendenten Einheit der Weltreligionen" die Rede ist: die esoterischen Religionen. Natürlich sind ihre Oberflächenstrukturen sehr verschieden, aber in den Tiefenstrukturen sind sie praktisch identisch – Ausdruck für die universale Gleichheit des menschlichen Geistes und seine phänomenologisch ermittelten Gesetze.

EZ: Das scheint mir sehr wichtig: Wenn ich es richtig sehe, dann teilen Sie nicht Joseph Campbells Annahme, daß mythische Religionen gültige spirituelle Erkenntnis enthalten?

KW: Exoterisch-religiöse Mythen können Sie interpretieren, wie Sie wollen. Zum Beispiel können Sie Mythen, wie Campbell es tut, als Allegorien, Metaphern oder transzendente Wahrheiten deuten. Sie können etwa sagen, die jungfräuliche Geburt bedeute, daß Christus spontan aus seinem wahren Selbst heraus wirkte. Ich zum Beispiel glaube das. Nur: Anhänger eines mythischen Glaubens glauben das nicht. Sie glauben, und das soll ein Prüfstein der Festigkeit ihres Glaubens sein, daß Maria wirklich als biologische Jungfrau schwanger wurde. Mythengläubige deuten ihre Mythen *nicht* allegorisch, sondern wörtlich und konkret. In seinem Bemühen, mythische Überzeugungen irgendwie zu retten, zerstört Campbell sie als das, was sie eigentlich sind. Er sagt zu einem Mythengläubigen: „Ich weiß, was du *im Grunde* meinst." Keineswegs. Ein Mythengläubiger meint das einfach nicht, was Campbell ihm da unterzuschieben versucht. Deshalb sind Campbells Bestrebungen meiner Meinung nach schon vom Ansatz her verfehlt.

296

EZ: Aber es gibt doch wirklich Anhänger mythischer Religionen, die ihre Mythen allegorisch oder metaphorisch deuten.

KW: Ja, und das sind die Mystiker. Die Mystiker geben den Mythen einen esoterischen oder „verborgenen" Sinn, und diesen Sinn entdeckt man durch direkte innere und kontemplative Erfahrung, nicht in irgendeinem äußeren Glaubenssystem oder Symbol oder Mythos. Sie sind also mit anderen Worten gar keine Mythengläubigen, sondern kontemplative Phänomenologen, kontemplative Mystiker, kontemplative Wissenschaftler. Deshalb hat sich die Mystik, wie Alfred North Whitehead gezeigt hat, stets mit der Wissenschaft und nicht mit der Kirche verbündet: Sowohl Mystik als auch Wissenschaft berufen sich auf den unmittelbaren Augenschein. Newton war ein großer Wissenschaftler und ein Mystiker, und da bestand und besteht kein Widerspruch. Wissenschaft und Mythengläubigkeit vertragen sich dagegen überhaupt nicht miteinander. Im übrigen sind die Mystiker diejenigen, die sagen, daß eine mystische Religion im wesentlichen mit allen anderen mystischen Religionen identisch ist. Man findet aber keinen Mythengläubigen, nehmen wir etwa einen fundamentalistischen Protestanten, der sagen würde, daß auch der Buddhismus ein Weg zum vollkommenen Heil ist. Mythengläubige behaupten stets, im Besitz der allein seligmachenden Wahrheit zu sein, denn sie gründen ihre Religion auf äußere Mythen, die überall andere sind und deren innere Einheit sie nicht erkennen. Die Mystiker wissen um diese Einheit.

EZ: Ja, ich verstehe. Dann stimmen Sie wohl auch der Anschauung C. G. Jungs nicht zu, daß Mythen von archetypischer und in diesem Sinne mystischer oder transzendenter Bedeutung sind?

KW: Jung fand heraus, daß auch moderne Menschen praktisch sämtliche Hauptthemen aller mythischen Religionen spontan hervorbringen können – in Träumen, bei der aktiven Imagination, bei der freien Assoziation und so weiter. Daraus schloß er, daß die mythischen Grundformen, die er Archetypen nannte, allen Menschen gemein sind, daß sie erblich sind und daß ihr Ort das von ihm postulierte kollektive Unbewußte ist. Dann behauptete er, ich zitiere: „Mystik ist die Erfahrung der Archetypen."

In dieser Auffassung liegen meiner Ansicht nach mehrere entscheidende Irrtümer. Erstens ist es sicherlich richtig, daß sogar das moderne Bewußtsein spontan mythische Formen hervorbringen kann, die mit Formen, wie wir sie in den mythischen Religionen finden, im wesentlichen übereinstimmen. Das präformale Stadium der geistigen Entwicklung – insbesondere das präoperationale und das konkret operationale Denken, um Piagets Begriffe zu verwenden – sind ihrer Natur nach mythenbildend. Alle Menschen durchlaufen in der Kindheit diese Entwicklungsstadien, und so haben alle Menschen Zugang zu diesen mythischen Strukturen, vor allem in Träumen, denn dort kommen die primitiven Ebenen der Psyche leichter nach oben. Aber daran ist nichts Mystisches. Archetypen sind nach Jung mythische Grundformen ohne Inhalt. Mystik ist *formloses* Gewahrsein. Da gibt es überhaupt keine Berührungspunkte.

Zweitens müssen wir uns Jungs Gebrauch des Wortes „Archetypus" ansehen, das er von großen Mystikern wie Platon und Augustinus erlernt hat. Er gebraucht es nur anders als diese Mystiker. Mystiker der ganzen Welt verstehen unter dem, was Platon und Augustinus „Archetypus" nannten, die ersten subtilen

Formen, die erscheinen, wenn die Welt sich aus dem formlosen und unmanifestierten Geist manifestiert. Sie sind gleichsam die Muster, subtile, transzendente Formen, von denen alle weitere physische, biologische, mentale und so weiter Manifestation ausgeht oder aus denen die Welt sich dann erst kondensiert.

Jung jedoch gebraucht den Ausdruck für mythische Grundstrukturen der kollektiven menschlichen Erfahrung – der Trickster, der Schatten, der Weise Alte, Ego, Persona, die Große Mutter, Anima, Animus und so weiter. Die haben aber weniger einen transzendenten als vielmehr einen existentiellen Charakter. Sie gehören in den Bereich der *alltäglichen* menschlichen Erfahrung. Diese mythischen Formen unterliegen der kollektiven psychischen Vererbung, da stimme ich zu. Und ganz entschieden stimme ich Jung darin zu, daß es sehr wichtig ist, mit diesen mythischen „Archetypen" ins Reine zu kommen. Aber sie haben nichts mit Mystik zu tun, mit transzendentem Gewahrsein.

Lassen Sie es mich etwas einfacher erklären. Jungs Hauptfehler, meiner Meinung nach, war die Verwechslung von kollektiv und transpersonal (oder mystisch). Wenn meiner Psyche bestimmte kollektive Formen vererbt werden, heißt das noch nicht, daß diese Formen mystisch oder transpersonal sind. Wir alle, kollektiv, erben zum Beispiel zehn Zehen, aber die Erfahrung meiner zehn Zehen ist keine mystische Erfahrung! Jungs „Archetypen" haben so gut wie nichts mit spiritueller, transzendenter, mystischer, transpersonaler Erfahrung zu tun. Sie sind kollektiv ererbte Formen, die gleichsam ein Destillat alltäglicher Grunderfahrungen des Menschen darstellen – Leben, Tod, Geburt, Mutter, Vater, Schatten, Ego und so weiter. Daran ist nichts Mystisches. Kollektiv, ja; transpersonal, nein.

Es gibt kollektiv präpersonale, kollektiv personale und kollektiv transpersonale Elemente. Jung unterscheidet hier bei weitem nicht so scharf, wie es notwendig wäre, und dadurch, finde ich, wird sein gesamtes Verständnis des spirituellen Prozesses schief.

Kurzum, ich bin mit Jung der Ansicht, daß es sehr wichtig ist, mit den Formen sowohl des persönlichen als auch des kollektiven mythischen Unbewußten ins Reine zu kommen; aber beides hat nicht viel mit echter Mystik zu tun: finde ich das Licht jenseits der Form und dann finde ich das Formlose jenseits des Lichts.

EZ: Aber wenn man in der Psyche auf archetypisches Material stößt, dann kann das eine sehr eindrucksvolle, manchmal sogar überwältigende Erfahrung sein.

KW: Ja, eben weil dieses Material archetypisch ist, von viel größerem Gewicht als das Individuelle: Millionen Jahre der Evolution stehen dahinter. Aber kollektiv ist nicht transpersonal. Die Kraft der „echten Archetypen", der transpersonalen Archetypen, rührt daher, daß sie die ersten Formen des *zeitlosen* Geistes sind; die Kraft der Jungschen Archetypen rührt daher, daß sie die ältesten *geschichtlichen* Formen sind.

Selbst Jung hat ja erkannt, daß man sich über die Archetypen erheben, von ihnen differenzieren, von ihrer Kraft freimachen muß. Diesen Prozeß nannte er Individuation. Auch hierin bin ich ganz einer Meinung mit ihm. Man muß sich vom Jungschen Archetypus differenzieren.

Aber man muß sich auf die echten Archetypen, die transpersonalen Archetypen, *zu*bewegen und letztlich seine Identität ganz auf diese transpersonale Form verlagern. Das ist ein großer Unterschied. Unter den Jungschen Archetypen ist einzig das Selbst wahrhaft transpersonal, aber sogar hier, finde ich, krankt die Darstellung daran, daß Jung den letztlich nichtdualen Charakter des Selbst nicht genügend betont. Deshalb ...

EZ: O.k., ich glaube, das ist nun klar. Damit können wir jetzt vielleicht zu unserem ursprünglichen Thema zurückkehren. Ich wollte wohl fragen ...

Welche Beziehung besteht zwischen esoterischer Religion und Psychotherapie? Anders gefragt, welche Beziehung besteht zwischen Meditation und Psychotherapie, denn beide behaupten ja, das Bewußtsein verändern, die Seele heilen zu können? Sie widmen sich diesem Thema sehr eingehend in *Psychologie der Befreiung [Transformations of Consciousness]*. Vielleicht können Sie einfach zusammenfassen, was Sie dort sagen.

KW: Gern. Am einfachsten wird es wohl sein, ein Diagramm zu erklären, nach dem ich dort vorgehe. Der Grundgedanke ist einfach: Wachstum und Entwicklung durchlaufen eine Reihe von Stadien oder Ebenen – von der niedrigsten Stufe der Entwicklung und Integration bis zur höchsten. Es dürfte hier Dutzende von Ebenen und Typen von Ebenen geben; ich habe neun der wichtigsten ausgewählt. Wir finden sie in der ersten Spalte, „Grundstrukturen des Bewußtseins". Während sich das Ich nun entwickelt, besteht auf jeder Ebene die Möglichkeit, daß die Sache einigermaßen gut läuft oder mehr oder weniger stark entgleist. Im ersten Fall entwickelt sich das Ich normal und gelangt relativ funktionstüchtig auf die nächste Ebene. Wenn die Dinge allerdings auf einer bestimmten Ebene immer wieder schiefgehen, können sich allerlei Pathologien entwickeln, und die Art der Pathologie oder Neurose hängt davon ab, auf welcher Ebene die Probleme auftreten.

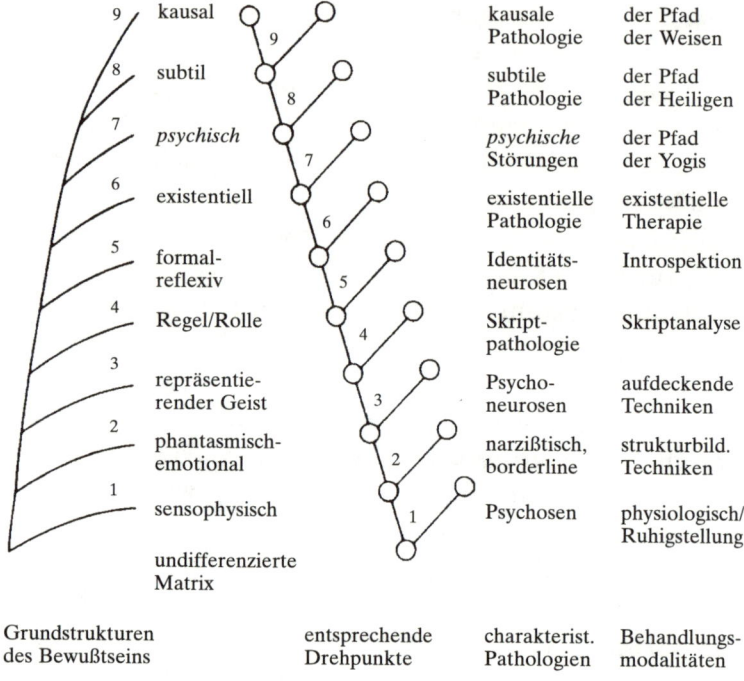

| Grundstrukturen des Bewußtseins | entsprechende Drehpunkte | charakterist. Pathologien | Behandlungsmodalitäten |

Tabelle der Inhalte der Abbildung:

Grundstrukturen des Bewußtseins	charakterist. Pathologien	Behandlungsmodalitäten
kausal	kausale Pathologie	der Pfad der Weisen
subtil	subtile Pathologie	der Pfad der Heiligen
psychisch	psychische Störungen	der Pfad der Yogis
existentiell	existentielle Pathologie	existentielle Therapie
formal-reflexiv	Identitätsneurosen	Introspektion
Regel/Rolle	Skriptpathologie	Skriptanalyse
repräsentierender Geist	Psychoneurosen	aufdeckende Techniken
phantasmisch-emotional	narzißtisch, borderline	strukturbild. Techniken
sensophysisch	Psychosen	physiologisch/ Ruhigstellung
undifferenzierte Matrix		

Korrelation von Strukturen, Drehpunkten, Psychopathologien und Behandlungen

Man könnte auch sagen, auf jeder Entwicklungsstufe bekommt das Ich bestimmte Aufgaben gestellt. Und je nachdem, wie es sich dabei bewährt, geht es aus diesem Stadium relativ gesund oder relativ gestört hervor. Auf jeder neuen Entwicklungsstufe ist das Ich zunächst völlig mit dieser Stufe identifiziert, und es muß die hier gestellten Aufgaben – sei es Sauberkeitserziehung oder Sprechenlernen – bewältigen. Aber damit die Entwicklung dann weitergehen kann, muß das Ich diese Stufe loslassen, muß sich disidentifizieren, damit Raum entsteht für die neue und höhere Stufe. Es muß sich von der niedrigeren Stufe *differenzieren*, mit der höheren

302

identifizieren und dann die höhere und die niedrigere zu einer neuen Ganzheit *integrieren*.

Diese Differenzierung und Integration nenne ich „Drehpunkt" – damit ist einfach ein wichtiger Wendepunkt der Entwicklung gemeint. In der zweiten Spalte des Diagramms finden wir die den neun Hauptebenen der Bewußtseinsentwicklung entsprechenden neun großen Wendepunkte. Wenn an einem bestimmten Drehpunkt etwas immer wieder falsch läuft, entsteht eine spezifische oder charakteristische Pathologie. Die neun Hauptpathologien sind in der dritten Spalte aufgeführt. Im Laufe der Zeit haben sich Behandlungsmethoden für diese Pathologien entwickelt, und ich habe in der vierten Spalte, „Behandlungsmodalitäten", die Behandlungsformen aufgeführt, die sich als die besten oder angemessensten für die jeweilige Ebene erwiesen haben. Hier wird bereits erkennbar, wo die Beziehung zwischen Psychotherapie und Meditation zum Tragen kommt.

EZ: Dieses einfache Diagramm beinhaltet also ungeheuer viel Information. Lassen Sie uns doch die einzelnen Punkte etwas eingehender betrachten. Zunächst die Grundstruktur des Bewußtseins.

KW: Hier sind die Grundbausteine des Bewußtseins gemeint, Dinge wie Empfindungen, Bilder, Impulse, Begriffe und so weiter. Ich habe neun Grundstrukturen aufgeführt, und das ist nur eine erweiterte Form dessen, was in der ewigen Philosophie als Große Kette des Seins bezeichnet wird: Materie, Körper, mentaler Geist, Seele und spiritueller Geist. Betrachten wir die neun Ebenen in aufsteigender Folge:

Eins, die sensophysischen Strukturen – dazu gehören die materiellen Komponenten des Körpers sowie Empfindung und Wahrnehmung, das also, was Piaget als sensomotorische Intelligenz bezeichnet, Aurobindo als physisch-sensorisch, der Vedānta als Annamaya-Kosha und so weiter.

Zwei, phantasmisch-emotional – das ist die emotional-sexuelle Ebene: Impulse, Libido, Élan vital, Bioenergie, Prāna. Und dazu die Ebene der Bilder, der ersten mentalen Formen. Bilder – Arieti spricht hier von der „phantasmischen Ebene" – zeigen sich beim Säugling erstmals im Alter von etwa sieben Monaten.

Drei, der repräsentierende Geist, bei Piaget das präoperationale Denken. Diese Repräsentationen sind vom zweiten bis vierten Lebensjahr Symbole, vom vierten bis siebten Jahr Begriffe.

EZ: Worin besteht der Unterschied zwischen Bildern, Symbolen und Begriffen?

KW: Ein Bild ist die Repräsentation eines Dings, die aussieht wie das Ding. Das ist noch recht einfach. Das Bild eines Baumes beispielsweise sieht mehr oder weniger wie ein richtiger Baum aus. Auch ein Symbol repräsentiert ein Ding, aber es sieht nicht aus wie das Ding, und das ist eine viel schwierigere und höhere Leistung. Das Wort „Bello" etwa repräsentiert Ihren Hund, aber es sieht nicht aus wie Ihr Hund und ist deshalb schwerer zu vergegenwärtigen. Deshalb kommen Wörter erst nach den Bildern. Ein Begriff schließlich repräsentiert eine Klasse von Dingen. Der Begriff „Hund" meint alle Hunde, nicht bloß Bello. Eine noch schwierigere geistige Leistung. Ein Symbol steht für *ein* Ding, ein Begriff für eine Klasse von Dingen. Wenn wir vom präoperationalen oder repräsentierenden Geist sprechen, sind sowohl Symptome als auch Begriffe gemeint.

EZ: Dann der Regel/Rolle-Geist.

KW: Ebene vier, der Regel/Rolle-Geist, entwickelt sich im Alter von ungefähr sieben bis elf Jahren; Piaget spricht hier vom konkret operationalen Denken.

Die Buddhisten nennen es Manovijñāna – der Geist, der sich konkret mit der Sinneserfahrung befaßt. Ich spreche von Regel/Rolle, weil es die erste zu regelgeleitetem Denken wie Multiplizieren und Dividieren fähige Struktur ist und die erste Struktur, die die Rolle eines anderen annehmen oder eine Betrachtungsweise nachvollziehen kann, die nicht die eigene ist. Das ist eine sehr wichtige Struktur. Piaget nennt sie *konkret* operational, weil sie zwar komplexe Operationen ausführen kann, aber nur auf sehr konkrete Weise, ohne Abstraktionsfähigkeit. Das ist die Struktur, die glaubt, daß Mythen konkret und buchstäblich wahr sind. Ich möchte das besonders hervorheben.

Ebene fünf, ich nenne sie formal-reflexiv, ist die erste Struktur, die nicht nur denken, sondern sich auch Gedanken über das Denken machen kann. Sie ist sehr introspektiv, zu hypothetischen Gedankengängen fähig und kann Behauptung und Augenschein gegeneinander abwägen. Bei Piaget das formal operationale Denken. In aller Regel bildet es sich in der Zeit des Heranwachsens, und es ist verantwortlich für das keimende Ichbewußtsein und den hemmungslosen Idealismus dieser Entwicklungsphase. Aurobindo spricht hier vom Verstandes-Geist, der Vedānta von Manomaya-Kosha.

Ebene sechs ist die existentielle Ebene oder Ebene der Schau-Logik; das ist eine Logik, die nicht zergliedert, sondern einbegreift, integriert, vernetzt, verbindet. Bei Aurobindo der höhere Geist, im Buddhismus Manas. Das ist eine sehr integrative Struktur. Insbesondere vermag sie Geist und Körper zu einer Einheit höherer Ordnung zu integrieren, die ich „Zentaur" nenne, Symbol der Einheit (nicht Identität) von Geist und Körper.

Ebene sieben ist die psychische Ebene – „psychisch"

hier etwa im Sinne von über- oder außersinnlich. Damit sind aber nicht einfach außersinnliche Fähigkeiten gemeint, wenngleich sie sich auf dieser Ebene bilden können. Grundsätzlich sind hier die Anfänge der transpersonalen, spirituellen oder kontemplativen Entwicklung gemeint. Aurobindo spricht vom illuminierten Geist.

Die achte ist die subtile Ebene, ein Zwischenstadium der spirituellen Entwicklung, der Ort von Lichtgestalten oder göttlichen Gestalten oder Gottheiten, die man im Buddhismus Yidam, im Hinduismus Ishtadeva nennt (nicht zu verwechseln mit den kollektiven mythischen Formen der dritten und vierten Ebene). Der Ort eines persönlichen Gottes, der „echten", das heißt transpersonalen Archetypen und der überindividuellen Formen. Aurobindos intuitiver Geist; im Vedānta Vijñānamaya-Kosha und im Buddhismus Ālaya-Vijñāna.

Ebene neun ist die kausale, der reine, unmanifestierte Ursprung aller übrigen Ebenen. Nicht der persönliche Gott hat hier seinen Ort, sondern formlose Göttlichkeit, das Unergründliche. Aurobindos Übergeist; im Vedānta die Seligkeits-Hülle, Ānandamaya-Kosha.

Und schließlich: Das Papier, auf das unser Diagramm gezeichnet ist, repräsentiert die höchste Wirklichkeit, den absoluten Geist, der nicht eine Ebene unter anderen ist, sondern Grund und Wirklichkeit aller Ebenen. Aurobindos absoluter Geist; im Buddhismus das reine Ālaya, im Vedānta Turīya.

EZ: Ebene eins ist also die Materie, Ebene zwei der Körper, und die Ebenen drei, vier und fünf sind der mentale Geist.

KW: Ganz recht. Und Ebene sechs ist die Integration von Geist und Körper, der Zentaur, die Ebenen sieben und acht sind die Seele; Ebene neun und das Papier sind der absolute Geist. Wie gesagt, das ist eigentlich nur eine ausgeformte Version der Großen Kette des Seins, aber so gefaßt, daß eine Verknüpfung mit westlicher Psychologie möglich wird.

EZ: Auf jeder der neun Ebenen der Bewußtseinsentwicklung hat das Ich nun also bestimmte Aufgaben zu bewältigen.

KW: Ja, der Säugling beginnt auf der ersten, der materiellen und physischen Ebene. Seine Emotionen – Ebene zwei – sind noch sehr unausgeformt, und von Symbolen, Begriffen, Regeln und so weiter kann überhaupt noch keine Rede sein. Das ist im Prinzip ein physisches Ich. Zudem ist er noch völlig undifferenziert von der Mutter und seiner materiellen Umwelt überhaupt. Das ist das sogenannte adualistische oder ozeanische oder protoplasmische Bewußtsein.

EZ: Viele Theoretiker sagen, dieser ozeanische oder undifferenzierte Zustand sei eine Art protomystischer Zustand, da Subjekt und Objekt eins sind. Dieser Einheitszustand, sagen Sie, wird auf dem mystischen Weg zurückgewonnen. Stimmen Sie dem zu?

KW: Nur weil der Säugling den Unterschied zwischen Subjekt und Objekt nicht kennt, glauben diese Theoretiker hier eine Art Unio mystica feststellen zu können. Nichts davon! Der Säugling transzendiert Subjekt und Objekt nicht etwa, sondern kann sie bloß nicht auseinanderhalten. Mystikern ist der herkömmliche Unterschied zwischen Subjekt und Objekt vollkommen klar, nur sind sie sich darüber hinaus einer größeren Identität bewußt, in der Subjekt und Objekt zusammenfallen.

Außerdem erstreckt sich die mystische Vereinigung auf *alle* Ebenen des Daseins, die physische, die biologische, die mentale und die spirituelle. Der infantile Verschmelzungszustand dagegen ist lediglich die Identität mit der stofflichen oder sensomotorischen Ebene. Wie

307

Piaget sagte: „Das Ich ist hier gleichsam ein materielles." Das ist keine Vereinigung mit dem All und hat überhaupt nichts Mystisches.

EZ: Immerhin haben wir im infantilen Verschmelzungszustand die Einheit von Subjekt und Objekt.

KW: Nein, das ist nicht Einheit, sondern Undifferenziertheit. Einheit bedeutet, daß mindestens zwei getrennte Dinge zu einer höheren Ganzheit vereinigt werden. Für den Säugling gibt es keine zwei Dinge, nur globale Undifferenziertheit, und was nicht erst einmal differenziert ist, kann man kaum zu einer höheren Ganzheit vereinigen. Im übrigen, selbst wenn wir sagen, das infantile Stadium sei die Vereinigung von Subjekt und Objekt, bleibt es dabei, daß das Subjekt hier ein bloß sensomotorisches Subjekt ist, nicht differenziert von einer sensomotorischen Welt: Es ist kein Subjekt, das alle Ebenen in sich zu einem Ganzen gefügt und sich mit allen höheren Welten vereinigt hat. So gesehen ist das infantile Stadium keineswegs die Vorform der mystischen Vereinigung, sondern eher ihr genaues Gegenteil, der Ort der größten Entfernung oder Entfernung von allen höheren Ebenen und Welten.

Deshalb sagen die christlichen Mystiker, daß wir in Sünde oder in der Trennung und Entfremdung *geboren* werden; Sünde ist nichts, was wir *tun*, nachdem wir geboren sind, sondern wir sind von der Geburt, von der Zeugung an in der Sünde, und das läßt sich nur durch Wachstum, Entwicklung, Evolution überwinden – von der Materie über den Verstand zum Geist. Der infantile Verschmelzungszustand ist der Ausgangspunkt dieser Entwicklung, keine Vorwegnahme ihres Zielpunkts.

EZ: Hat das etwas zu tun mit dem, was Sie „Prä/Trans-Verwechslung" nennen?

KW: Allerdings. Die frühen Entwicklungsstadien

sind insofern präpersonal, als ein gesondertes und individuelles persönliches Ego sich noch nicht gebildet hat. Die mittleren Entwicklungsstufen sind die persönlichen oder ego-zentrierten. Die höchsten Stufen sind transpersonal oder ego-überschreitend.

Mir geht es darum, daß die „Prä"- und die „Trans"-Stadien häufig verwechselt werden, weil sie sich oberflächlich ähneln. Haben Sie den präpersonalen infantilen Verschmelzungszustand erst einmal mit der transpersonalen mystischen Vereinigung gleichgesetzt, müssen Sie einen der beiden folgenden Schlüsse ziehen. Entweder Sie erheben den infantilen Zustand zur mystischen Vereinigung, oder Sie behaupten von aller Mystik, sie sei nichts als Regression zum infantilen Narzißmus und ozeanischen Adualismus. Jung und die Romantiker tun, verallgemeinernd gesagt, ersteres – sie erheben Prä-Ego und prärationale Stufen zu ego-überschreitender und transrationaler Glorie. Freud und seine Nachfolger tun genau das Gegenteil – sie führen alle transrationalen, Trans-Ego-, alle echten mystischen Zustände auf prärationale, Prä-Ego-, auf infantile Zustände zurück. Beide Lager haben nicht völlig unrecht, aber keins von beiden erkennt den Unterschied zwischen „prä" und „trans". Es *gibt* echte Mystik, sie hat überhaupt nichts Infantiles an sich.

EZ: O.k., kommen wir nun zu den höheren Entwicklungsstufen, zuerst zur siebten, die Sie im oben bezeichneten Sinne psychisch nennen.

KW: Gut. Wenn Sie sich weiterentwickeln, in den transpersonalen Bereich der Ebenen sieben bis neun hinein, erweitert sich zugleich Ihre Identität, zuerst über den noch als gesonderte Einheit empfundenen Körper-Geist oder Zentauren hinaus auf die spirituellen und transzendenten Dimensionen des Daseins, bis schließlich hin zur umfassendsten Identität, die überhaupt möglich ist, nämlich der Identität des eigenen Bewußtseins mit dem gesamten Universum – und nicht nur mit dem physikalischen Universum, sondern mit dem göttlichen Universum in allen seinen Dimensionen, theo-zentrisch.

Die psychische Ebene markiert einfach den Beginn dieses Prozesses, sie ist die unterste der transpersonalen Stufen. Man erfährt hier etwa ein plötzliches Aufblitzen des sogenannten kosmischen Bewußtseins, man entwikkelt vielleicht gewisse übersinnliche Fähigkeiten oder eine untrügliche Intuition. Grundsätzlich jedoch erkennen Sie ganz einfach, daß Ihr Bewußtsein nicht auf den individuellen Körper-Geist beschränkt ist. Sie sind jetzt nicht mehr ausschließlich mit ihm identifiziert, gelangen ihm gegenüber zu einer gewissen Gelassenheit und werden fähig, ihn und seine Erfahrung einfach relativ unbeteiligt zu betrachten. Sie bekommen eine erste Ahnung von Ihrer transzendenten Seele, dem Zeugen, und daraus kann schließlich, auf der kausalen Ebene, die Identität mit dem absoluten Geist werden.

EZ: Sie umschreiben die Techniken dieser Ebene als „Pfad der Yogis".

KW: Ja. Nach Da Free John unterteile ich die großen mystischen Traditionen in drei Klassen, nämlich die der Yogis, der Heiligen und der Weisen. Sie entsprechen der psychischen, der subtilen und der kausalen Ebene. Der Yogi unterwirft sich die Energien des individuellen Körper-Geistes, um dessen Beschränkungen zu überschreiten. Ist die Beherrschung des Körper-Geistes und vieler seiner ansonsten unwillkürlichen Prozesse weit genug gediehen, dann wird die Aufmerksamkeit frei von ihrem Haften am Körper-Geist und hat es nun leichter, sich ihrem transpersonalen Grund zuzuwenden.

EZ: Und das, nehme ich an, wird auf der subtilen Ebene fortgeführt und vertieft.

KW: Ja. Je mehr sich die Aufmerksamkeit von der äußeren und inneren Umwelt freimacht, desto eher ist das Bewußtsein in der Lage, die Subjekt/Objekt-Dualität zu transzendieren. Die illusorische Welt der Dualität erscheint nun immer mehr als das, was sie wirklich ist – nichts als eine Manifestation des absoluten Geistes. Die Außenwelt bekommt etwas Göttliches, die Innenwelt bekommt etwas Göttliches. Das heißt, das Bewußtsein selbst wird leuchtend, lichtvoll, numinos und scheint das Göttliche zu berühren, ja eins zu werden mit ihm.

Das ist der Pfad der Heiligen. Auf der psychischen Ebene fängt man an, mit dem Göttlichen, dem Geist, zu kommunizieren. Aber im subtilen Bereich finden Sie die Einheit mit dem Geist, die Unio mystica. Nicht mehr nur Communio, sondern wirklich Vereinigung.

EZ: Und im Kausalen?

KW: Der Prozeß findet seinen Abschluß, die Seele – der Zeuge – geht auf in ihrem Ursprung, die Vereinigung mit Gott ist vollzogen und mündet in die Identität mit dem Göttlichen, dem Grund allen Seins. Die Sufis nennen das „höchste Identität". Sie haben ihre Grund-Identität mit dem Wesen von allen Wesen, mit der Natur aller Natur, mit dem Sein von allem Seienden realisiert. Da der Geist die Soheit oder das Wesen aller Dinge ist, steht er keineswegs im Widerspruch zu den Dingen. Er ist nicht einmal etwas Besonderes. Holz hacken, Wasser holen, das ist der Geist. Deshalb werden Menschen dieser Entwicklungsstufe häufig so dargestellt, daß an ihnen überhaupt nichts Ungewöhnliches zu erkennen ist. Das ist der Pfad der Weisen, die so weise sind, daß man sie nicht einmal ausmachen kann. Sie fügen sich ein, gehen ihren alltäglichen Verrichtungen nach. Im Zen finden Sie die berühmten Ochsen-Bilder, auf denen die Stufen des Erleuchtungsweges anschaulich dargestellt sind, und das zehnte und letzte dieser Bilder zeigt einen ganz gewöhnlichen Menschen, der gerade auf den Marktplatz kommt. Die Bilderklärung lautet: „Betreten des Marktes mit offenen Händen." Nichts weiter.

EZ: Faszinierend. Und jede dieser drei höheren Stufen hat ihre eigenen Pathologien, wenn etwas schiefgeht?

KW: So ist es. Ich will darauf nicht näher eingehen, denn das ist ein sehr weites Feld. Nur soviel, daß es auf jeder Stufe zu einer Fixierung auf die Erfahrung dieser Stufe kommen kann, genauso wie auf jeder anderen Stufe; dadurch entstehen bestimmte Entwicklungssperren und Pathologien. Und auch hier gibt es natürlich spezifische Behandlungsformen. Ich habe all das in *Psychologie der Befreiung* darzustellen versucht.

EZ: In gewissem Sinne haben Sie damit meine Frage nach der Beziehung zwischen Psychotherapie und Meditation schon beantwortet. Durch die Skizzierung des Bewußtseinsspektrums haben Sie beiden ihre Rolle schon zugewiesen.

KW: In groben Zügen ja. Lassen Sie mich noch ein paar Einzelheiten hinzufügen. Zunächst: Meditation ist *nicht*, wie etwa die Psychoanalyse, eine Aufdeckungstechnik. Es geht hier nicht in erster Linie darum, die Verdrängungsschranke zu heben und den Schatten ans Licht zu bringen. Das *kann* geschehen, aber es kann auch ausbleiben. Das Hauptziel ist vielmehr, das ego-zentrierte Geschehen überhaupt zu suspendieren, damit das ego-überschreitende oder transpersonale Bewußtsein sich bilden kann und schließlich der Zeuge, das Selbst, entdeckt wird.

Anders gesagt, Meditation und Psychotherapie zielen auf ganz verschiedene Ebenen der Psyche ab. Zen beseitigt nicht unbedingt Neurosen, und das ist auch nie sein Zweck gewesen. Man kann sogar ein ziemlich starkes Zeuge-Bewußtsein entwickeln und trotzdem noch neurotisch sein. Sie sind dann aber einfach Zeuge Ihrer Neurose und können dadurch ganz gut mit ihr leben – aber die Neurose selbst ist damit nicht bereinigt. Ein derangiertes Gefühlsleben heilt Zen ebensowenig wie einen gebrochenen Knochen. Dazu ist es nicht da. Ich selbst weiß aus eigener bitterer Erfahrung, daß Zen mir sehr geholfen hat, mit meinen Neurosen zu leben, aber losgeworden bin ich sie dadurch keineswegs.

EZ: Das ist die Aufgabe der Aufdeckungstechniken.

KW: Genau. Es gibt in der sehr umfangreichen mystischen und kontemplativen Literatur der Welt so gut wie nichts über das dynamische Unbewußte, das verdrängte Unbewußte. Seine Entdeckung kann das moderne Europa weitgehend für sich allein beanspruchen.

EZ: Aber wenn man eine meditative Praxis aufnimmt, kommt es vor, daß verdrängtes Material plötzlich an die Oberfläche dringt.

KW: Ja, wie gesagt, das kann passieren, aber es kann auch ausbleiben. Ihr genereller Halt an Ihrem Ego lockert sich so weit, daß Sie es vorübergehend ganz fallenlassen können – aber nicht lange genug, um alle Teile des Ego zu lösen, etwa die Verdrängungsschranke. Wenn also die Verdrängungsschranke im Zen umgangen werden kann, dann muß wohl der Wirkmechanismus des Zen in etwas anderem als bloßer Aufdeckung bestehen. Aufdeckung, kurz gesagt, ist im Zen Nebensache.

Zum anderen können Sie Aufdeckungstechniken noch und noch anwenden und werden doch nicht erleuchtet, finden nicht zu Ihrer höchsten Identität.

Freud war nicht Buddha, Buddha war nicht Freud, glauben Sie mir.

EZ: (Lacht) Ja, verstehe. Heißt das, Sie empfehlen den Menschen, Psychotherapie und Meditation komplementär anzuwenden und beide ihren jeweiligen Zweck erfüllen zu lassen?

KW: Genau das! Beide sind sehr wirksame Techniken, nur haben sie ihren Wirkungsbereich auf verschiedenen Ebenen des Bewußtseinsspektrums. Es gibt allerdings durchaus Überschneidungen und Gemeinsamkeiten. Die Psychoanalyse zum Beispiel, bei der „freischwebende Aufmerksamkeit" eine Vorbedingung der freien Assoziation ist, schult in gewisser Weise die Fähigkeit des reinen Betrachtens. Darüber hinaus jedoch sind die beiden Techniken grundverschieden, auf ganz verschiedene Bewußtseinsdimensionen ausgerichtet. Meditation kann die Psychotherapie unterstützen, weil sie das Zeuge-Bewußtsein festigt, und sie kann bei der Bereinigung mancher Probleme eine Hilfe sein. Psychotherapie kann die Meditation fördern, indem sie das Bewußtsein von seinen Verdrängungen und aus seiner Verstrickung in die niederen Ebenen befreit. Darüber hinaus jedoch sind Ziele, Methoden und Dynamik völlig verschieden.

EZ: Eine letzte Frage ... Sie sagen, daß jeder Ebene des Bewußtseinsspektrums ein bestimmtes Weltbild innewohnt. Könnten Sie kurz erklären, was Sie damit meinen?

KW: Der Grundgedanke ist dieser: Wie würde die Welt aussehen, wenn Sie nur die kognitiven Strukturen *einer* Ebene hätten? Die Weltbilder der neuen Ebenen tragen die Bezeichnungen archaisch, magisch, mythisch, mythisch-rational, rational, existentiell, psychisch, subtil und kausal. Ich gehe sie kurz durch.

Wenn Sie nur die Strukturen der ersten Ebene haben, sieht die Welt ziemlich undifferenziert aus, eine Welt der *participation mystique*, globale Verschmolzenheit, Adualismus. Archaisch nenne ich diese Ebene einfach wegen ihrer primitiven Natur.

Wenn die zweite Ebene Konturen gewinnt und Bilder und frühe Symbole sich entwickeln, differenziert das Ich sich von der Welt, ist jedoch – in einem Quasi-Verschmelzungszustand – immer noch sehr eng an sie gebunden und meint daher, es könne sie durch bloßes Denken oder Wünschen auf magische Weise beeinflussen. Ein gutes Beispiel dafür ist Voodoo. Ich mache ein Bild von Ihnen, steche einen Dorn hinein und denke, daß *Sie* dadurch verletzt werden. Der Gegenstand und sein Abbild sind nicht klar differenziert. Das ist das magische Weltbild.

Auf der dritten Ebene sind Ich und Nicht-Ich voll differenziert, der magische Glaube stirbt ab und an seine Stelle tritt mythischer Glaube. Ich selbst kann die Welt nicht mehr herumkommandieren, aber Gott kann es, wenn man weiß, wie man ihn rumkriegt. Wenn ich meine persönlichen Wünsche erfüllt haben möchte, muß ich bestimmte Gesuche und Gebete an Gott richten, und dann wird Gott die Sache für mich erledigen und die Naturgesetze durch Wunder außer Kraft setzen. Das ist das mythische Weltbild.

Ebene vier bringt die Fähigkeit zu konkreten Operationen und Ritualen mit sich. Wenn ich merke, daß meinen Gebeten nicht immer entsprochen wird, versuche ich, die Natur so zu manipulieren, daß die Götter zufrieden sind und sich dann für mich ins Mittel legen. Zu den Gebeten lasse ich kunstvoll aufgebaute Rituale ablaufen, die ganz und gar darauf abgestellt sind, Gott zur Intervention zu bewegen. Historisch gesehen ist das

Hauptritual dieser Entwicklungsstufe das Menschenopfer. Wir finden es, wie auch Campbell aufzeigte, bei jeder größeren Zivilisation auf der ganzen Welt. So grausig dieses Ritual ist, das Denken dahinter ist komplexer und komplizierter als das rein mythische Denken; daher die Bezeichnung mythisch-rational.

Wenn sich auf der fünften Ebene das formal-operationale Denken herausbildet, kommt mir der Verdacht, daß der Glaube an einen persönlichen Gott, der sich meiner Ego-Wünsche annimmt, wohl doch nicht so ganz gerechtfertigt ist; nichts spricht auf überzeugende Weise dafür, und jedenfalls kann man sich nicht darauf verlassen. Wenn ich etwas haben möchte, etwas zu essen beispielsweise, schenke ich mir Gebete, Rituale und Menschenopfer und sehe zu, wie ich mir die Sache direkt verschaffen kann. Und dabei gehe ich hypothetisch-deduktiv vor, also wissenschaftlich. Das ist ein großer Fortschritt, aber er hat auch seine Schattenseiten. Die Welt sieht immer mehr aus wie ein ödes Sammelsurium von Materialien, die keinerlei höheren Wert, keinen Sinn besitzen. Das ist das rationale Weltbild, häufig auch wissenschaftlicher Materialismus genannt.

Auf der sechsten Ebene, mit dem Einsetzen der Schau-Logik, wird mir klar, daß zwischen Himmel und Erde mehr Dinge sind, als ich mir in meiner rationalistischen Philosophie hätte träumen lassen. Durch Integration des Körpers wird die Welt „wiederverzaubert", wie Berman sagt. Das ist das humanistisch-existentielle Weltbild.

Auf der siebten, der psychischen Ebene, sehe ich immer deutlicher, daß wirklich viel mehr Dinge zwischen Himmel und Erde sind, als ich mir hätte träumen lassen. Ich ahne erstmals die eine Göttlichkeit hinter den Erscheinungsformen des Manifestierten, und ich kommuniziere mit diesem Göttlichen – aber das ist jetzt nicht mehr mythischer Glaube, sondern innere Erfahrung. Das ist das psychische Weltbild.

Auf der subtilen Ebene erkenne ich dieses Göttliche unmittelbar und finde zur Vereinigung mit ihm. Hier bleibe ich jedoch noch dabei, daß die Seele und Gott zwei verschiedene ontologische Entitäten sind. Das ist das subtile Weltbild – es gibt eine Seele und einen transpersonalen Gott, aber zwischen ihnen noch einen feinen Unterschied.

Auf der kausalen Ebene löst sich dieser feine Unterschied auf, und damit ist die höchste Identität realisiert. Das ist das kausale Weltbild, das Weltbild des *tat tvam asi*, „du bist Das". Reiner, nichtdualer Geist, nicht im Widerspruch zu irgend etwas und daher überhaupt nichts Besonderes.

EZ: Jetzt verstehe ich, weshalb Sie in Ihren Büchern immer sagen, daß die in der Neuzeit aufgekommene Rationalität, obwohl sie stets wacker über die Religion hergezogen ist, eigentlich doch eine sehr spirituelle Entwicklung darstellt.

KW: Ja, in dieser Hinsicht stehe ich unter den Religionssoziologen offenbar ziemlich allein da. Diesen Wissenschaftlern, glaube ich, fehlt eine detaillierte Landkarte des gesamten Bewußtseinsspektrums. Kein Zweifel, Rationalität und Naturwissenschaft – Ebene fünf – haben das archaische, das magische und das mythische Weltbild transzendiert und demontiert und viele Wissenschaftler beklagen das, weil sie denken, damit seien Spiritualität und Religion *überhaupt* beseitigt worden. Sie haben offenbar kein rechtes Verständnis für mystische Religiosität, und deshalb sehnen sie sich zurück nach der guten alten mythischen Zeit vor der Wissenschaft, nach der guten alten prärationalen Zeit, wo es noch „echte" Religion gab. Aber Mystik ist transrational und liegt deshalb in unserer kollektiven Zukunft, nicht in unserer kollektiven Vergangenheit. Wissenschaft und Rationalität schlagen uns meiner Meinung nach nur unsere unreifen prärationalen Anschauungen aus der Hand und schaffen damit Raum für die genuin transrationalen Einsichten der höheren Entwicklungsstufen, die transpersonalen Stufen echter mystischer und kontemplativer Entwicklung. Sie nehmen uns das Magische und Mythische weg, damit das Psychische und Subtile sich entfalten kann. In diesem Sinne sind Wissenschaft und Rationalität ein sehr gesunder, sehr evolutionärer, sehr notwendiger Schritt auf dem Weg zur spirituellen Reife. Rationalität ist das Hinstreben des Geistes zum Geist.

Und hierin liegt auch der Grund dafür, daß so viele große Wissenschaftler auch große Mystiker werden. Das gehört ganz natürlich zusammen: Die Wissenschaft der äußeren Welt vereinigt mit der Wissenschaft der inneren Welt, die wahre Begegnung von Ost und West.

EZ: Ein ausgezeichneter Schlußpunkt.

Literatur

Ken Wilber, Das Atman Projekt. Der Mensch in transpersonaler Sicht, Paderborn 1989.

ders., Die drei Augen der Erkenntnis. Auf dem Weg zu einem neuen Weltbild. München 1988.

ders., Der glaubende Mensch, München 1988.

ders., Mut und Gnade. Bern/München, 1992.

ders., Das Spektrum des Bewußtseins, Reinbek b. Hamburg 1989.

ders., Wege zum Selbst, München 1993.

ders./Engler, Jack/Brown, Daniel P., Psychologie der Befreiung, Bern/München 1990.

Die Autoren und Autorinnen dieses Buches

Dr. Laura Boggio-Gilot; klinische Psychologin und Psychotherapeutin, Ausbildung in Psychosynthese (Assaglioli), Lehrerin für Advaita Vedanta Meditation, Präsidentin der Italienischen Gesellschaft für Transpersonale Psychologie, Lehrtätigkeit in den USA. Veröffentlichungen zu Psychosynthese und Transpersonaler Psychotherapie.

Dr. Joachim Galuska; Psychologiestudium; Facharzt für Psychiatrie, Gestalttherapeut, Lehrer für Vipassana Meditation, Orgodynamik, Gründer und Chefarzt der Fachklinik Heiligenfeld.

Dr. Joseph Goodbread; Diplomingenieur, Diplom in Prozeßorientierter Psychologie vom Forschungsinstitut für Prozeßorientierte Psychologie in Zürich. Mitbegründer dieses Instituts sowie des Process Work Center of Portland, Oregon und des Global Process Institute. Veröffentlichungen zur Prozeßorientierten Psychologie.

Dr. Stanislav Grof M.A.; Studium der Medizin und Medizinphilosophie, psychiatrische und psychoanalytische Ausbildung in Prag. Lebt seit 1967 in den USA. Leiter der psychiatrischen Forschung am Maryland Psychiatric Research Center; danach Direktor am Esalen Institute. Heute vorwiegend publizistisch und mit Seminaren und Vorträgen in aller Welt beschäftigt. Mitbegründer der Transpersonalen Psychologie, Entwicklung einer eigenen Psychotherapieform: dem holotropen Atmen. Präsident der International Transpersonal Association (ITA). Zahlreiche Veröffentlichungen zu außerordentlichen Bewußtseinszuständen und zu transpersonaler Therapie und deren Umfeld.

Dr. Ingo Jahrsetz; Psychotherapeut (Psychodrama, Holotropes Atmen nach Grof, Familientherapie) mit eigener Praxis. Erster Vorsitzender des Spiritual Emergence Network (SEN) Deutschland.

319

Dr. Perikles Kastrinides; Facharzt für Psychiatrie. Ausbildung am Daseinsanalytischen Institut für Psychotherapie-Medard Boss Stiftung Zürich. Präsident der Ausbildungskommission der berufsbegleitenden Psychotherapieausbildung der Schweizer Gesellschaft für Daseinsanalyse.

Dr. Verena Kast; lehrt am C. G. Jung-Institut und an der Universität Zürich. Selbständige Psychotherapeutin und Vorsitzende der Internationalen Gesellschaft für Tiefenpsychologie, zahlreiche Veröffentlichungen.

Pieter Loomans; Dipl.-Psych. Seit 1981 Mitarbeiter in Rütte, im Forum Rütte seit 1983; seit 1985 Fortbildungskurse in Initiatischer Leibtherapie. Leitet seit 1992 das Rütteforum eigenständig als Seminar und Fortbildungszentrum. Herausgeber von Veröffentlichungen zur initiatischen Therapie.

Dr. Arnold Mindell; Physiker am MIT (USA) und Psychologe (Ph. D.) Ausbildung am C. G. Jung-Institut in Zürich und dortiger Lehranalytiker. Aus einer Verbindung von Traum- und Körperarbeit entwickelte er eine eigene Psychotherapierichtung, die Prozeßorientierte Psychologie, mit Zentren in den USA und der Schweiz. Autor zahlreicher Veröffentlichungen.

Ken Wilber; Biochemiestudium, Zenmeditation. Langjähriger Chefredakteur und Herausgeber der Zeitschrift ReVision. Vordenker und führender Autor der Transpersonalen Psychologie. Autor zahlreicher Veröffentlichungen.

Dr. Edith Zundel; Dipl.-Psych., Psychotherapeutin (Wissenschaftliche Gesprächspsychotherapie nach Rogers, Katathymes Bilderleben nach Leuner u. a.) Veröffentlichungen zu sozialen Fragen, zu Psychotherapie und transpersonaler Psychotherapie.